本书获集美大学学科建设经费资助出版

家庭、学校、制度影响教育获得的机制研究

陈 诚 著

吉林大学出版社

·长 春·

图书在版编目(CIP)数据

家庭、学校、制度影响教育获得的机制研究 / 陈诚著. —长春：吉林大学出版社，2024.7
ISBN 978-7-5768-3441-3

Ⅰ.G40—052

中国国家版本馆CIP数据核字第2024XG7236号

书　　名：	家庭、学校、制度影响教育获得的机制研究

作　　者：陈　诚
策划编辑：黄国彬
责任编辑：范　爽
责任校对：郜玉乐
装帧设计：姜　文
出版发行：吉林大学出版社
社　　址：长春市人民大街4059号
邮政编码：130021
发行电话：0431-89580036/58
网　　址：http://www.jlup.com.cn
电子邮箱：jldxcbs@sina.com
印　　刷：天津鑫恒彩印刷有限公司
开　　本：787mm×1092mm　　1/16
印　　张：15.25
字　　数：250千字
版　　次：2025年1月　第1版
印　　次：2025年1月　第1次
书　　号：ISBN 978-7-5768-3441-3
定　　价：78.00元

版权所有　翻印必究

前　言

　　教育获得是社会流动研究的主要领域之一，也是教育社会学研究的经典问题之一。其核心问题是家庭、学校、制度对个体教育获得的作用机制是什么？已有研究可以溯源于三种理论框架。功能主义认为学校教育能取代家庭背景对个人的教育获得和阶层向上流动产生积极影响，但缺少微观路径解释。冲突论能够深入论证学校教育是如何延续家庭背景的影响，实现阶层再生产的，但其结论在有些国家和地区被证实，在有些国家和地区却被证伪。而制度主义研究者认为应从宏观视角出发研究教育系统的筛选机制对教育不平等的影响。但国际上已有关于教育系统的分类框架并不能很好地解释我国教育分流体制的特殊性。而且目前还鲜有研究能够系统说明家庭、学校、制度三者对教育获得的影响机制。因此，本书试图从复杂系统视角出发，采用混合研究方法，立足我国现实，尝试解答此问题。

　　在我国关于教育获得的研究中，"寒门是否再难出贵子"的讨论在学术界一直争论不休。一方面社会分层必然存在，家庭出身是阻碍寒门子弟教育获得的最重要因素。另一方面，学校教育几乎是寒门子弟逆袭成贵子的唯一途径。基于对教育促进社会公平功能的期望，寒门子弟如何突破家庭出身的藩篱，获得优质高等教育资源一直是诸多教育学者、社会学者致力探究的问题，也产生了很多本土化的重要概念、研究结论和学术理论。其中，"底层文化资本""重点学校制度"等算得上是具有本土化特点的概念。因此，本书在阐述研究问题、确定核心概念方面力图在我国相关研究的语境下实现一种对话。本书的主要研究目的是解释"寒门何以出贵子"，主要关注底层子女的教育获得问题，同时也能解释其他社会阶层的教育获得问题。"底层"是一个相对概念，相比"社会下层"范围更小。在社会发展的任何阶段都存在处于社会阶层底层的群体，关注他们的教育获得问题，对促进教育公平、发挥教育促进社会流动积极功能、巩固脱贫成果具有重要意义。

本书主要依据"首都大学生成长追踪调查数据"及"PISA研究数据"两类资料，结合访谈材料，设计了四个相互关联的问题：第一，以考取211以上大学的首都大学生为例，比较分析底层子女、中高层子女的家庭环境与学校环境的作用特征；第二，通过比较分析考入及未考入211以上大学的底层子女，探究家庭环境、学校环境中的哪些因素是底层子女教育获得的关键因素；教育通常是底层子女实现阶层跃迁的唯一途径，因而学校环境差异（即学校分层）对底层子女具有重要影响。能否获得优质高等教育资源关键在高中教育，甚至是基础教育阶段的资源竞争。为此，本研究依据"PISA研究数据"，设计了另外两个问题：教育制度如何影响学校分层？哪类教育制度更有利于底层子女的教育获得？本书的研究发现如下。

发现1：学校环境对底层子女的阶层跃迁起主要作用。数据分析表明：考入211以上大学的底层子女几乎都来自重点高中，其专业选择和职业意向与中高阶层子女无显著差别，从以职业为标志的代际传递来看，中、高阶层子女具有家庭传承的特点，底层子女则通过学校教育产生了阶层跃迁。访谈分析发现：学校环境对高中低三个阶层子女都有影响，但对底层子女的影响尤其大。

发现2：学校人文环境对底层子女的教育获得具有决定性作用。比较分析教育获得与否的底层子女发现，家庭物质和人文条件匮乏、未能就读好学校、学校人文环境不佳是底层子女教育获得的障碍；物质条件基本满足，学校人文环境与底层子女的教育获得具有高度相关。

发现3：教育制度和家庭行动共同影响学校分层。通过分析PISA数据发现，学校分层与各国经济发展水平、教育卓越和全纳水平没有相关性，但与精英、大众教育分轨、教育资源投入与分配、筛选机制与课程内容等教育制度相关。我国城乡学校分层主要表现为师资差异，城市学校分层主要表现为生源差异，学校分层的结果是校际升学率差异。优势阶层的家庭行动加剧了

前　言

学校分层，影响着底层子女的教育获得，近年来热议的教育内卷现象仅限于中产阶层。

发现 4：均质化教育制度有利于底层子女的教育获得。以 PISA 教育公平测量数据为依据，分析四类教育制度与底层子女教育获得的关系发现：1)精英－大众严格分轨的教育制度：学校严格分层，家庭社会经济地位对教育获得的影响大，底层子女处于劣势；2)精英－大众未区分的教育制度：学校不分层，各阶层子女教育获得均衡；3)均质化教育制度：教育资源重点投入在基础教育阶段，高中学校开始分层，一定程度上缓解了家庭社会经济地位对教育获得的影响；4)教育经费分散投入型教育制度：学校分层受地区经济和家庭行动的影响，不利于底层子女的教育获得。我国的教育制度特点属于第四种。

本书的研究结论是：学校环境尤其是人文环境对底层子女的教育获得及其阶层跃迁具有决定性作用；据此提出的建议是，除了应重视基础教育阶段学校物质环境的均质化之外，解答"寒门何以出贵子"的最重要对策是加大学校人文环境建设的投入，包括提高教师人文素质、专业能力；融洽师生关系、同学关系；突出榜样影响，营造良好学习氛围，而后者是需要时间积累的。同时，本书的研究结论不排斥个体能动性因素对教育获得的影响。

目 录

第一章 绪论 …………………………………………………… (1)

第一节 研究背景 ……………………………………………… (1)
一、教育对社会地位获得具有重要影响 …………………… (2)
二、教育竞争主要体现在高等教育入学机会的竞争 ……… (3)
三、底层子女在优质高等教育资源竞争中处于劣势 ……… (3)

第二节 文献综述 ……………………………………………… (5)
一、影响教育分层的因素与路径解释 ……………………… (5)
二、促进底层子女教育获得的已有行动与困境 …………… (17)

第三节 研究问题 ……………………………………………… (19)
一、已有研究未解决的问题 ………………………………… (19)
二、本研究的具体研究问题 ………………………………… (23)

第四节 研究意义 ……………………………………………… (25)
一、理论价值 ………………………………………………… (25)
二、现实意义 ………………………………………………… (26)

第二章 研究方法与研究设计 ………………………………… (29)

第一节 已有研究分析模式、研究方法及困境 ……………… (29)
一、已有研究的分析模式 …………………………………… (29)
二、已有研究的具体方法 …………………………………… (31)

三、已有研究在方法论层面上的困境 …………………… (35)
第二节 研究路径与方法 …………………………………………… (36)
一、研究对象和研究问题的性质分析 …………………… (36)
二、具体研究方法："新"混合研究 ……………………… (41)
第三节 研究设计 …………………………………………………… (47)
一、资料来源与论证思路 ………………………………… (47)
二、核心概念界定 ………………………………………… (51)

第三章 学校环境：对底层子女跃迁起主要作用 …………… (54)

第一节 考入211大学学生环境影响特点 ………………………… (54)
一、家庭类型划分 ………………………………………… (54)
二、学生来源的高中类型 ………………………………… (64)
三、不同阶层子女的代际传递情况 ……………………… (67)
四、影响底层子女的环境特点 …………………………… (71)
第二节 学校环境对各阶层子女的作用差异 ……………………… (73)
一、访谈问题与分析框架 ………………………………… (73)
二、底层子女：家庭资本匮乏，主要受学校环境影响 … (78)
三、中产阶层：家庭影响有限，受学校环境影响较大 … (88)
四、高产阶层：家庭传承影响大，受学校环境影响小 … (95)
第三节 学校环境与家庭环境的作用机制 ………………………… (99)
一、中高阶层子女：家庭环境作用突出 ………………… (99)
二、底层子女：学校环境作用突出 ……………………… (101)
三、底层子女向中产阶层跃迁的可能性 ………………… (102)
本章小结 …………………………………………………………… (106)

第四章 学校人文环境：影响底层子女教育获得的关键因素 ………

…………………………………………………………………… (108)
第一节 质性挖掘：影响底层子女教育获得的环境因素 ………… (108)
一、样本情况和三级编码 ………………………………… (108)
二、概念诠释：物质因素与人文因素 …………………… (118)

目录

第二节　比较分析：影响底层子女教育获得与否的因素 …………(124)
　　一、家庭环境中的因素比较 ……………………………………(124)
　　二、学校环境中的因素比较 ……………………………………(126)
第三节　量化初探：学校人文环境与底层子女教育获得的关系 …(134)
　　一、问卷维度与数据收集 ………………………………………(134)
　　二、满足人文条件与底层子女教育获得具有高度相关 ………(140)
第四节　特点分析：学校环境建构的时间特点 …………………(142)
　　一、达到物质条件时间短 ………………………………………(142)
　　二、满足人文条件积淀长 ………………………………………(143)
本章小结 …………………………………………………………(145)

第五章　学校分层如何产生：教育制度与家庭行动共同影响 ……(147)

第一节　学校分层与教育制度密切相关 …………………………(147)
　　一、教育公平：体现在学校分层 ………………………………(148)
　　二、人才战略：精英教育与大众教育的分轨 …………………(153)
　　三、教育资源：教育财政投入与分配差异 ……………………(159)
第二节　学校分层的具体表现 ……………………………………(162)
　　一、城乡学校差异的主要表现：师资分层 ……………………(162)
　　二、城市学校差异的主要表现：生源分层 ……………………(164)
　　三、学校分层的表现形式：升学率差异 ………………………(166)
第三节　家庭行动对学校分层的影响 ……………………………(167)
　　一、教育起点："双重影响" ……………………………………(168)
　　二、教育过程："三重影响" ……………………………………(169)
　　三、教育结果："两重结果" ……………………………………(171)
　　四、教育内卷："指向特定社会阶层" …………………………(171)
本章小结 …………………………………………………………(177)

第六章　类型分析：四类影响学校分层的教育制度 ………………(179)

第一节　"精英、大众教育严格分轨"教育制度 …………………(179)

一、德国：中学阶段实施严格的层级分类 …………………… (180)
　　二、法国：以大学校为目标的精英培养通道 ………………… (182)
　第二节 "精英、大众教育未区分"教育制度 ……………………… (184)
　　一、芬兰：资源丰富促成学校均质 …………………………… (184)
　　二、挪威：各级学校多且均质 ………………………………… (187)
　第三节 "基础教育阶段学校均质化"教育制度 …………………… (189)
　　一、日本：私立大学参与培养精英，基础教育重点投入 …… (189)
　　二、韩国：私立大学质量高，基础教育平准化 ……………… (193)
　第四节 "教育经费分散投入型"教育制度 ………………………… (195)
　　一、美国：私立大学培养精英，房产税加剧学校差异 ……… (195)
　　二、中国：公立教育为主体，教育资源缺乏且不均衡 ……… (198)
　本章小结 ……………………………………………………………… (199)

结　语 ……………………………………………………………… (204)
　　一、研究结论 …………………………………………………… (204)
　　二、理论贡献 …………………………………………………… (207)
　　三、反思与展望 ………………………………………………… (214)

参考文献 …………………………………………………………… (218)

第一章　绪论

"教育获得的影响机制"是教育社会学和社会学家关注的经典问题之一。教育获得与社会流动具有紧密的关系,"寒门何以出贵子"也常常成为教育热点问题,它反映了人们对教育成为社会不平等"制衡器"的期望。虽然得益于国家的各种举措,有部分底层子女确实因教育改变命运。但是,作为教育社会学的一个经典问题,揭示、解释和反思底层子女教育获得的前因后果有极其重要的社会学意义。为解答此问题,教育社会学经历了功能主义、冲突论、制度主义等一系列理论建设和方法发展之后似乎也难以回答周全。功能主义缺乏对学校教育是如何弱化个体家庭背景影响的路径解释,是对除学校以外环境影响的"无视";冲突论虽对学校教育延续家庭背景影响具有丰富的路径解释,但它对如何脱离现有社会不平等关系的启发却显"无力",制度主义归类的教育分流模式常常不能涵盖所有情况。在继续思考"影响教育获得机制"论题的"破题"之路具有理论和现实意义。

第一节　研究背景

社会分层现象是普遍存在的,教育对社会地位获得具有重要影响,教育机会竞争主要体现在对高等教育入学机会的竞争。虽然随着高等教育扩招,总体受教育机会增加,但是大多数学者的共识是教育不平等仍以多种形式存在,底层子女始终处于竞争劣势。

一、教育对社会地位获得具有重要影响

自从布劳、邓肯于1967年提出社会地位获得模型并通过实证研究揭示在工业社会中教育程度对社会地位获得的重要影响后，教育水平作为人力资本最重要的表征之一，是否会提高人力资本的经济回报，是教育社会学关注的重要问题。① 教育对社会地位获得的影响包括受教育水平对职业地位的获得和收入的影响。

教育对职业地位的获得具有影响。张翼分析了父亲单位和子女受教育水平对职业地位获得的影响发现，在20世纪90年代后来自父亲单位部门的影响减弱，个体受教育程度对初职单位的影响有所加强。② 李煜通过分析2003年中国综合社会调查数据(CGSS)指出，教育对初职长期具有重要影响。③ 获得优质高等教育对个人职业地位获得具有更为显著的作用。例如，清华大学1982年到1986年的学生中，分配到中央国家机关和中央直属企事业单位的高达58%。④ 刘精明研究发现，进入中高级白领职业阶层的教育标准从改革开放以来逐渐向正规高等教育转化。

同样，教育水平对个体收入具有影响。李春玲的研究指出，在20世纪中等水平的教育经济收益率最高。在全国范围内，初中学历对提高收入水平的作用最强，继而是高中(包括中专)、大专及以上和小学学历。在城市中，高中和中专学历最有利于收入的增长，在农村中，初中学历经济收益最好。在体制内，大专及以上学历经济收益较高，在体制外，初中、高中和中专的经济收益较高。⑤ 受教育水平和类型对社会地位获得具有综合作用，张明等学者对2013CGSS数据分析发现，接受过高等教育的居民，确实拥有更高的社会阶层评估。

---

① 边燕杰. 市场转型与社会分层——美国社会学者分析中国[M]北京：三联书店，2002：535-552.
② 张翼. 中国人社会地位的获得——阶级继承和代内流动[J]. 社会学研究，2004(04)：76-90.
③ 李煜. 家庭背景在初职地位获得中的作用及变迁[J]. 江苏社会科学，2007(05)：103-110.
④ 清华大学志编辑委员会. 清华大学志[M]. 北京：清华大学出版社，2001：227.
⑤ 李春玲. 文化水平如何影响人们的经济收入——对目前教育的经济收益率的考查[J]. 社会学研究，2003(03)：64-76.

二、教育竞争主要体现在高等教育入学机会的竞争

正因为教育对社会地位获得具有重要影响,对于不同社会阶层的人来说,教育对阶层传递和阶层流动具有重要意义,不同社会阶层的人对教育功能的追求也有所差异。底层子女有通过"教育改变命运,实现阶层跃迁"的愿望;中高阶层有通过教育实现阶层优势传递、精英复制和防止阶层向下流动的需求;顶层阶层有自己的教育选择和教育消费。因此,对教育的不同需求也在另一层面上导致了教育分层,导致了优质教育资源的竞争,特别是对高等教育入学机会的竞争。

对高等教育入学机会竞争的激烈程度体现在高考竞争的激烈程度。为了在高考竞争中占据优势,中高阶层家庭从中小学教育阶段就开始了争夺优质教育资源的"教育博弈"。学者杨可提出了"母职经济人"概念,研究发现为适应教育竞争加剧,城市家庭中的母亲需要有效地把学校资源、校外资源、家庭资源整合和规划,成为子女学习和成长的经纪人,以帮助子女在激烈的教育竞争中获得优势。[1] 由此产生了中高阶层的"育儿焦虑"。各阶层的家长和子女都卷入了激烈的高考竞争中。例如,海淀区父母为了子女读清华北大名校而努力,也有为了"寒门出贵子"而产生的"高考工厂"。被誉为"亚洲最大高考工厂"的毛坦厂中学里就有为考高分而日夜奋战的学生和陪读家长。

三、底层子女在优质高等教育资源竞争中处于劣势

在教育资源的竞争中,特别是优质高等教育资源的激烈竞争中,底层子女始终处于劣势。对于底层子女来说,学校教育几乎是打破阶层壁垒,避免阶层复制,完成阶层跃迁的唯一途径。社会分层指因社会资源占有不同而产生的层化现象,社会资源可以是政治资源、经济资源、文化资源等不同方面。[2] 寒门学子、农家子弟等底层子女的家庭对社会资源的占有处于劣势,而这种家庭出身是个体一出生即面临的无法轻易改变的、结构化的生活环境和

---

[1] 杨可. 母职的经纪人化——教育市场化背景下的母职变迁[J]. 妇女研究论丛, 2018(02): 79-90.

[2] 李强. 社会分层十讲[M]. 北京: 社会科学文献出版社, 2011: 1.

家庭背景。[①] 这使底层子女社会向上流动之路更为艰辛。

谢作栩、岳昌君研究发现，在高等教育扩招背景下，重点大学学生的家庭背景优于普通院校。[②]农村学生更多地进入地方院校和专科层次院校，在精英型大学中所占的比例明显下降。而优势阶层的子女不仅在精英型院校中占有更多的份额，而且还更多地集中在热门专业。[③]刘云杉等研究发现北京大学新生中农村生源的比例在20世纪90年代中期开始下降，在2000年后占比徘徊在10%～15%。[④]陈晓宇通过高等学校在校生抽样调查数据分析发现，高学历、大城市、高收入和从事优势职业者的子女占有更多优质高等教育机会。[⑤]

然而同时，得益于国家的各种举措，底层子女进入重点大学的渠道仍然存在。梁晨、李中清等对北京大学、苏州大学学生社会来源分析后发现，自新中国成立以来，工农等社会较低阶层子女逐渐在高等精英教育中占据相当比重，并成功地将这一比重保持到20世纪末。基础教育的推广、统一高考招生制度的建立以及重点中学的设置等制度安排共同推动了无声革命的出现。[⑥]虽然有学者质疑改革前高等教育的平等是一种"阶级内的平等"，改革后的重点中学制度是固化城乡教育不平等的机制。但是他们仍然不可忽视重点中学制度构筑了少数农村学生进入重点大学的通道。[⑦]

由此看出，在我国教育对于阶层传递和阶层流动具有重要作用。"寒门"和"贵子"代表了不同的社会阶层，对底层子女来说教育对阶层流动的意义更

[①] 林晓珊. 境遇与体验：一个阶层旅行者的自我民族志[J]. 中国青年研究，2019(07)：15－23＋37.

[②] 谢作栩，王伟宜. 高等教育大众化视野下我国社会各阶层子女高等教育入学机会差异的研究[J]. 教育学报，2006(02)：65－74＋96.

[③] 杜瑞军. 从高等教育入学机会的分配标准透视教育公平问题——对新中国50年普通高校招生政策的历史回顾[J]. 高等教育研究，2007(04)：29－35.

[④] 刘云杉，王志明，杨晓芳. 精英的选拔：身份、地域与资本的视角——跨入北京大学的农家子弟(1978－2005)[J]. 清华大学教育研究，2009，30(05)：42－59.

[⑤] 陈晓宇. 谁更有机会进入好大学——我国不同质量高等教育机会分配的实证研究[J]. 高等教育研究，2012，33(02)：20－29

[⑥] 梁晨，李中清，张浩，李兰，阮丹青，康文林，杨善华. 无声的革命：北京大学与苏州大学学生社会来源研究(1952－2002)[J]. 中国社会科学，2012(01)：98－118＋208.

[⑦] 应星，刘云杉. "无声的革命"：被夸大的修辞——与梁晨、李中清等的商榷[J]. 社会，2015，35(02)：81－93.

重大。虽然底层子女在教育资源竞争中处于劣势，但是公共教育几乎是底层子女向上流动的唯一途径。从实际情况来看，底层子女仍有机会依靠教育"改变命运"。但是目前底层子女依靠教育"改变命运"的命题，对于理论研究和实证研究来说仍是难题。因此，本书以"寒门何以出贵子"为研究的具体问题，进一步分析影响教育获得的机制。

第二节 文献综述

本研究意在探讨的问题是：为何底层子女在教育机会的竞争中，特别是在优质高等教育机会的竞争中处于劣势，又为何有部分底层子女能够考上重点大学，如何帮助底层子女教育获得，实现阶层向上流动。进而分析不同阶层子女的教育获得特征，以及影响教育获得的机制问题。因此，在文献综述部分本文梳理了影响教育分层的因素与路径解释的相关研究，把握不同理论与分析视角的发展脉络，考察促进底层子女教育机会获得的已有行动与困境，探究其中未解决的关键问题。

一、影响教育分层的因素与路径解释

（一）家庭背景与学校教育如何影响教育分层

20世纪50—60年代，《科尔曼报告》《普劳顿报告》《贝罗报告书》等报告揭示了教育体制并不像美国现代教育之父贺拉斯·曼（Horace Mann）所断言的那样是社会不平等的"制衡器"。特别是《科尔曼报告》得出了著名的结论，即学业成就的变化与儿童的家庭环境密切相关，而与每个学生的支出或其他可衡量的学校特征几乎没有关系。[①] 之后引发了大量有关教育分层的影响因素和路径解释的研究。但纵观相关的研究可以发现，已有研究可以溯源于两种理论分析思路：功能主义和冲突论。其讨论的核心问题是：家庭背景、学校教育

[①] Downey, D. B., & Condron, D. J. (2016). Fifty years since the Coleman Report: Rethinking the relationship between schools and inequality. *Sociology of education*, 89(3): 207–220.

是如何影响教育分层的。

  社会学研究中存在两种审视社会现象的视角，即强调社会的整合功能的功能主义，以及就功能主义只注重社会整合而忽视社会冲突进行批评的冲突论视角。这两种分析视角也延伸到探究学校教育和家庭背景对教育分层的影响问题。功能主义认为学校教育取代了家庭背景对个人教育获得产生影响。其思想来自古典功能主义代表人涂尔干(Emile Durkheim)和现代功能主义大师帕森斯(Talcott Parsons)。涂尔干强调学校教育取代家庭教育达到社会整合的功能。学校教育通过道德教育使个体社会化，让不同的社会成员获得集体意识，按社会规范行动，在此过程中促进社会整合。帕森斯认为社会价值通过学校教育中的课堂秩序、教师角色影响，学生角色训练，以及物质符号等奖励措施实现个体内化。[①] 受韦伯(Max Weber)科层制思想的影响，帕森斯认为现代社会的工业化和社会民主化特点增强，学校社会作为一种科层制组织形式而避免阶层偏好。个人的行为在现代社会背景下具有自致性、中立性和普遍性，因此个体能够通过个人能力和努力在中立和对人一视同仁的学校教育中取得对应的教育成就。学校的科层制特点减少了家庭教育对人的影响。在此基础上，崔曼(Donald Treiman)认为社会的开放程度会促使形成教育的实用主义选择机制，即个体可以通过自我努力获得较高的教育成就以提高自己的社会地位。[②] 法利(John Farley)认为学校通过让儿童学习家庭以外的社会情感和交往技能，因此削弱了家庭的影响。[③] 功能主义的理论根源在于认为工业社会具有开放性，增加了社会平等，因此强调学校教育的社会化功能，并将学校教育的筛选功能认为是基于个人能力的教育分层。在解释影响教育分层的因素时，功能主义关注自身努力和能力在教育获得过程中的作用，以及学校教育对提高个人胜任职位的各种技能的意义。

  虽然现代社会中社会流动性增大，学校组织的科层制特点被广泛认可，

---

  ① 帕森斯.作为一种社会体系的班级：它在美国社会中的某些功能，张人杰.国外教育社会学基本文选[M].上海：华东师范大学出版社，1989：506-530.

  ② 刘录护，扈中平.个人教育获得：学校取代抑或延续了家庭的影响——两种理论视野的比较[J].华南师范大学学报(社会科学版)，2012(01)：21-28+159.

  ③ 约翰·E·法利，王万俊.教育的潜在功能——功能主义者的观点[J].外国中小学教育，1992(01)：29+46.

同时也存在底层子女通过教育实现向上流动的现实基础。但是功能主义缺乏对学校教育是如何弱化个体家庭背景影响的路径解释，除了认为学校教育能够提升个人的认知技能水平之外，功能主义的经验研究匮乏。不同于功能主义排斥家庭背景影响，冲突论认为社会结构中的冲突会延伸到教育领域，家庭背景所处的社会阶层地位冲突也必然会渗透到学校教育中，学校教育并不能减弱家庭背景对教育获得的影响，学校教育还甚至会延续家庭背景的不平等。社会冲突论的古典理论代表人马克思(Karl Marx)的阶级理论注重阶层的经济差异，韦伯的地位群体理论强调阶层生活方式文化差异。在此基础上，阿普尔(Michael Apple)以美国为例，说明国家、州和地方在教育项目资助、课程规定、文凭管理和教师资格承认等方面都有不同程度地参与，并实施着对教育的控制。柯林斯(Randall Collins)在韦伯观点的基础上认为学校教育实际上是教给学生接受特殊的身份文化以用来促进组织的控制。"通过对受雇者所需教育条件的控制，教育既可选择具有精英文化的英才成员，又能促使下层或中层成员对英才文化的价值观和生活方式予以尊重。"[①]这种分流是通过提供实用技术教育、传递身份符号的教育和拥有政治权力的教育，以此对应不同类型的文凭来实现的。

与功能主义天然在路径解释上薄弱不同，冲突论能够深入论证学校教育是如何延续家庭背景的影响，实现阶层再生产的。主要包括四种路径分析：经济再生产理论、抵制理论、语言再生产理论，以及文化资本理论。经济再生产理论以鲍尔斯(Samuel Bowles)和金蒂斯(Herbert Gintis)为代表，继承了马克思关于经济基础决定上层建筑的理论结构，认为教育结构与社会结构相对应，教育中的社会关系结构将个体统合到社会经济结构中。经济再生产理论认为精英和底层阶层子女的社会结构注定了他们在教育结构中的位置，教育只不过是复制社会阶层的机器。教育通过学校氛围的分化，培养学生个人行为、表达方式、自我形象、阶层认同和职业品质来实现。抵制理论以威利斯(Paul Willis)为代表，他的代表作《学做工：工人阶级子弟为何继承父业》解

---

① 柯林斯.教育成层的功能理论和冲突理论；张人杰.国外教育社会学基本文选(修订版)[M].上海：华东师范大学出版社 2008：46.

释了家庭背景作用在学校教育中的延续是因为工人阶级子女受家庭阶层反抗意识的影响,并对资本主义规范、价值和教育实践主动采取的抵制,形成了反学校文化。这种教育抵制使工人阶级的子女最终在成年后从事工人阶级的工作。[1] 经济再生产理论和抵制理论属于学校教育的"强再生产"模式。语言再生产理论和文化资本理论属于学校教育的"弱再生产"模式。语言再生产理论以伯恩斯坦(Basil Bernstein)的研究为代表。他分析了工人阶级和中产阶级语言编码与意义系统的差异,认为学校教育制度化了上层阶级使用的精密型语言编码是导致下层阶级在教育过程中遭到排斥并导致学业失败的原因。布尔迪厄(Pierre Bourdieu)提出文化资本理论,将文化资本定义为借助不同的教育行动(传播式教育、家庭教育、制度化教育)传递的文化物品。包括文化、教育、修养的形式,文化商品的形式,以及体制的形式。[2] 布尔迪厄进一步指出,来自文化教养更好的家庭子女,具有不同于下层家庭子女的文化趣味和生活方式惯习。教育体制内的文化与统治阶级的文化和惯习更为接近,上层阶层子女受家庭影响的行为惯习在学校中将受到偏好获得奖励,并最终促使获得教育成功,而下层子女因为未具备学校偏好的关系而难以在学校和标准化考试机制中获得成功。

冲突论对比功能主义具有丰富的路径解释,也因此引发了大量关于家庭背景如何影响子女教育获得的经验研究。并且已有研究集中于文化资本理论上,因为文化资本理论涉及的影响因素可以进行量化处理,并且能够被观察和用于解释路径,同样适合质性研究。家庭背景是影响个体获得教育机会的重要因素。科尔曼在《教育中的平等与成就》一书中解释了为什么家庭背景能够如此重要地影响儿童的教育机会。他认为主要是因为家庭是一个社会基本的社会保障单位和基本经济单位。作为基本的社会保障单位,家庭有责任为它的成员提供从摇篮到坟墓的所有福利,在一个仍然是由家庭提供主要福利的社会中,家庭将主要关心自己成员的各种发展机会和生产能力的提高,而

---

[1] [英]威利斯著. 秘舒等译. 学做工:工人阶级子弟为何继承父业[M]. 南京:译林出版社,2013.

[2] 余秀兰. 文化再生产:我国教育的城乡差距探析[J]. 华东师范大学学报(教育科学版),2006(02):18—26+33.

不管其他家庭是否能够这样做到。同时，家庭作为一个基本的经济单位，家庭就必须让自己的孩子学会在一个社会生存和发展的基本技能，据此提高家庭的社会生产能力。因此，无论是就儿童还是成年人来说，教育机会或训练，仅仅是为了维持或提高家庭的生产力水平。[①] 雷蒙·布东(Raymond Boudon)著的《教育、机会与社会公平》一书中，将家庭背景影响子女教育机会的机制分为首要效应(Primary Effect)与次要效应(Second Effect)。[②] 首要效应是指家庭成员为子代直接提供各种重要的学习资源、文化资本的支持和经济方面的支持，以推助子女达到更高的教育成就。次要效应指家庭的升学选择偏好（家庭教育期望）和激励方式的差异，当一个家庭为子女做出升学、入学或选择何种教育形式的教育而需要做出决定的时候，家庭将会根据自身所处的社会经济地位、条件而做出理性选择。有研究聚焦家庭教育决策研究，认为非底层阶级的家庭教育决策会尽量降低子女低于自己已有社会地位的风险。[③] 拉鲁(Annette Lareau)在其《不平等的童年》一书中通过观察和访谈发现，相比学校教育，家庭教养方式上的差异更为显著，中产阶级家长认为教育是家长和教师共同的责任，通常采用"协同培养"的方式，而工人阶级和贫困家庭的家庭教养文化没有本质区别，认为教育是学校的责任，通常采取"成就自然成长"的方式，不愿意与学校教育发生联系。家庭教养方式的区别具体表现在子女课外活动、日常对话和对教育机构干涉三个方面。[④] 拉鲁在另一本《家庭优势：社会阶层与家长参与》中进一步解释家长教育地位、职业地位、工作性质、回应老师期望、获取学校教育信息的差异导致了阶层子女教育获得的差异。[⑤] 新教育社会学以知识分层研究范式为主导，将葛兰西（Antonio Gramsci）、曼海姆(Karl Mannheim)等人关于意识形态的研究成果引入课程研究，认为课程的变化是知识定义的变化，"这种知识的变化和社会分层、专门

---

① Coleman，J. S. (2019). *Equality and achievement in education*.
② Routledge. Boudon, R. (1974). Education, opportunity, and social inequality: Changing prospects in western society.
③ 刘录护，扈中平. 个人教育获得：学校取代抑或延续了家庭的影响——两种理论视野的比较[J]. 华南师范大学学报(社会科学版)，2012(01)：21—28+159.
④ [美]安妮特·拉鲁著，宋爽等译. 不平等的童年[M]. 北京：北京大学出版社，2018.
⑤ [美]安妮特·拉鲁著，吴重涵等译. 家庭优势：社会阶层与家长参与[M]. 南昌：江西教育出版社，2014.

化以及知识组织的开放程度是一致的",教育知识传递通过课程、教学和评价系统来实现,权力分配和社会控制的原则也同时体现在这一过程中,因此学校课程环境影响教育获得的分层。[①] 优势阶层会有意识地利用阶层资源帮助子女在教育竞争中处于优势地位。隐形课程理论认为学校重视的价值观与中产阶级文化资本相符合,成为隐性课程的一部分。在学校教育如何延续家庭文化资本的影响方面,中产阶级假设认为,教师偏好中产阶级背景的学生,歧视工人阶级背景的学生,是由于教师的中产阶级身份。此外,还指出学校风气、考核标准等方面也具有文化偏好。有学者认为学校教育的目标、课程内容和班级文化等方面表现出对城市文化的偏好,教育内容对于底层子女是陌生的符号系统。并且认为自主招生等考试强调考查学生的综合能力和创造力,底层子女在这样的考试竞争中处于劣势。

(二)影响教育分层的具体因素

自从布劳、邓肯等人提出父亲职业和教育年限对子女教育获得和职业地位获得的框架后,众多研究者开始以微观视角的家庭资本传递理论作为分析影响教育分层因素的解释逻辑。因此,影响教育分层的具体因素几乎都是在冲突论框架下进行解释分析的。布劳、邓肯将影响个体社会地位获得的因素分为自致性因素(achieved factors),包括个人受教育程度、初职和现职,以及先赋性因素,包括父亲教育水平和父亲职业声望。之后学者在布劳、邓肯模式基础上增加了社会心理因素,将五个变量变为八个变量,形成威斯康星模型,开始重视"教育期望"影响教育成就和职业成就的作用。[②] 相应地,他们还研究了影响教育期望的因素。包括儿童的自身能力和学习经历、父母的受教育程度、收入(父母收入可能影响孩子的教育期望的一种方式是支付中学后教育的能力)、社区特征、教师的鼓励和期望、同伴的期望、家长参与以及孩子

[①] 雷蒙德·艾伦·蒙罗著,宇文利译. 社会理论与教育:社会与文化再生产理论批判[M]. 上海:上海人民出版社出版,2012.

[②] Sewell, W. H., Hauser, R. M., & Wolf, W. C. (1980). Sex, schooling, andoccupational status. *American journal of Sociology*, 86(3), 551—583.

第一章　绪论

的感知期望的能力和学业能力等因素。[①][②]

在布尔迪厄提出文化再生产理论后,众多研究围绕具体的文化资本因素是如何影响教育分层问题产生了大量的经验研究。[③] 文化再生产理论将家庭文化资本,特指高阶层家庭的惯习(habitus),具体表现为在文化商品上的消费、父母的学术文凭和专业技能等,视为一种稀缺资源。进而研究这些具体因素是如何影响高阶层子女的教师期望与偏爱、教师鼓励、学校语言交流、学校主流文化、知识呈现等方面占据优势。在此基础上进一步发展的文化流动理论将个人的文化资本视为积累的过程。[④] 文化流动理论提出,除了通过家庭环境中获得文化资本,个人还可以在整个人生过程中获得文化资本。[⑤] 因此,例如参与课外活动、学生去动物园、博物馆或音乐会之类的活动都可以获得文化资本。[⑥][⑦]

在我国关于影响教育分层的具体因素分析的已有研究同样纷繁复杂,但最终也能归类为家庭环境中的具体因素,以及学校环境中的具体因素。例如,家庭环境影响因素主要有家庭教育投入、家庭教育期望、兄弟姐妹数量、父母参与等。学校影响因素主要有师资力量、学习氛围、硬件条件、学习资源、

---

① Teachman, J. D., & Paasch, K. (1998). The family and educational aspirations. *Journal of Marriage and the Family*, 704—714.

② 2、Schneider, B. L., & Stevenson, D. (1999). The ambitious generation: *America's teenagers, motivated but directionless*. Yale University Press.

③ Bourdieu, P., Passeron, J. C., Melendres, J., & Subirats, M. (1977). *La reproducción: elementos para una teoría del sistema de enseñanza* (Vol. 1). Barcelona: Laia.

④ DiMaggio, P., & Mohr, J. (1985). Cultural capital, educational attainment, and marital selection. *American journal of sociology*, 90(6), 1231—1261.

⑤ Aschaffenburg, K., & Maas, I. (1997). Cultural and educational careers: The dynamics of social reproduction. *American sociological review*, 573—587.

⑥ Dumais, S. A. (2006). Early childhood cultural capital, parental habitus, and teachers' perceptions. *Poetics*, 34(2), 83—107.

⑦ Covay, E., & Carbonaro, W. (2010). After the bell: Participation in extracurricular activities, classroom behavior, and academic achievement. *Sociology of Education*, 83(1), 20—45.

生涯规划等。①②③

（三）教育制度如何影响底层子女的教育获得

制度主义研究者认为宏观视角下的教育系统分配和社会结构特征同样对教育机会获得产生重要影响。他们认为底层子女对教育获得不仅需要摆脱劣势的家庭资源限制，也要摆脱结构和制度的约束。④ 基于资本传递视角，现代化逻辑和结构主义认为在不同工业化程度和不同平等化程度影响教育分层形态。基于宏观制度差异视角，研究者认为各国教育分流程度和教育标准化程度差异会导致学校差异，进而影响不同阶层群体的教育获得。

关于教育制度如何影响教育分层，特纳（Ralph Turner）以功能主义的观点：社会需要维护秩序为出发点，将教育制度对教育分层的影响解释成是为赞助性社会流动模式和竞争性社会流动模式服务的。"每一个社会都必须解决如何维持该社会制度的忠诚态度的问题，解决这个问题的前提是人们对规范和价值观念有着一致的意见。"⑤两种社会流动模式以美国和英国为例。美国属于竞争性的社会流动模式，教育制度鼓励人人竞争精英地位，并确保在获取精英地位过程中，人人都得到平等的对待。英国则是通过教育制度确定标准，在个体很小的时候就将精英和非精英进行分流，精英被挑选出来接受精英教育和精英文化培养，而非精英则被教育他们意识到自己无法成为精英，安于自己的社会位置。

社会结构开放性的一个重要表现是教育在社会流动中的作用增强，社会地位的获得越来越依靠个人的天赋和努力，而非个人的社会出身。这通常被拿来作为教育公平与否的评价标准。就我国的情况而言，大量已有研究关注

---

① 吴炜.兄弟姐妹对农村大学生教育获得的积极影响研究——代内家庭资本的视角[J].中国青年研究，2022(12)：48－55.

② 李广平,陈武元,吴尧.先赋背景、重点学校和个人期望孰轻孰重——兼论三种因素影响高等教育机会获得的现实机制[J].教育发展研究，2023，43(17)：64－75.

③ 蔡庆丰,程章继,陈武元.社会资本、家庭教育期望与阶层流动——基于"中国家庭追踪调查"的实证研究与思考[J].教育发展研究，2021，41(20)：9－21.

④ Kerckhoff, A. C. (1995). Institutional arrangements and stratification processes inindustrial societies. *Annual review of sociology*，21(1)，323－347.

⑤ 特纳.赞助性流动、竞争性流动与教育制度，张人杰.国外教育社会学基本文选[M].上海：华东师范大学出版社，2008：76－93.

第一章 绪论

了国家在不同经济发展模式背景下,教育制度不同对家庭背景与教育机会获得关系存在影响,特别是获得优质的高等教育资源。并由此来呈现我国新中国成立以来教育公平发展情况。已有研究对教育制度在时间维度的划分一般有三个阶段:改革开放前、改革开放后,以及高等教育扩招后。

改革开放之前国家通过政策干预在一定程度上缩小了教育分层,被认为是教育发展的"平均主义模式"。在改革开放后,教育城乡差距和阶级差距有所扩大,社会出身对教育机会获得的影响增大,被称为"自由竞争模式"。[1] 李春玲根据中国社会科学院社会学研究所收集的全国数据分析发现:1978年以前,教育机会分配从一种极度不平等的状态向着平等化的方向演变;而1978年之后,教育机会分配的不平等程度逐步增强,家庭背景及制度因素对教育获得的影响力不断上升。[2] 以高校扩招为时间点,戴思源研究发现了高校扩招后,首先满足的是城市重点高中生,让他们更有机会获得优质高等教育资源,并能长期维持着这一优势。[3]

也有研究通过数据提出新的教育制度差异的时间划分点。例如,方长春、风笑天通过对中国综合社会调查数据(CGSS)分析发现20世纪80年代中期是高等教育机会城乡户籍差异变化的时间截点。高等教育的城乡户籍差异的变化过程基本符合从"平均主义模式"到"自由竞争模式"的转变。[4] 父辈受教育程度对子代受教育水平的影响同样基本符合"平均主义模式"到"自由竞争模式"的转变规律,即自改革开放后,其影响力快速增加。但是父辈受教育程度对子代受教育水平的影响从90年代开始有所减弱。这需要重新思考90年代后造成高等教育机会差异的原因。

除了以时间划分来探讨不同阶段的教育制度对底层子女教育机会获得的影响,还有的研究从教育制度影响不同教育阶段的分析视角来考察。一般而

---

[1] Hannum, E. (1999). Political change and the urban-rural gap in basic education in China, 1949-1990. *Comparative education review*, 43(2), 193-211.
[2] 李春玲. 社会政治变迁与教育机会不平等——家庭背景及制度因素对教育获得的影响(1940—2001)[J]. 中国社会科学, 2003(03): 86-98+207.
[3] 戴思源. 大学扩招、重点学校与城乡高等教育不平等(1978-2014)[J]. 教育与经济, 2018(02): 18-26+61.
[4] 方长春, 风笑天. 社会出身与教育获得——基于CGSS70个年龄组数据的历史考察[J]. 社会学研究, 2018, 33(02): 140-163+245.

言是将教育阶段分为教育起点、教育过程和教育结果三个阶段，分析教育制度对底层子女教育机会获得和教育成功的影响。

关于教育公平的界定主要有三种观点。胡森(Torsten Husen)在《社会出身与教育》一书说明了教育平等的三个涵义：起点的平等、中介性阶段的平等和总目标的平等。教育起点的平等指每个人不受任何歧视地都有开始其学习生涯的机会，至少使每个人都有开始受政府办的教育的机会。其假设所有儿童从出生起都能享有相同的生活条件。① 但同时它反映了一种保守主义机会均等观，认为人们具有不同的能力，个人的天赋能力与其所处的社会等级基本相符，社会应该由精英来管理。教育的作用是挑选出精英，其前提是保证每个人都有受教育的权利。教育的中介性阶段平等，即教育的过程平等。指平等地对待每个学生。每个儿童具有一定的天赋和能力，教育的功能在于消除经济与社会的外部条件带来的影响，使每个人的天赋能力得到充分的发展，并将每个人通过教育分流到与其能力相符的职业和地位。教育总目标的平等，即教育结果平等。指学生追求受教育水平和学业成功的机会是平等的。科尔曼(James S. Coleman)提出教育公平应该包括教育起点平等、教育过程的平等、教育结果公平以及教育后就业机会的公平。也就是入学机会的平等、入学后得到教育对待上的公平、不同文化群体接受相同教育后能够得到相同的学业成绩分布、相同学业成绩的学生在就业时能够不因为其他因素而影响就业机会。亨利·勒文(Henry M. Levin)认为教育公平应该有四个方面的标准，一是对于具有相同教育需求的人给予的受教育机会均等；二是来自不同社会背景的学生，获得教育的机会均等；三是教育结果均等；四是教育对社会机会的影响均等。

教育起点的公平表现在各级教育的入学机会均等。2018年，我国学龄儿童净入学率为99.95%。② 小学升初中升学率为99.1%，初中升高中升学率

---

① 托尔斯顿·胡森，张人杰. 平等——学校和社会政策的目标(上)[J]. 外国教育资料，1987(02)：11—16+50.
② 教育部. 2018年小学学龄儿童净入学率[EB/OL]http：//www.moe.gov.cn/s78/A03/moe_560/jytjsj_2018/qg/201908/t20190812_394222.html

为 95.2%。[①] 普通高中学生人数占高中阶段学生数的 60.4%。(高中阶段包括普通高中、成人高中、中等专业学校、成人中专、职业高中和技工学校)[②] 高等教育毛入学率达到了 48.1%，接近普及化阶段。随着教育普及化，在考察教育入学机会均等时重点考察的是优质教育的入学机会公平问题。基础教育和高中教育质量的区别体现在升学入重点高校的比例。杨东平对 10 个城市 40 所高中近 4000 名学生进行的问卷调查数据分析显示，家庭背景强烈影响着学生进入重点或非重点中学。城镇户口和中高阶层家庭的学生更多的集中在重点中学，而农业户口和低阶层家庭的学生多在普通中学。[③] 多位学者利用 CGSS2008 调查数据分析发现，家庭背景，包括父母受教育年限、户籍、父亲职业地位会影响子女的升学路径。家庭社会经济地位越高的学生，更有可能进入重点学校，而农村的初中毕业生有更高的概率就读职业高中，这造成学术教育轨道和职业教育轨道的分流。而前一阶段在重点学校就读对获得下一阶段重点学校教育机会有重要的影响。[④⑤] 更多的研究则是聚焦于高等教育入学机会均等问题，特别是在高等教育扩招之后，重点大学的入学机会问题。世界银行确立的高等教育入学的两个公平原则，第一是避免绝对的剥夺，即避免不利群体不能分享高等教育发展所带来的机遇。第二是高等教育入学机会的分配应当依据个人的努力及才能的结果，而不应当受到他或她的出生地、家庭背景及其所拥有的社会关系等因素的影响。[⑥] 李春玲基于对 2005 年人口调查数据分析认为大学扩招没有减少阶层、民族和性别之间的教育机会差距，反而导致了城乡之间的教育不平等上升。[⑦] 魏晓燕通过对中国家庭追踪调查

---

① 教育部.2018年各级普通学校毕业生升学率[EB/OL]http：//www.moe.gov.cn/s78/A03/moe_560/jytjsj_2018/qg/201908/t20190812_394218.html

② 教育部.2018年高中阶段学生数的构成[EB/OL]http：//www.moe.gov.cn/s78/A03/moe_560/jytjsj_2018/qg/201908/t20190812_394224.html

③ 杨东平.高中阶段的社会分层和教育机会获得[J].清华大学教育研究，2005(03)：52−59.

④ 李丽,赵文龙.高校扩招背景下高中分流与教育机会公平研究[J].西安交通大学学报（社会科学版），2014,34(05)：100−106.

⑤ 吴愈晓.教育分流体制与中国的教育分层(1978−2008)[J].社会学研究，2013,28(04)：179−202+245−246.

⑥ 世界银行.2006年世界发展报告：公平与发展[M].北京：清华大学出版社，2006：19.

⑦ 李春玲.高等教育扩张与教育机会不平等——高校扩招的平等化效应考查[J].社会学研究，2010,25(03)：82−113+244.

2010、2012、2014 年数据(CFPS)分析指出，以高等教育代际传递为重要机制，高等教育大众化进程扩大了高等教育机会获得的不公平，扩招政策的实施也最终呈现出"效率优先，兼顾公平"的总体特征。① 刘精明将个人能力和家庭出身作用分开考虑，采用系数集束化方法，比较能力和出身两种机制对不同层级的普通本科教育机会分配的影响作用，发现能力和出身的影响同时显著存在，高等学校的层级越高，对学生的能力要求越高，出身的影响也显著增强；但能力影响始终较大程度地高于出身影响。就此得出的结论是：当前中国高等教育机会分配中尽管存在出身的影响，但根本上仍秉持着能力评价的主导性标准，体现了绩能社会"唯才是举"的典型特征。②

除了教育对就业和社会机会获得的影响之外，对各个教育阶段结果公平的关注也意味着关注下一个教育阶段的起点公平问题。③ 而教育过程的公平性则体现在学生在教育过程中是否能够有平等的机会取得学业成功。国际测评项目 PISA 对教育公平性的定义就包含了对教育过程公平的关注：教育公平是指学生测试分数受家庭社会经济地位的影响低于 OECD 平均水平。从 2019 年底公布的 PISA2018 测试结果来看，参加 PISA2018 我国四省：北京、上海、江苏、浙江在三个素养领域中平均成绩优秀，高水平学生拥有比例同样居于国际前列，但是教育公平仍有待提升。具体表现为：四省市学生家庭背景对学生三科学业表现的影响均较大，属于优质但不公平的地区。我国四省社会经济地位前 25% 的优势学生与后 25% 的弱势学生的分数差异为 82 分，OECD 平均分为 89 分。此外，四省市学生阅读素养的校际差异比为 42.0%，属于校际差异大校际均衡发展程度较差的地区；城乡学校在学生成绩、硬件配置、

---

① 魏晓艳.大学扩招是否真正推动了高等教育公平——高等教育大众化、扩招与高等教育代际传递[J].教育发展研究，2017，37(11)：26—35.

② 刘精明.能力与出身：高等教育入学机会分配的机制分析[J].中国社会科学，2014(08)：109—128+206.

③ 关于阶层背景对大学毕业生职业(特别是初职)获得影响同样有很多研究，例如李卫东(2010)通过调查研究发现，优势阶层子代本科毕业生更容易获得优势职业地位，在性别制度和阶层结构的作用下，来自权力阶层的女性本科毕业生在主要劳动力市场中拥有较好的机会结构，但底层女性本科毕业生的机会结构遭受到弱势性别和弱势阶层地位的双重挤压。但本研究不讨论这个问题，首先更关注底层子女教育获得的问题。

师资配置、教师教学方面存在较大的差异。①

二、促进底层子女教育获得的已有行动与困境

促进底层子女教育获得的已有行动主要可以概括为三个：高等教育扩张、优质高等教育分配名额和全纳教育。但在现实中，三类行动都存在理论和实践上的困境。

如何让底层子女获得更多向上社会流动的可能性，首先聚焦于如何让他们获得更多高等教育机会甚至是优质高等教育机会。到2018年，我国高等教育毛入学率已达48.1%。但是随着高等教育扩张，底层子女获得优质高等教育机会仍有困难。大部分学者认可高等教育扩张并不能增加底层子女获得高等教育，特别是优质高等教育的可能性。高等教育虽然扩张仍然存在教育机会分配不平等的问题。已有研究尝试对高等教育扩张与不平等关系的解释模型主要有三个："不平等最大化维持"(MMI)、"不平等的有效维持"(EMI)以及"理性行动"(RAT)。不平等最大化维持模型认为教育机会在优势阶层中饱和后才向弱势社会阶层延伸；不平等的有效维持(EMI)认为在教育扩张的背景下，教育机会从量的不平等转变为质的不平等；理性行动(RAT)即"教育决策模型"认为虽然教育机会增多，但是不同社会阶层群体会有不同的理性选择。

其次，为了增加底层子女获得优质高等教育的机会，高等院校采取分配名额的方式。因各地区经济发展水平不同、优质高等院校分布不均衡，以及各地区高考人数不同和招生属地化等原因，优质高等院校在不同地区的招生数量有很大差异。为了促进教育区域公平，国家设立了专项计划，给中西部和贫困地区限定招生名额。如2016年，教育部发布了《关于做好2016年普通高等教育招生计划编制和管理工作的通知》，从12个省份中抽调16万招生名额用来支援中西部地区。2017年规定教育部直属高校要有不少于招生规模2%的名额留给高考专项计划。但在实践过程中仍存在很多问题，例如不同省

---

① 辛涛，贾瑜，李刚，赵茜，常颖昊，张佳慧. PISA2018解读：全球视野与中国表现——基于中国四省市PISA2018数据的分析与国际比较[J].中小学管理，2020(01)：5—9.

市调配招生名额不同,引发被抽调名额省市学生家长的不满。在理论上,优质资源分配名额也同样具有哲学论证上的困难。对于"增加少数劣势群体在职业、大学等系统中的比例"问题,美国学者丹尼尔·贝尔(Daniel Bell)对此进行了反驳,他认为首先,在这样的机会均等条件下,反对歧视的做法会变成了代表制的做法,即在受雇或受教育时,"专业水平和个人成就首先要服从整体代表的原则"。这样反而更容易造成文凭比才能和成就更重要。其次,"招工的比例和优惠意味着降低标准。"[①]第三,安排比例的标准也不是件容易的事。最后,这样的代表制使个人在团体行为中消失了,成为另一种形式的歧视。一个人属于哪个群体,扮演什么角色成为获得社会地位的先决条件。从实际操作上讲,如何分配名额才能实现公平又是一个复杂的课题。

第三,联合国教科文组织积极推动的"全纳教育"行动,旨在促进弱势群体的教育获得。"全纳教育"关注从基础教育开始的底层子女教育获得问题。全纳教育的目标是制定和执行政策以确保所有学习者都能从高质量的和针对性强的教育中获得公平机会,使他们能开发自己的全部潜力,而不受到性别、社会、经济以及身体条件的限制。较高的辍学率和复读率,以及学生表现差、学习结果差是全纳教育希望改善的教育问题。全纳教育的观点和行动的视角之一就是避免教育系统中有大量弱势社会阶层学生群体在教育过程中遭到排斥。其重点是让易受到排斥的学生加入、参与到学校教育的过程中,并获得学习成就。从教育机会来看,全纳教育的目标是尽可能的教育机会均等。从教育过程的公平性来看,全纳教育行动目标是教学对所有学生都有效的教学,以及全纳文化确保不同阶层和种族的学生不会因为文化而受到不平等的教育影响。但是,全纳教育的行动也面临很多挑战,在行动上的挑战就是教育经费限制、造成辍学的原因复杂,以及教育过程中的教育排斥难以消除。在理论上,若让所有学校进行全面招生,取消招生的等级制,将会造成精英与高等教育体制之间的密切联系断裂。例如,如果每所大学无论好坏都由抽签来招收学生,并随意分配师资,那高等教育就不会与较高的社会地位相联系,也就不会实现最初要求教育机会均等目的,即通过对教育机会均等的诉求而

---

① 张人杰. 国外教育社会学基本文选(修订版)[M]. 上海:华东师范大学出版社 2008:205.

取得向上流动的可能。

第三节 研究问题

通过对相关研究文献进行梳理后发现,已有研究仍未能充分解释家庭、学校和制度是如何影响底层子女的教育获得。因此,本研究以回应"寒门何以出贵子"为研究目标,综合分析家庭环境、学校环境和教育制度环境如何影响底层子女的教育获得及其各自作用,设计四个相互关联的问题展开研究。

一、已有研究未解决的问题

1. 仍未能清晰解释家庭环境和学校环境的作用机制

一方面,功能主义强调学校教育的积极作用,但是无法从微观路径上解释学校教育是如何发挥积极作用的。对于底层子女仍然有机会通过改变命运的命题,功能主义也无法解释学校教育如何发挥"补偿"功能的。另一方面,自《科尔曼报告》指出学校教育在造成学业成就差距方面几乎没有作用的结论以来,在教育社会学领域探究底层子女教育获得的问题上,冲突论占据了研究的主导。冲突论从社会冲突的视角解释了学校教育对家庭背景的再生产路径,但是其结论在有的国家和地区被证实,在有的国家和地区却被证伪。这说明已有结论还未能对实际中如何帮助底层子女有效获得教育实现向上流动具有指导意义。

冲突论试图解释学校教育是"复制"或"加剧"了家庭环境的影响,从分析思路上就无法解释学校教育对底层子女教育获得作用的命题。从"经济再生产"和"文凭理论"说起,阶层区分离不开经济财富,而柯林斯的文凭理论也将教育进行不同分类,并与不同阶层的教育偏好联系在一起,但是二者都未论证阶层优势是如何向教育优势转化的。[1] 布尔迪厄在此基础上提出文化资本理论试图弥补二者的不足。在其代表作《国家精英:名牌大学与群体精神》一书

---

[1] 刘录护. 教育中的文化资本:理论、经验与反思[J]. 现代教育论丛, 2014(04): 13-20.

中，布尔迪厄阐述了"心智结构"的概念，论述了社会结构与心智结构之间的关系，这就将社会结构、行动者的认知结构，以及行动者的具体行动结合起来。社会结构对应的是结构主义的视角，心智结构对应的是建构主义的视角。布尔迪厄向我们展示了认知结构中的社会起源，认为要理解行动者做出的建构行动，必须抓住他们认知结构中的社会起源。[①] 文化资本理论的核心观点是，社会结构影响认知结构，也就是说认知结构与社会结构具有一致性。行动者并不能完全意识到自己在做什么，行动者在做出行动的时候不是依据"判断力"而是"惯习"。惯习不仅表达了社会位置，也表达了个体对自己所处位置的立场，是一定经济地位和与之相适应的文化趣味、生活方式、心理结构和行为表现。就像"我处于社会的顶部（底部），我最好就待在这里"。惯习具有维持自身的倾向，是再生产的基础。我们可以说，在布尔迪厄看来，惯习是一种被个体所处社会结构位置支配下的"主动的同谋"。个体被剥夺了觉醒的自由，让符号暴力能够得到实施。

不管是经济再生产理论、文凭理论还是布尔迪厄对二者的进一步解释，都是把个体置于被动接受早已注定好的社会结构位置。威利斯的"抵制理论"则是阐述了工人阶级子弟如何"主动的抵制"。抵制资本主义规范和文化是工人阶级子弟理性的行为。威利斯在《学做工》一书的研究对象是12个出身工人阶级家庭的男孩子，以及参照群体，通过他的访谈和观察发现，那些最终获得中产阶级甚至更高地位工作的孩子们，不管是否具有中产阶级的家庭背景，总是那些在学校里遵守纪律、刻苦读书的好学生。而那些出身工人阶级家庭、自己最终也成为工人阶级的孩子们，具有反学校文化。虽然威利斯在"主动的同谋"解释路径的基础上补充了"主动的抵制"的解释路径，呈现了吉登斯（Anthony Giddens）的"社会结构二重性"观点，即"社会力量通过行动者的理性发挥作用"。但是从威利斯的研究中，我们无法清晰的解释是什么原因和路径影响了参照群体中那些出身工人阶级家庭的孩子们，最终成功获得中产阶级甚至更高地位的工作。威利斯没有解释他们是受家庭背景文化的影响，还是学校同伴群体或学校氛围的影响。

---

① ［法］布尔迪厄著，杨亚平译. 国家精英：名牌大学与群体精神［M］. 北京：商务印书馆. 2004.

2. 对环境中具体影响因素的研究结论常常具有矛盾

很多研究将环境中的具体影响因素作为研究对象，但是由于对上一个问题：家庭环境和学校环境的作用机制没有清晰的解释，导致在研究环境中的具体影响因素时常常因为解释路径不同而得出矛盾的结论。

有学者以考上重点大学的底层子女作为研究对象，分析影响他们教育获得的因素。已有研究可以分为三种解释路径，第一种与再生产理论不同的地方在于，他们不把底层文化视为一种劣势。研究发现底层文化的某些因素，例如"本分""勤奋"等文化资本对底层子女的教育获得有积极作用。但是这类研究的前提假设与冲突论相似，都是将家庭背景的影响视为固定不变的。他们与再生产理论一样，仍然无法解释为什么来自相似家庭背景的底层子女，为何有些人可以成功，而有些人不能成功。第二种解释路径仍然将底层子女的家庭背景看作是缺陷和障碍，分析在教育获得上成功的底层子女是如何依靠其他因素，例如社区支持、重要他人来弥补这种不足的。但是这种"补充"式的解释路径，仍与功能理论和冲突论一样，无法解释家庭背景、学校教育，甚至还有社会环境之间的作用关系和作用条件。第三种解释路径认为学校教育对底层子女的影响有不同的机制，他们承认学校确实会复制或加剧某些不平等现象，但同时学校教育也可能弥补其他不平等现象，尤其是认知技能方面。但是这只能确定学校教育影响机制的复杂性，同时又陷入了冲突主义与功能主义之争的核心问题：学校教育具有提升技能的功能，还是只是复制身份文化。

还有的研究不再区分家庭背景、学校教育和教育制度的影响，而是直接对影响底层子女教育获得的因素进行研究。例如对第一代大学生群体研究，研究发现父母教育期望、坚韧不服输的精神品质、对知识改变命运的执着信念、身体力行的家庭氛围、严厉民主的教养方式、县城中学设置、高考等教育政策等因素对底层子女成为第一代大学生有积极作用。但是，众多影响因素都可能对底层子女的教育获得具有影响，但对不同人、在不同的情境下、在不同的教育体制中，哪些因素发挥了多大的作用，其发挥作用的条件是什么，却无法从已有研究中得出。

3. 回答教育制度如何影响底层子女教育获得问题仍然困难

已有研究尝试在教育制度，特别是筛选机制上解释底层子女为何在这一过程中处于劣势。功能主义提出的解释是教育制度中的个体分流是出于对社会稳定的功能追求。学生的努力和能力是教育分流的主要依据，受家庭背景影响少。赞助性流动在早期以学生的天赋和能力进行分流。竞争性流动将获得教育结果往后延，鼓励个体靠努力和能力争取最后的教育成果。冲突论则是将教育体制和筛选机制与不同阶层的文化惯习联系起来，认为教育筛选机制对特定阶层的文化惯习有偏好，使底层子女在教育机会获得中处于劣势。甚至有研究者指出学校教育对认知技能的提升没有"补偿"作用，也没有"复制"或"加剧"的作用，认知技能的差距更多源于学校以外的因素，例如通过影子教育等来确保在以"能力"为标准的教育筛选机制中获胜。但是在现代社会教育制度中，功能主义和冲突论提出的影响底层子女教育机会获得的努力、能力因素和家庭文化惯习因素作用是同时存在的。更重要的是，在不同的教育制度中，两类影响因素中哪类因素会占主导地位的情况不同。已有研究未能很好的解答。

总之，已有研究遵循功能主义或冲突论的解释路径不能完整的解释底层子女教育获得的现实问题。两种解释路径代表着两种解释的极端情况。功能主义只强调学校教育的作用，摒弃家庭背景的影响难以在经验研究中获得突破。冲突论摒弃学校教育的积极作用，聚焦解释家庭背景是如何通过学校教育进行阶层传承的，也无法解释所有的情况。因此，应该在分析路径和研究方法上有所突破。

综上所述，要研究学校教育对底层子女教育获得的作用问题，已有研究的研究困境在思路上存在三个障碍。第一，底层子女受到家庭环境和学校环境共同影响，如何将二者分开？很难将二者分开，意味着很难说明学校环境的作用是什么。也就是说，孩子除了接受学校教育的时间，其他时间会在家庭或社会环境中度过。孩子不是随机分配到学校，因此很难知道学校间学生学业成绩的差异是学校环境的作用，还是非学校环境的作用。第二，研究需要考虑在学校环境中，不同影响因素对于家庭环境的影响结果是发挥无作用、加剧不平等作用还是补偿作用，它们之间是如何相互叠加发生作用的。第三，即使成功控制了非学校环境的影响,得到学校环境的影响状况,并确定了学校的补偿功能是否超过了学校的复制、加剧功能。仍然需要知道学校的不平等作用是否大于非学校环境的不平等作用。因为学校之间的质量可能存在差距,但非学校环境的差异更大。不平等的学校有可能平衡非学校环境中的不平等吗?[1] 这与教育制度的影响具有很大关系。

二、本研究的具体研究问题

本研究希望回答的问题是:"寒门何以出贵子"的问题,这个问题是一个"如何"的问题,前提是解释"是什么"(事实)和"为何"(原因)的问题。通过文献分析我们知道底层子女的教育获得受家庭环境、学校环境和教育制度环境的影响,但三者的作用机制仍不清晰。本研究的核心问题就是围绕三者的关系,综合分析家庭环境、学校环境和教育制度环境如何影响底层子女的教育获得及其各自作用。

首先,功能主义只强调学校教育对底层子女变化的作用,冲突论只强调家庭背景对底层子女复制的影响,属于两种路径解释上的极端。在现实中,底层子女受到的环境影响包括家庭环境、学校环境,二者对个体产生复杂的影响。既存在家庭想要将阶层优势传递给子女的行为和影响,也存在学校环境促进个体变化的作用。对于底层子女来说,我们希望学校环境能够促进其获得教育机会和教育成功,实现阶层向上流动。因此,第一个具体研究问题是:影响底层子女教育获得的家庭环境和学校环境特征。

其次,已有研究分析了众多影响底层子女教育获得的因素,这些因素都来自环境,各种影响因素的相互作用机制复杂。本研究关注的第二个具体研究问题是:家庭环境、学校环境中的哪类影响因素是底层子女教育获得的关键因素。

第三,底层子女家庭资本不足,教育几乎成为实现阶层跃迁的唯一途径。学校环境差异,即学校分层对底层子女具有重要影响。[2] 在我国学校分层是存

---

[1] Downey, D. B., & Condron, D. J. (2016). Fifty years since the Coleman Report: Rethinking the relationship between schools and inequality. *Sociology of education*, 89(3), 207−220.

[2] 注:在本研究中,"学校环境差异"就是"学校分层"。

在的,例如重点和非重点学校、城市和农村学校等。通过文献分析可知,不同的教育制度会影响家庭社会经济地位对教育获得的作用。底层子女群体面临着教育获得与社会阶层不平等秩序的关系影响。因此,本研究关注的第三个具体研究问题是:教育制度如何影响学校分层,以及家庭行动对学校分层的作用。

第四,在我国家庭社会经济地位差异和城乡经济发展差异是存在的。本研究关注的第四个具体研究问题是:哪类教育制度有利于底层子女的教育获得。

四个具体研究问题都是围绕核心问题展开的,本研究的研究问题思路图如图 1.3.1。

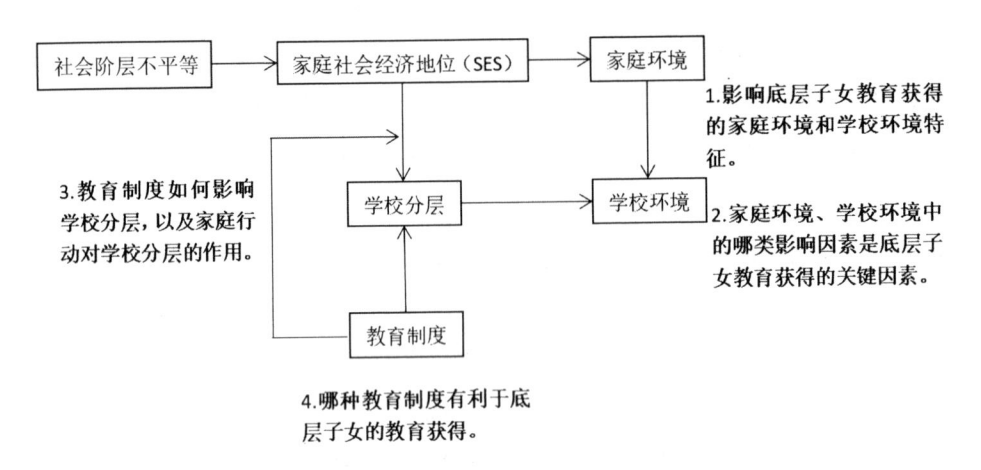

图 1.3.1 研究基本问题思路图

第四节 研究意义

研究"寒门何以出贵子"问题在理论上具有社会学和哲学意义；在现实上，具有阻断代际传递、缩小社会不平等、稳定社会秩序、提高人力资源等意义。

一、理论价值

1. 研究底层子女教育获得问题的社会学意义

已有的许多研究采用具有说服力的数据或案例呈现了底层子女向上阶层流动的困难。对底层子女教育获得不公平的反思具有重要的社会学意义。功能主义和冲突论从社会功能与隐匿的不平等做了丰富的理论建设。在已有研究的基础上，尝试对功能主义和冲突论的解释力做拓展，厘清目前底层子女是如何获得成功，而大多数底层子女又是如何"复制"失败的命运，并关注此现象存在的前提和后果具有重要的社会学意义。

对于社会学研究来说，方法、视角，以及研究设计的适切性对解释目标问题、解释复杂社会现象背后的机制非常重要。要避免对结论的适用范围不加限制，从而陷入对更深层次的环境影响机制如何隐匿社会不公平的误解，因此需要对研究对象深入透彻的分析，在此基础上才能对结论产生的理论其适用条件和范围有清晰的认识。

2. 教育公平的哲学含义

从社会道德来看，社会公平与正义是社会发展的美德。当哲学家们把社会中关键的决定利益和责任分配关键的社会、经济制度视为一个道德和政治研究的对象时，社会正义思想得到了发展。[1] 罗尔斯在《正义论》中写道："正义是社会制度的首要美德，正像真理是思想体系的首要美德一样。"[2] 并以底层阶层的公平的问题为核心，试图为社会分配寻找普遍的规范基础。他指出社

---

[1] [英]亚当·斯威夫特. 政治哲学导论[M]. 萧韶译. 南京：江苏人民出版社，2006：11.
[2] 罗尔斯. 正义论(修订版)[M]. 何怀宏，何包钢，廖申白译. 北京：中国社会科学出版社，2009：3.

会正义的根本在于普遍的社会公平，它不仅要求社会和国家通过基本制度的正义安排实现所有社会公民的平等自由，向他们开放和供应公平的机会，而且所有的制度安排还必须"最有利于少数处于社会最不利地位的人"，唯其如此，社会才能确保全体公民公平地实现其基本权利。[1] 德沃金在《至上的美德》中写道："平等的关切是政治社会至上的美德，没有这种美德的政府，只能是专制的政府。"因为当政府执行或维护不同的法律，我们可以预见哪些公民的生活将因此选择而恶化，有些决策将使穷人的生活前景黯淡。[2] 迈克·沃尔泽在《正义诸领域》中写道："产生平等主义政见的并不是有富有与贫困并存这一事实，而是富者'碾碎穷人的容颜'，把贫穷强加到他们身上，迫使他们恭顺这一事实。类似地，导致民众要求消除社会和政治差别的不是因为存在着贵族与平民或官员与普通公民，而是由于贵族对平民、官员对普通公民、掌权者对无权者所作所为"[3] 教育公平是其他社会公平的重要基础，因为教育的功能是通过传授知识赋予个体解放和发展的能力。每个人都应有通过学校教育平等追求知识的权利。

二、现实意义

教育精准扶贫是阻断代际贫困传递的重要机制。党的十八大以来，以习近平同志为核心的党中央提出了精准扶贫政策，对扶贫开发工作作出一系列深刻阐述和全面部署。习近平同志在"2015减贫与发展高层论坛"上指出，脱贫攻坚是我国长期的重要任务，治贫必先治愚，扶贫必先扶智，让贫困地区的孩子们接受良好教育，是扶贫开发的重要任务，也是阻断贫困代际传递的重要途径。[4] 我国的基本社会结构具有"倒丁字型"特点，即64.7%的人处在非常低的分值位置上，组成该分值的职业群体基本上是农民。下层与其他阶

---

[1] 万俊人，梁晓杰编.正义十二讲[M].天津：天津人民出版社，2007：10.
[2] [美]罗纳德·德沃金.至上的美德：平等的理论与实践[M].冯克利译.南京：江苏人民出版社，2003：2.
[3] [美]迈克尔·沃尔泽.正义诸领域：为多元主义与平等一辨[M].褚松燕译.南京：译林出版社，2002：3.
[4] 新华网.习近平主席在2015减贫与发展高层论坛上的主旨演讲[EB/OL]http：//www.xinhuanet.com/politics/2015－10/16/c_1116851045.htm

第一章 绪论

层之间几乎没有缓冲或过渡,是非此即彼的二分式结构。① 由此可见,这使底层子女的受教育问题不仅仅是家庭问题,更是社会问题。教育在扶贫全局中具有不可替代的作用,教育精准扶贫对精准扶贫具有重要意义。提高农村民生保障水平,实施乡村振兴战略,必须优先发展农村教育事业,必须把人力资本的开发放在首位。

关注底层子女的教育获得,帮助他们实现阶层向上流动有三个意义。第一,有利于社会长期稳定和健康发展。第二,在经济增长速度持续下行的新常态②下,提升社会底层寒门学子受教育水平以增加人力资本积累,在知识经济背景下是加快全要素生产率增长的关键。③ 第三,教育精准扶贫也体现了"以人民为中心"的发展思想,体现追求社会公平哲学要义。

从社会发展来看,提升劣势阶层,稳固中产阶层是社会健康发展的保障。在社会发展的过程中,社会分层存在且变化,但是近现代以来各国基本上都是按照资源和财富分层,并体现在教育水平和职业类型上。到今天,财富和资源不断集中,优势阶层逐渐积聚,进行有效的传承。中产阶层缩小,底层阶层固化,可能导致两极分化,造成社会结构紧张,容易激化社会矛盾,产生社会问题。且从目前看来,依靠当下市场经济自然发展并不能缓解这个情况。从社会功能和社会道德来看,两极分化的社会容易造成社会失范,且不符合社会公平的政治哲学。从社会结构的功能性来讲,社会结构不合理、越是依循经济原理以及分配不合理会造成社会失范。法国社会学家涂尔干认为,建立在社会上人和人之间相似特质基础上的机械团结社会结构,向建立在分工合作的有机团结社会结构转变的过程中,个人不能充分发挥才能,缺乏均等机会争取社会地位,缺乏正常工作的积极性是社会失范的原因之一。韦伯

---

① 李强."丁字型"社会结构与"结构紧张"[J]. 社会学研究,2005(02):55—73+243—244.

② 注:"新常态"自2014年被用来描述中国新阶段的经济发展状况,除去关于新常态的经济及政治模式不论,单从经济发展角度来讲,新常态指的是中国未来的均衡经济速将显著低于2012年以前的经济增速的状况,从国务院报告来看,决策层对新时期经济增速的预期是7%,低于前三十年的8.8%。对新常态经济增速较低的解释是中国的人口红利在消失,资本回报率在降低,其中,人力资本既是人口红利转变的重要方向,也是资本结构转型的一个渠道,在"新常态"的经济发展中将起到重要作用。

③ 童馨乐,潘妍,杨向阳. 寒门为何难出贵子? 基于教育观视角的解释[J]. 中国经济问题,2019(04):51—67.

研究社会行为，认为形式合理性是符合"手段——目的"的行为，经济秩序越是符合形式合理，追求可计算的效益，它越是非人性化的，这与遵循例如公平、博爱的特定终极价值标准的实质合理性行为产生冲突。科塞和达伦多夫认为在不平等的社会系统中，下层成员怀疑现存的稀缺资源的分配方式的合法性是社会冲突的起因之一。

在知识经济背景下，知识是最重要的资源，通过教育促进阶层流动具有重要意义。随着全球化、信息化时代的到来，人类社会的经济形态进入了知识经济形态。通过教育实现人力资本的生产是对经济的重大贡献。其中有三种知识经济类型：知识密集型服务业、高科技制造业，以及介于两者之间与信息有关的活动。第一种以掌握知识的人为基础，需要大量的劳动力。后两种包含以机器为基础的知识要素，仅需要少量的劳动力。[1]贝尔认为社会分层与权力系统都是以稀有资源的分配为基础的。在前工业社会中，较重要的资源是土地；在工业社会中，较重要的资源是机器；在后工业社会中，知识是最重要的资源。[2] 在知识经济中，知识对经济发展的驱动力已经超过了传统经济中任何要素，知识成为生产的第一要素。知识经济的核心是知识创新，在这样的社会发展背景下，教育成为国际社会共同关注的问题。英国哲学家、教育学家罗素在《教育论》中说："教育是打开新世界的钥匙"。罗素希望教育造就的新世界必然是社会平等、公正和正义的。1948年，美国公立学校之父贺瑞斯·曼恩写道："教育超越人类其他任何方法，是人类环境伟大的平衡器，即社会机制的平衡之轮。"教育的平等被视为实现社会平等的社会基础。在当下财产仍是最重要的资源之一，中产阶层和优势阶层在物质、文化、社会资源上具有优势，这种优势将用于代际传递。而底层阶层在这些资源上都不具优势，公共教育是唯一能够促进向上流动的途径。

---

[1] Adams, D. (2012). Introduction—World-class basic education. *Prospects*, 42, 247-267.
[2] 宋林飞. 西方社会学理论[M]. 南京. 南京大学出版社，1997：542.

第二章 研究方法与研究设计

在教育科学研究过程中，对方法论的把握，具体方法的选择，合理的研究设计对研究结果的解释力和科学性具有重要影响。在梳理已有研究的分析模式与具体方法以及研究对象和研究问题的性质后，本研究认为影响底层子女教育获得的因素和路径问题属于复杂系统，具有复杂系统的特征。可以采用更宏观的视角分析不同环境之间的相互作用，并尝试对影响因素做类型的划分。在此基础上，将采用"研究窗口"工具对量化研究和质性研究的整合方法，尝试对研究问题做"协变＋机制"的解答。并进一步呈现研究的资料来源与论证思路。

第一节 已有研究分析模式、研究方法及困境

通过梳理已有相关研究的分析模式和具体研究方法，本研究发现已有研究对研究问题性质和特点的把握，以及具体研究方法的选择和运用方面都存在一定的困境。

一、已有研究的分析模式

克科夫（Alan Kerchoff）将影响教育获得的因素研究归为三个主要分析模式：第一，为基因与社会化模式（Genetic－socialization Model），认为儿童因基因差异产生学习能力的差异，导致学业成就分层；第二，为学校结构模式

(School Structure Model)，认为学校组织系统、教学组织方式和教师态度倾向等对学生学业成就分层产生影响；外部权利强制模式（Power Imposition Model），认为学校外部因素，特别是社会分层系统对学业成就产生影响。包括家庭社会经济背景因素对学业成就的影响。此外还包括制度变迁、历史事件，特别是教育制度或教育政策对学业成就的影响。

其中，对家庭背景和教育获得关系研究也有三种模式。第一种根据雷蒙·布东（Raymond Boudon）提出的首要效应影响因素，即从家庭提供的学习资源、文化资本和经济方面的支持的角度对家庭背景和教育分层关系进行研究。这既是源于涂尔干的教育功能主义选择模型，也是源于一种阶级决定论的模式，是以一种高度结构化因素的决定性作用来解释阶层间教育获得的差别。第二种模式从"理性行动选择理论"（Rational Action Theory）出发，与雷蒙·布东提出的包括家庭教育期望、选择偏好的次级效应为出发点，采取更微观的分析视角，从阶级限制下阶级行动来分析相应的理性行为。以Goldthorpe为代表，重视个人倾向、个人目标和行动的条件，从家庭的教育抉择的角度入手，分析阶级背景对学生及其家庭的教育决策过程、教育获得的影响，将学生、家长都看作是一个能根据所处的环境做出成本收益评估的"理性人"。理性行动理论没有放弃阶级分析这个重要的理论工具，而是尝试将宏观层面的阶级限制作用与个人行动结合起来。第三种研究家庭背景与教育获得之间关系的模式是生命历程理论影响下的生命历程分析模式（Life Course Model），认为个体曾经所经历过的重大事件将对其后期生活产生重大影响。例如，有研究具体分析了重要历史时期不同年龄群体之间个体的教育获得差异，并解释较后阶段教育中家庭背景影响减弱的原因：在较后阶段教育中，儿童的独立性增强，对父母的依赖性减弱，面对教育机会或个人教育发展做出与父代期望不一致的教育选择的可能性增大。[①]

由此可以看出，已有研究的分析模型可以归纳为三类分析模式。第一个是直接传递模式。分析的思路是一些因素能够直接对教育机会和学业成就产

---

① Müller, W., & Karle, W. (1993). Social selection in educational systems in *Europe. European sociological review*, 9(1), 1–23.

生关系。例如这类研究分析智力差异、教学组织、教师态度、教育政策、首要效应影响因素等直接对学业成就和教育机会造成影响。第二个是间接转化和传递模式。采用这种分析模式的研究者认识到家庭资本传递的间接性，致力于分析家庭的经济资本和文化资本与子女受教育机会和教育成就之间是如何传递的。例如，布东提出的次要效应，将教育期望、选择偏好作为子女受教育机会和教育成就获得之间的中介影响因素。再如文化资本理论试图解释家庭阶层经济资本通过什么样的路径对其子女的教育获得产生影响。第三个是动态循环的发展模式。例如生命历程研究，试图解释前一阶段的教育获得对下一阶段教育获得的影响，以及不同影响因素在不同阶段的作用或累积作用。

从直接传递分析模式到间接转化和传递分析模式，再到动态循环发展的分析模式，已有研究模式呈现了从简单到复杂的发展过程，反映了影响底层子女教育获得的因素和路径的复杂性。但是，即使尽可能囊括更多的影响因素、尽可能设计严谨的路径假设，仍然很难厘清这个复杂问题。就如，在有些研究中，某个因素对底层子女的教育获得有影响，但在另一些研究中，这个因素却被证明没有影响。再如，很难说清楚一个结果是由特定的影响因素造成的，还是有别的因素在同时发生作用。

二、已有研究的具体方法

已有研究的具体方法主要分为三类：定量研究、质性研究和混合研究。在目前的实证研究中，定量研究（也称量化研究：Quantitative Research）和质性研究（Qualitative Research）存在强大对垒。学者们从哲学层面到具体操作层面阐述了定量研究和质性研究的区别。（见表2.1.1）

表2.1.1 定量研究与质性研究的区别

	量化研究	质性研究
本体论	实证主义	解释主义
认识论	客观主义认识论	主观的认识论
方法论	实验的、操纵的方法论	对话、阐释的、辩证的方法论

续表

	量化研究	质性研究
研究情境	（人为）控制情境	自然情境
资料类型	数据形式	文字形式
研究目的	揭示普遍情况，进行预测	解释性理解，寻求复杂性
研究过程	阶段分明	演化发展
理论建构路线	演绎法：事先设定，加以验证	归纳法：无固定预设，逐步形成
研究结论	概括性、普适性	独特性、地域性
研究的主要手段	统计分析	描述分析
研究的内容	事实、原因、影响	故事、事件、过程
研究的层面	宏观	微观
研究问题的产生	事先确定	自然出现
研究者与研究对象	相对分离	密切接触

1. 解释主义包括后实证主义、批判理论和建构主义。
2. 本表格参考陈向明（2000）《质的研究方法与社会科学研究》，第11页，并结合已有研究进行了删减和补充。

从研究对象特点来说，实证主义将社会现象看作是类似于自然现象的客观现实本身，可以采用自然科学的方法，通过观察、测量的量化研究形成对因果关系的解释，通过演绎的方法，验证理论假设，得出的研究结论是概括性的、普适性的。在此过程中研究者与自然研究过程中的研究者一样属于价值中立的立场。相反的，解释主义看到社会现象的复杂性，认为人们认识社会现象的过程中会受到观察者的文化背景、社会族群、特定的历史时期等会影响意义的构建。知识由社会文化所建构，在研究过程中，研究者会赋予社会现象意义，而教育研究就是要研究人们是如何看待和建构这些意义的。因此教育研究只能细致、动态地描述微观层面的个别事物，试图解释教育现象的复杂性。它采用归纳法收集资料和架构理论，但同时研究结果只适用于特定的情景和条件，不能推论到样本以外的范围。

量化研究追求类似自然科学研究中对确定性、概括性、普适性的规律。

第二章 研究方法与研究设计

在影响底层子女教育获得的实证研究中，量化研究中以寻找"相关性"为目的的研究是在自然情境下筛选影响底层子女教育获得的因素。还有的量化研究在模仿实验条件下，通过控制变量，寻找自变量和因变量之间的协变关系。例如，从布劳邓肯的社会地位获得模型以来，路径分析和多元线性回归分析的方法为量化研究的一般方法。他们通过寻找数据层面上的因果关系，来解释影响底层子女教育获得的因素和路径。在这样的量化研究中，事先假设研究变量，设计影响路径，再通过数据分析来证明因果相关的结果。

解释主义强调社会现象具有不同于自然现象的复杂性，质性研究方法被用来描述和解释在不同情境下事物发展的机制。在影响底层子女教育获得的质性研究中，《学做工》采用民族志的研究方法，呈现工人阶级文化对其子女形成反学校文化进而造成学业失败的机制。《不平等的童年》和《社会阶层与家长参与》等研究采用质性访谈和观察呈现不同阶层家长行为差异和家校互动机制。关于底层子女教育获得问题的质性研究是回答"为什么会产生这样的作用"的问题。

还有的研究采用混合研究方法，但是在量化研究方法能否和质性研究方法融合，以及如何融合，孰轻孰重等问题上有很大分歧。其中一类观点主张在技术手段层面的方法融合并不需要过于考虑定量研究和质性研究在哲学层面上的对立。布瑞曼（Bryman）就认为在具体研究方法的使用中，我们不足以说结构性访谈或问卷就一定是符合实证主义认识论或解释主义认识论，研究方法的选择比想象中的自由得多。从意义方面看，解释主义认为只有通过质性研究，世界才能被研究者的眼睛描述出来。但是事实上定量研究人员也经常关注揭示意义问题。有学者认为定量研究是由理论验证驱动的，虽然量化研究中的概念需要严格测量，但是概念之间的关系和性质往往没有预设，对社会调查的定量数据分析往往是探索性的。关于定量研究和质性研究数据材料和文字材料的区别，布瑞曼提出，质性研究者有时也对他们的数据进行有限的量化。质性研究的发现也常常有助于解释所描述现象的普遍性。人们认为量化研究使用的研究工具可以提供一种人为的解释，而质性研究通常被认为是在自然环境下进行的。但是布瑞曼认为当质性研究是基于访谈或者是参与观察时,质性研究强调的"自然"特征(品质)就不那么明显了。[①] 因此在具体研究中,主要是运用多种研究方法达到更全面的收集资料的目的;或者通过三角互证法(methodological triangulation)提高研究结论的可靠性。

另一类混合研究的支持者试图在哲学层面寻找定量研究和质性研究融合的基础。其中,实用主义作为混合研究的哲学基础最受人们认可。但是,即使对定量研究和质性研究在技术手段和哲学层面融合的可能性达成了共识,在具体研究设计和实践上仍然存在很多困境。例如首先,研究信度的评价能够以结果的可重复性作为标准吗?已有研究中对定量和质性研究结果的可信度和推论就存在不同的衡量标准。其次,质性研究是否仅仅被作为定量研究的从属地位被融合的?在具体的混合研究中,质性研究往往是作为定量研究的从属地位进行结合的,定量的有关数据可以代表从中进行概率抽样的总体,而个案只是用来描述、说明或解释上面的数据所标示的情况。个案不能代表数据所指的所有情况,只是对其中某些情况进行描述和举例说明而已。再次,定量研究者强调的"价值中立"和质性研究者强调的"价值判断"会在方法结合过程中带来价值评价的困难。在程序和技术上,定量研究和质性研究在形成理论的机制上常常被认为是难以结合的。[②]

在社会学研究中,能否以及如何实现从个案研究到社会全体的研究问题一直是社会学研究者思考的问题。根据已有研究大致可以归纳为三个研究取向。以费孝通先生为代表的"类型比较法"是将个案视作基于相同条件所产生的行为的主要类型的代表,通过"类型"比较可以从个体逐步接近整体。[③] 在整体和部分的关系问题,费孝通认为整体虽然结构上是由各部分构成的,但行为上通常不是个体的简单数学的和,整体的行为可以具有区别于个体的独特性质。但是在认识同一层次事实或探究原理的研究目的之下,微型社区研究

---

① Bryman, A. (2010). Quantitative vs. qualitative methods. *Sociology: introductory readings*, 47.
② 陈向明. 质的研究方法与社会科学研究[M]. 北京:教育科学出版社,2000:457.
③ 王富伟. 个案研究的意义和限度——基于知识的增长[J]. 社会学研究,2012,27(05):161-183+244-245.

第二章 研究方法与研究设计

仍能"以微明宏，以个别例证一般"。[①] 格尔茨（Clifford Geertz）的深描说则认为个案研究扩展到更大范围的局限性。他强调通过对个案的描述性解释和概括对理论的启发作用。个案研究在时间和空间上虽有局限，但是对所研究"问题"的现有理论仍具有启发意义。以布洛维（Michael Burawoy）为代表的扎根理论和扩展个案法则认为，可以通过比较不同个案中的相似性提炼普适法则，从而形成新的一般化理论，以及通过比较相似情境中的差异性形成实质性的因果解释，从而实现对既有理论的重构。[②] 已有对影响底层子女教育获得的混合研究中，一般采用的是用数据来说明相关关系，以案例来举例说明。

三、已有研究在方法论层面上的困境

由上文分析可知，已有研究关于"影响底层子女教育获得的因素和机制研究"在方法论层面上的困境表现在两个方面。第一个方面是对研究问题性质和特点的把握。清晰研究对象、研究问题的性质和特点是选择具体研究方法的前提。影响底层子女教育获得的因素和机制是一个复杂问题，影响因素众多，机制复杂。表现出的困境是，研究所得的经验结论的使用范围难以把握。个案或者局部的特点和整体的趋势常常具有很大差异。量化研究得出的大概率、大趋势规律在不同条件下不能解释每个个体的行为和状态。质性研究得出的个案结论是关于个体的行为特征，对其他时空情境下的个案难以借鉴，更不能用来简单推广和臆测整体的特征。

第二个方面是如何选择具体研究方法的困境。量化研究和质性研究各有特点各有所长，如何结合运用是已有研究学者思考和争论的关键。清楚不同研究方法解决的是什么问题，才能全面的解释底层子女的教育获得受哪些因素的影响，影响的机制是什么。已有研究在方法论层面上的困惑直接影响研究结论的实践指导效能。已有研究得出的结论往往是绝对化的，容易将局部的、简单的或绝对的理论作为政策实施的理论依据。但是绝对化的政策制定，

[①] 费孝通. 重读《江村经济·序言》[J]. 北京大学学报（哲学社会科学版），1996(04)：4-18+126.

[②] 王富伟. 个案研究的意义和限度——基于知识的增长[J]. 社会学研究，2012, 27(05)：161-183+244-245.

忽略对不同条件、不同群体的效能差异。

因此，应对研究问题性质和特点进行分析，在此基础上选择具体的研究方法。

第二节 研究路径与方法

本研究的关键是研究"家庭环境、学校环境和教育制度环境如何影响底层子女的教育获得"。这个问题非常复杂，需要对研究对象和研究问题的性质做充分的分析，进而选择具体的研究方法进行方法论上的论证。

一、研究对象和研究问题的性质分析

(一)引入"复杂系统"概念

在此本研究引入"复杂系统"概念。很多研究者认为社会现象和人本身不同于自然现象具有复杂性和不确定性，因此在研究方法上与自然科学研究方法有本质区别。但是随着自然科学研究的深入，可以发现自然现象和社会现象从本质来说都是复杂系统，具有相同的特点。

牛顿力学在实践中被广泛的证实和预测，代表着近代科学发展中曾经的顶峰。它为人们描绘了一幅确定的世界图景，并且断言这幅画面中如果还有空白之处或者某些细节不够清晰，那只是等待人们逐渐地认识和补充而已。[①] 爱因斯坦也认为客观事件应该具有确定性的，相信规律在某种客观实在的世界里充分发挥着控制作用。[②] 1894 年，诺贝尔物理学奖得主阿尔伯特·迈克尔逊同样认为人类不久就会解开所有的未知之谜，"科学即将终结"。近代科学揭示了事物确定性的运动状态以及事物发展演化的路径及结果的必然性，具有很好的预测性，为人们日常生活和工业社会初期发展做出了巨大的贡献。

---

① 冯向东. 不确定性视野下的教育与教育研究[J]. 北京大学教育评论，2008(03)：36－45＋188.

② [英]卡尔·波普尔. 客观知识——一个进化论的研究[M]. 舒炜光译. 上海：上海译文出版社，1987：194.

第二章　研究方法与研究设计

但是，量子力学、非线性过程、复杂系统的研究和发展，强烈震动了早期自然科学中对确定性的寻求。任何规律都是对自然客体局部适用的描述，超出这个范围就需要修正已有的认识，而经典物理正是代表了对自然世界的早期认识。随着研究越深入，就发现自然世界中存在着经典物理不能解释的复杂性。因此，从20世纪30年代开始，一系列关于复杂系统的研究方法和理论被建立：贝塔朗菲提出"一般系统论"、气象学家洛伦茨提出混沌理论、普里戈金提出耗散结构理论、霍兰提出"复杂适应系统理论"、以及专门进行复杂性研究的圣菲研究所（SFI）的建立。这些研究进展代表着现代系统科学的产生，其本质上不同于近代科学中相对简单的研究对象和确定的运行规律。因此，对自然科学中研究对象复杂本性的解释，促进了人们对自然现象、人类社会现象本质性统一的认识。例如，霍兰的复杂适应系统理论就为生物和社会系统的研究提供了思路和工具。钱学森在创建工程控制论之后，明确地提出要研究"开放的、人机结合的复杂巨系统"的任务，并在晚年致力于建立系统学，力图探索复杂系统的规律，同时十分关注系统科学在经济和社会科学领域的运用。[①] 复杂性研究并非只是一门学科，而是一套思维工具和方法，它可以用来解释各个领域的系统性问题，例如经济问题、生物问题和社会问题。[②]

（二）复杂系统的特征

对复杂系统本质的理解有很多观点。南非学者保罗·希里厄斯（Paul Cilliers）曾归纳了复杂系统的10个方面的特征：组分众多，相互关系众多，组分之间有质的差别，相互关系是非线性的，相互作用需要中介并受距离影响，相互作用形成网络和回路，具有开放性，远离平衡状态，随时间变化从而具有历史，组分对整体的"无知"。[③] 陈禹学者从使用和操作的角度出发，梳理了6个方面对复杂系统的认识，即逻辑的多元性；质的多样性；视角的多样性；层次带来的复杂性；时间轴上的复杂性；信息相关的复杂性。圣菲学

[①] 陈禹. 复杂性研究——转变思维模式的一个重要方向[J]. 复杂系统与复杂性科学，2016，13(04)：1−7+17.

[②] 陈禹. 人类为什么需要复杂性思维[N]. 新京报书评周刊，2019−11−16.

[③] 陈禹. 复杂性研究——转变思维模式的一个重要方向[J]. 复杂系统与复杂性科学，2016，13(04)：1−7+17.

者盖尔曼把演化有序性、结构层次性、形态多样性作为复杂性4个特点。大英百科词条把多连通性、非集中控制性、不稳定性、涌现性、分化、多样化和进化能力看作复杂性的特征。我国360百科也给出了4个具体特征，即非线性、不确定性、自组织性和涌现性。[①] 但是以上观点呈现的对复杂系统的理解大多属于复杂系统的结果特征，本文从复杂系统大概念视野下对其原因特征（结构）进行总结，可以归为五类。

第一，多变量。复杂系统中影响事件稳定和发展变化的变量数量繁多。复杂系统的多变量特点是复杂系统的最基本的特征。近代科学的机械自然观将复杂性视为一种表象，认为世界的本质可以还原为简单的要素，用普遍的规律加以解释。但是世界的本质是复杂的而非简单的。在某一特定范围内获得的简单规律只是一个局域性的解释，有更多要素只是未观测到或是被综合在简单化的规律中，一旦适用范围变更，其效应就可能显现，从而使得这些局域性的解释失效。

第二，隐含变量和相互关系不能被穷尽。从本质上讲，只要我们认同时间和物质在微观上是无限可分，在宏观上是无限延展，那么对于任何系统，我们都不可能穷尽所有的变量和相互作用关系。因此，我们可以得出复杂系统的第二个重要特征，即对于任何一个认知模型，都必定存在未观测到的和忽略的隐含变量和关系。也就是说，复杂系统中存在很多不被感知和不能穷尽的隐含变量和相互关系。随着研究工具的进步，在自然科学研究中会不断发现以往没有发现的，不能被探测到的变量和相互关系。在人文社会科学研究中更是如此，影响事件发展的变量和相互关系不可能被穷尽，其相互关系也极其复杂，而随着个体追踪大数据的技术发展，我们对个体行为的观测也可以得到之前无法获取的信息，并在此基础上构建新的认知模型。

第三，复杂系统的变量不是一个个孤立存在，众多变量共同对事物的发展变化起作用。在此基础上，每个变量和其他变量呈现多元耦合的关系是复杂系统的第二个特征。各变量的相互作用关系是多对多的关系，是多对多的系统。近代科学强调观测者与观测对象完全分离，以保证认识结果的客观性。

---

① 向成军. 浅论复杂性与思维方式革命[J]. 中国校外教育, 2019(09): 64—65.

第二章　研究方法与研究设计

但是在复杂系统中,研究对象不可能是被动的孤立个体,而是具有主动性、适应性的个体。特别是在社会科学中,研究对象同样是复杂系统的人或群体,他们并不是完全被动的。甚至研究者本身就是一个复杂系统,与研究对象产生相互影响。

第四,各变量之间和系统之间的关系是非线性的复杂关系。从空间来看,复杂系统呈现多层次、多维度的复杂耦合关系。它们同时在时间上也构成多阶段耦合。多对多的复杂相互作用决定了来自不同层次和空间的变量不可能被还原为简单的线性关系,原因和结果之间的联系不是简单的、明晰的。也就是说,给定同样的初始状态不能确定地预测发展过程和结果;同时,给定结果也不能确定地推演出结果产生的原因和路径。

最后,从时间角度来看,简单系统的"发展"路径往往遵从一些单调的趋势(例如线性关系、指数关系),或是可逆的重复和循环(如三角函数曲线)。但是复杂系统的时空模型中,存在多路径、多层次、多阶段,不同程度的多元反馈,这使其发展的路径具有多元性和不确定性,使得发展过程中不断有不可简单预见的事物、现象和规律产生,例如混沌现象。

对于一个具体的系统,通常具备以上讨论的一个或几个结构特点,就可以导致产生复杂系统的行为特征。对于各种复杂系统的行为特征,最核心的可以归结为两类,包括宏观和微观(整体和部分)的差异性以及系统演变的不确定性(例如混沌现象)。复杂系统各要素之间的关系一般呈非线性关系,整体不一定等于部分之和,整体具有部分所没有的性质,人们把这种现象称为涌现。同样,虽然部分不具有整体的性质,但部分也具有整体所没有的性质。苗东升(2005)把它这种现象叫作还原释放,部分具有的性质就叫作释放性。[①]也就是整体和部分之间没有简单的转换关系。整体具有部分没有的性质,部分也具有整体层面所没有的性质。从更大范围来看,跨结构层次时,向上跨越就会产生涌现,较高层次具有较低层次所没有的性质;同样,向下跨越时就会出现释放,虽然较低层次不具有较高层次所没有的性质,但较低层次也

---

① 苗东升.论系统思维(三):整体思维与分析思维相结合[J].系统辩证学学报,2005(01):1—5+11.

具有较高层次所没有的性质。①

第二类特征是复杂系统演变的不确定性。复杂性科学把时间当作内在的一个参数，因此系统是演化的，是单向不可逆的，具有生成演化的过程。② 与近代科学在变化研究上呈现的确定性和有序性不同，复杂系统在时间上的演变是复杂的，不能清晰回溯是什么因素导致了演变。复杂系统演变的不确定性主要指预测的不确定性。在一些情况下可以进行大概率的预测，但是不能确定地预测特定的结果和路径。当然，复杂系统的不确定性并非完全的无序，混沌过程也有相对稳定的过程模式和发展区间。综合来说，复杂系统的这些特征打破了近代科学追求对称性、稳定性和同一性的目标。系统的发展常常是从打破平衡到相对稳定再到打破平衡的不可逆螺旋式循序过程。

(三)影响底层子女教育获得的因素和路径属于复杂系统

已有的研究为我们提供的是一个影响底层子女教育获得的包括有限变量和路径的较为简单的、相对静态的研究系统。研究的目标是寻找到确定性的规律。在这类确定性规律中，有些重要的因素被证明对个体在社会成层过程中具有优势作用，即功能性。但是对于不同群体，这些因素的实际功能发挥不同。因此，这些群体的家庭背景信息往往作为控制变量加以区分。然而，每个人处于复杂的社会大网络中，受到多种环境的综合影响，获得环境无穷多次的反馈，最终形成结果。但是很难用有限变量和有限路径解释清楚这种复杂的情况。

社会系统和人体系统一样都是复杂的巨系统，它们的特点是系统内的子系统非常多，系统演化和系统行为都呈现出复杂性。家庭环境和学校教育是社会复杂系统的一部分。除了社会复杂的环境还有人本身行动的复杂性。每个个体也是一个复杂系统，复杂系统再和复杂系统进行交流，就变成了一个复杂巨系统，个体的发展就存在了多种可能性。

---

① 黄欣荣.复杂性科学的融贯方法论[J].科学技术哲学研究，2010，27(01)：27-32.
② 黄欣荣.复杂性范式：一种新的科学世界观[J].系统科学学报，2013，21(02)：17-20.

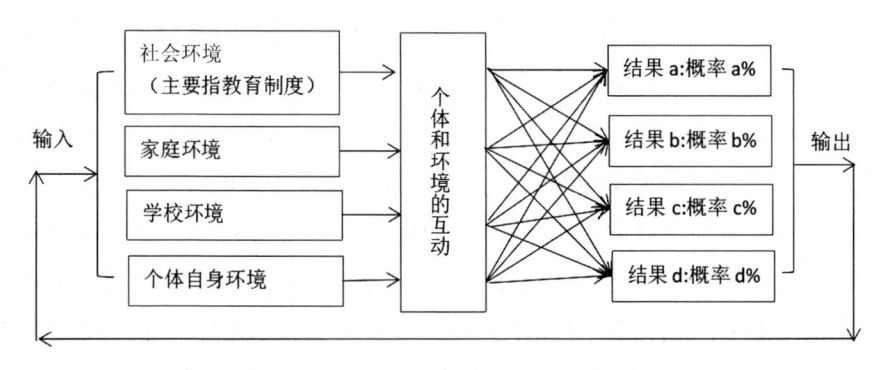

图 2.2.1　影响底层子女教育获得的多元复杂反馈系统图

从图 2.2.1 中可以看出，个体进入学校教育系统，外部阶层环境与社会环境与教育环境发生复杂反应，是一个输入和输出的过程。通过中间人与环境互动的隐含的处理过程，输入处理完了就得到输出。但是任何一个输入处理是一个复杂网络结构，有多元的输入也有多元的输出。不能精确的讲某个输入对应的是某个输出。已有的研究试图说明通过一两个影响因素来决定另外一两个结果。但是在复杂系统中，它不具备单一的简单关系。此外，输出也不是严格的输出，它又会变成输入，下一阶段处理的输入，所以人生和整个的社会发展是一个不断循环的过程。我们关注不断的输入和反馈循环多次最终出来的结果。因为不断的反馈以后就会形成复杂的耦合。不同于寻求具体路径的方法（精确确定有限变量因果关系），多元复杂反馈系统得出的是反馈了无穷多次出来的结果，即一种不确定性的概率性的分布，是一种复杂的概率性分布。但是这种概率性分布在特定环境底下是确定的。那么，在不确定的情况下，研究能够把握的确定性是什么？在同样的环境作用下，人与环境相互作用后，研究大致可以确定结果平均值的概率。

二、具体研究方法："新"混合研究

（一）以"研究窗口"为工具对量化研究和质性研究的整合

质性研究和定量研究是科学研究的两种具体研究方法，要定位二者在科学研究中的位置，需要引入研究的"观察窗口"概念。这样的窗口包括系统的状态、变量和相互作用关系的分布（空间）以及系统行为的动态发展路径（时间)。在图 2.2.2 中,本研究构建了一个简单的时空窗口示意图。其中左边所列为研究选定的用以表达系统特征的变量组,它们在研究的初始阶段的观测结果可以被认定为系统的初始状态。经过一段时间的演变,系统会形成新的状态并可能改变特征变量组。于是在研究选择的特定时间对系统进行再次测量,就可以获得系统的结果状态(见图中右边所列变量组)。从起始状态到结果状态,各个变量组之间的相互作用和演化就构成了系统各个特征状态的因果作用机制和发展路径(见图中由初态到结果状态的连接)。因为科学研究的对象是复杂系统,初始状态和结果状态是多对多的复杂对应,其中的变量和相互作用关系不能穷尽,而且时间也可以无限发展。所以每个研究都是基于一个局部的取样窗口中进行,并且必然存在隐含变量和关系。对于不同的研究设计,都可以表达成对这样的窗口在变量空间和发展时间上的缩放和移动。不同的研究的窗口可以是分立的、也可能重合或嵌套。因此将窗口清晰地定义有助于不同研究之间的比较和综合。

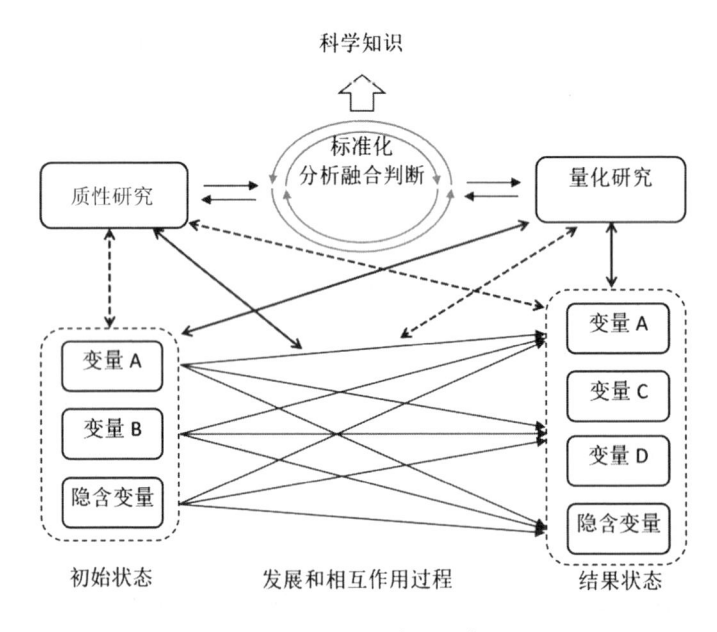

图 2.2.2 研究窗口示意图

注:其中初始状态到结果状态的关联是多对多的全连接关系。图中实线和虚线双箭头表征了量化研究主要关注的是初始和结果状态的定量描述,而质性研究则主要关注初始到

第二章 研究方法与研究设计

结果的路径。两种方法的结果通过标准化的分析融合来实现科学探究过程,从而获得可验证的科学知识。

确定了研究窗口,那么研究方法的目标和针对性就可以清晰地界定。图2.2.2中包括了定量和质性的研究方法,并将它们与研究窗口的不同元素进行了对应,其中实线和虚线箭头标志了方法的主要和次要对象。对于定量方法,其研究对象主要是初始和结果的变量组状态的概率分布和变化。对于质性方法,其研究对象主要是从某些初态到结果的具体演化路径。两种方法都有采样的问题。对于量化研究,样本的量和分布决定了概率分布的信效度和可能的偏差。对于质性研究,个体样本的量和人群选择则决定可能的因果机制和演化路径的代表性以及具体路径的发生概率的信效度。根据采用数量和分布的情况,这两种方法的结果可以不同程度的融合和对照。例如当质性研究的采样数量很大并且分布均匀,由此从个体构建的路径和状态就可以综合出量化研究所需要的结果,并且更包含了一般量化研究所不可获得的路径分布。当质性采样小的时候,其结果则不具备统计意义因而不能整合成定量结果。在通常研究中,因为质性研究成本很高,不可能研究大量样本,所以通常是采用小样本的质性研究和大样本的定量研究相结合的办法,以获得最佳费效比和可行性。由此可见,定量和质性这两种方法是完整表达研究窗口不可或缺的部分,它们既相互补充又可以在一定条件下融合,以回答不同的研究问题。

已有文献中在讨论定量研究和质性研究的区别和融合时没有明确研究窗口的问题,因此很难明晰定量和质性研究的目的是什么,是为了实现研究窗口中的哪些元素而服务,也不利于方法的融合和研究结果的交流和评估。若在研究设计中能够清晰地定义该研究的窗口,就能在窗口的视野下讨论如何整合量化研究和质性研究,也能清晰研究方法标准化的问题。以费孝通的"类型比较法"为例,弗里德曼对其的批评在于,即使研究能够穷尽所有的中国农村,农村还处于更大的系统(更上层的结构)中,因此怎样确定研究的边界和影响因素成为影响研究设计的重要问题。现在回答这个问题就可以通过研究窗口的设定来解读。从宏观来看,定量研究就是对初态和结果变量组的量化研究以推演出可能存在的变量和结果之间的协变关系。而质性研究则描述具体的因果演化路径。两者结合就可以更可靠地确定和解释演变规律和机制。因此做研究要设计一个观察窗口。这个窗口的联通和发展也能在另一个角度体现科学知识是局部的阶段性认识，及所谓的暂时性特点。因为研究窗口的内容和边界都不能穷尽，因此不可能通过一个研究获得全部的认识，所以所谓的绝对真理也是不存在的。作为一个科学社区的研究群体，可以将很多研究组合，相当于将很多窗口整合，往往可以获得从微观到宏观的越来越大的全景图，这也是很多综合研究（meta-study）的目的和方法。

因此，质性研究不是科学研究的初始阶段，也不是定量研究的先遣，而是各有各的定位，质性研究旨在发掘路径，定量研究关注事件的初始状态和结果状态。从复杂系统角度来看，定量研究和质性研究都是科学框架下的具有不同视野特点的两种具体研究手段。研究对象的复杂性和不确定性要求不能把定量研究和质性研究割裂和对立，它们必须统一起来才是完整的方法，两个都必须同时使用才能完整地认识一个复杂系统。质性研究是探索事物发展的机理、轨迹和路径，呈现解释性的因果关系。定量研究则是确定初始阶段和结果状态的分布呈现以及它们之间的协变关系。这个观点也被学者们或显式或隐含地讨论过。例如，渠敬东在讨论个案研究的策略中，认为其不同于以代表性为基础的假设检验，也不等于社会生活的单纯描述和记述，而是从具有典型性的案例出发，发现由具体社会发生的运行机制，在广度和深度上尽可能扩充、延展和融合与外部各种政治、社会、文化因素的关联。[1] 案例研究不是在讲一个个不同的故事，而是在呈现事实中的行为特征、关键条件、动力来源和因果联系。[2]

再回到科学研究中的"价值"问题。质性研究的价值问题应该体现为要追求观察、描述、选择和评判的标准化，即追求工具标准的统一，而非强调解释者的主体差异。很多质性研究的学者强调人文社会领域研究中不能像自然科学实证主义研究一样做到价值中立。但实质上，价值中立是一个抽象概念，

---

[1] 渠敬东. 迈向社会全体的个案研究[J]. 社会, 2019, 39(01): 1-36.
[2] 张静. 案例分析的目标：从故事到知识[J]. 中国社会科学, 2018(08): 126-142+207.

第二章　研究方法与研究设计

需要可操作的标准化来实现，所以本质上体现的是对研究工具的标准化过程。质性研究也能够，而且应该强调研究工具和尺度的标准化问题。例如参与研究的解释者的观察描述方法、解读能力及分析评价的依据等方面的标准化。只有在研究工具层面上达到标准化，才能提供不同研究进行沟通比较的基础。质性研究通常面对一个多变量的复杂过程。在工具标准化基础上可以通过综合不同质性研究结果，共同探讨变量的删减问题，达到减变量和细节信息，进而找出共性规律的量化研究目标。如何确定变量与研究问题的领域相关。表面上看，减变量丢细节的过程是一个去繁就简的过程，但本质上是为了获得深层次的普遍性规律的认识。

(二)"协变＋机制"的因果解释是科学理论的基本结构

形成科学理论才能对实践具有指导意义。已有研究对于科学理论的形成也存在众多观点。对"理论究竟是什么""什么样的理论才算是好的理论"等问题缺乏共识，是造成研究交流过程中概念和结论差异的重要原因之一。对什么是理论，很多学者表达了各自的观点。一般来说，大多数学者都强调了理论是解释因果关系的逻辑论证。但都在一定程度上窄化或宽泛了理论的定义。Sutton 和 Staw 提出了引用、数据、变量列表或构念、图表、假设（预测）都不是理论，而理论是关于原因问题的答案。理论是现象间的联系，一个关于行为、事件、结构和思想为何产生的故事。理论强调因果关系的本质，确定先发生什么，以及这些事件发生的时间顺序。[①] DiMaggio 赞同 Sutton 和 Staw 的观点，但认为好的理论是多样的，许多最好的理论是作为涵括性法则（covering laws）的理论、作为启示的理论和作为叙事的理论的混合。而理论建构是社会建构，往往发生在事后。[②] Abend 提出了理论的 7 种意涵，即理论是变量之间的一般关系（是普遍的结论，即一般命题）；理论是解释"因素"或"条件"（是因果关系性的检验）；理论是了解社会世界中的经验现象；理论包含如何筛选文本（材料）；理论由世界观（如何看待、把握和描绘世界）形成先验框

---

① Sutton, R. I., & Staw, B. M. (1995). What theory is not. *Administrative science quarterly*, 371—384.
② DiMaggio, P. J. (1995). Comments on"What theory is not". *Administrative science quarterly*, 40(3), 391—397.

架；理论包含规范性的解释，往往具有政治性；理论是关于特殊问题的研究。[1]

本研究认为科学理论的核心本质是关于因果关系的解释，通常通过实验可以获得因果关系的量化界定，而理论则提供因果关系的数理逻辑解释。因果关系包含两种形式：第一，在量化层面上，关注的是因果变量之间数据上的协变关系。这里需要说明的是，量化的协变关系不是变量间单纯的相关性，而是在控制变量下的有干预的实验性协变关系；第二，在机制（机理）层面上，关注的是因果变量之间数理逻辑解释的关系。具体的机制是可以在质性研究中去得到的。特别在社会科学研究中，机制通常只能从质性研究中发现。它是在讲为什么一个变量导致了另一个变量的变化。量化研究只能确定哪些变量是协变的及其尺度，并通过数据去描述协变层面的因果关系，其呈现的描述是："在其他可预见变量都控制的条件下，如果改变A，那么B就相应改变，则可以认为A的变化导致了B的相应变化"。这就是量化层面的因果关系。至于为什么会有协变，是哪些机制导致这些变化，就必须通过质性方法来研究个体行为。量化研究是得不到机制的描述的，机制需要的是细节上东西。

量化研究和质性研究在形成理论过程中的角色：在复杂系统中，例如在社会学研究中，质性研究产生微观的机理（解释机制），同时需要量化研究的数据进行验证。也就是说，质性研究产生理论假设，定量研究来实验验证假设，从而形成完整的被验证的因果解释。与人文社会研究不同，自然科学中的很多问题在当前技术条件下仍然很难通过对微观个体的质性研究形成假设，因此自然科学假设一般是根据大量的观测数据找协变的规律，然后在此基础上建立假设猜想并运用数学和逻辑推演产生机理解释，再通过平行和后续实验来验证和修改。因此，一个理论的完整因果解释是应该同时包含机理解释（理论假设）和量化的协变结果（实验验证）两个方面，并且是一个发展的过程。期间理论假设和实验并不一定同步发展，一方面可以超前另一方面，但是科学探究的本质是追求两方面的统一。同时，任何验证的理论解释也只是一个

---

[1] Abend, G. (2008). The meaning of 'theory'. *Sociological theory*, 26(2), 173—199.

局域性和阶段性的解释，会不断发展。综上所述，虽然质性研究和定量研究在自然科学和人文社会科学有不同的表现形式，但二者都是科学探究方法的具体手段。质性研究主要用来描述微观过程并以此建立因果关系的机理解释，而定量研究其实就是在找协变关系并以此提供机理解释的实验验证，因此"协变＋机制"就形成科学理论的基本结构。

第三节　研究设计

本节对四个具体研究问题所用的论证材料和论证思路做了阐释，并对本研究涉及的核心概念进行定义。

一、资料来源与论证思路

本研究的核心问题是：研究家庭环境、学校环境和教育制度环境如何影响底层子女的教育获得及其各自作用。

研究的具体问题是：

1. 影响底层子女教育获得的家庭环境和学校环境特征。
2. 家庭环境、学校环境中的哪类影响因素是底层子女教育获得的关键因素。
3. 教育制度如何影响学校分层，以及家庭行动对学校分层的作用。
4. 哪类教育制度有利于底层子女的教育获得。

具体问题1：影响底层子女教育获得的家庭环境和学校环境特征。[①]

基于量化和质性研究混合的研究方法，解答第一个具体问题，笔者选择《首都大学生成长追踪调查》中考取211大学的学生数据，以及考上211以上大学实现阶层跃迁的底层子女和中高阶层子女作为案例，分析成功底层子女

---

① 注："教育获得"概念涵盖了教育机会获得、各阶段教育的优质教育资源的获得；也具有教育成功的含义。在本研究中，基于研究资料为《首都大学生成长追踪调查》中考上211大学的学生数据，以及访谈对象为考上和未考上211（及以上）大学的学生样本。因此，本研究中的"教育获得"概念特指：考上211以上大学。

的家庭环境、学校环境的影响特点。并与中高阶层子女的环境影响特点做比较分析。

量化研究数据资料是《首都大学生成长追踪调查（BCSPS）》2009年基线调查数据。在选择《首都大学生成长追踪调查》作为分析数据之前，本研究也对能够获取的数据资料《中国劳动力动态调查（CLDS）》《中国家庭追踪调查 CFPS》（二者皆为注册获取）进行比较分析。《中国劳动力动态调查（CLDS）》侧重点在于呈现15~64岁的劳动力的动态变化过程，包括劳动者的教育经历信息，但是学历为本科及以上样本相对较少，若对毕业院校的地区和类型进行分类，样本量更小。《中国家庭追踪调查CFPS》的受访者最高学历为初中的比例偏高（大约6%），高中、大学专科、本科、研究生的比例偏低。同样存在不同地区高校可比性不高的问题。因此最终选择《首都大学生成长追踪调查（BCSPS）》相较于其他两个数据库，它是针对首都大学生信息的调查，并将大学类型划分为顶尖大学（包括北京大学、中国人民大学、清华大学；有效样本为1404人）、教育部直属或其他部委所属的211大学（有效样本为1680人）、教育部直属或其他部委所属的非211大学（有效样本为575人），以及北京市属的大学（有效样本为1112）。基准线调查有效样本为4771人。本研究选取教育部直属或其他部委所属的211大学的1680人样本进行数据分析，因为考取211大学比首三所大学相对容易，但也为精英大学。底层子女若考取了211大学，有很大机会能够实现阶层跃迁。因此，第一部分研究首先通过对《首都大学生成长追踪调查》1680人样本进行分析，呈现考上211大学的不同阶层子女的生源来源；专业选择和职业意向是否具有家庭传承和学校影响的特点。

其次，通过案例研究方法，选取底层子女、中产阶层子女和高阶层子女作为个案。个案选择的年龄为25~30岁。因为《首都大学生成长追踪》数据基准调查为2009年（18岁），若以2009年为18岁左右的211大学生为样本抽样对象，现在为29岁左右。考虑学历和年龄的关系：若继续读研究生为25岁至29岁。访谈希望获取三个阶层子女的职业情况。因此，将样本年龄设定为25~30岁的已经工作的211以上大学毕业生。

因为教育获得和职业地位获得需要具备一定的资本。资本包括经济资本、文化资本和社会资本。因此，本研究着重分析案例中家庭环境与学校环境在

第二章 研究方法与研究设计

资本的提供和获取上有什么特点。基于此进一步清晰底层子女的家庭环境和学校环境影响机制。

具体问题2：家庭环境、学校环境中的哪类影响因素是底层子女教育获得的关键因素。

在第二个研究问题中，影响底层子女教育获得的环境因素众多，本研究首先采取案例研究，比较分析成功考入211以上大学的底层子女和未考入211以上大学的底层子女的环境影响因素。并尝试对影响因素的类型进行划分。再通过扩大样本的量化初探，并控制家庭环境的影响，探寻学校环境的哪些因素类型对底层子女教育获得具有决定作用，作用的机制是什么。

具体问题3：教育制度如何影响学校分层，以及家庭行动对学校分层的作用。

回答第三个具体问题首先要呈现学校分层的特点。一般研究主要分析高等教育阶段的学校分层，用以说明底层子女在优质高等教育资源获得中的情况。但是，能否获得优质的高等教育资源关键在高中教育阶段，甚至是对基础教育阶段的资源竞争。研究中学阶段的学校分层特点有助于我们了解教育制度如何影响学校分层，以及家庭行动对学校分层的作用是什么样的。

因此，分析问题3本研究采用PISA2018数据来呈现教育制度与学校分层的关系，并说明家庭行动对学校分层的作用。

之所以选择PISA数据是因为：2018年，我国北京市、上海市、江苏省与浙江省参加了PISA测试，采用两阶段抽样抽取学校。第一阶段采用分层等比抽样方法抽取样本学校。样本学校覆盖了城乡学校、普通中学和职业中学、公办学校和私立学校，包括初高中不同办学水平的学校。第二阶段在样本学校中随机抽取学生。因此，PISA数据能够很好的呈现学校分层的特点，助于分析教育制度和家庭行动对学校分层的作用。

具体问题4：哪类教育制度有利于底层子女的教育获得。

针对第四个研究问题，已有研究遵循的思路多为根据历史事件（教育制度或政策事件）划分我国教育发展阶段，在时间上进行纵向的比较，考察不同阶段中我国教育制度对底层子女教育获得的影响。但是，这样的研究在实践指导上存在困境，首先表现在不同教育阶段因教育投入、教育发展程度、人才培养战略不同，导致各级学校和教育发展的情况不同，各阶段的教育发展状况和教育制度缺少纵向比较的可行性。此外，已有研究普遍认为改革开放前我国的教育公平水平最高，主要因素是教育政策对工农子女的倾斜。但是以往的经验在当前世界知识经济发展的背景下，我国现阶段教育发展的状况下，以及现阶段我国人才培养的战略下都缺少借鉴意义。

因此，在分析具体问题3的基础上，根据PISA数据呈现出的具有代表性的国家，不同类型的教育制度影响底层子女教育获得的机制进行案例研究，从而探究什么类型的教育制度能够帮助底层子女增加教育获得。案例梳理从高等教育开始，分析主要从三个方面展开：（1）各国各阶段学校是否有精英教育与大众教育的分层及录取情况；（2）各阶段教育的学费和入学情况；（3）各阶段教育的选拔方式及竞争的激烈程度。

本研究是基于复杂系统视角下的混合研究，构思图如图2.3.1。

研究问题1
数据分析（协变）：通过分析《首都》数据呈现考上211大学的不同阶层子女的生源来源；专业选择和职业意向是否具有家庭传承作用。
案例分析（机制）：案例比较分析成功的底层子女和成功的中产阶层、高阶层子女的家庭环境、学校环境作用机制。

研究问题2
案例分析（机制）：比较分析成功的底层子女和失败的底层子女，受家庭环境和学校环境内的哪些因素影响。
控制变量：控制家庭环境的影响因素，探究学校环境内的哪类影响因素对底层子女获得教育成功具有决定性作用。
量化初探（协变）：探究影响底层子女教育获得的决定性影响因素。

研究问题3
数据分析：学校分层，特别是中学阶段学校分层对底层子女教育获得具有重要作用。采用PISA测试数据分析不同教育制度对学校分层的作用机制，以及我国的学校分层特点。
质性分析：家庭社会经济地位是在学校分层的过程中作用机制是什么。

研究问题4
案例分析：横向比较不同类型的教育制度对底层子女的教育获得的作用机制是什么。

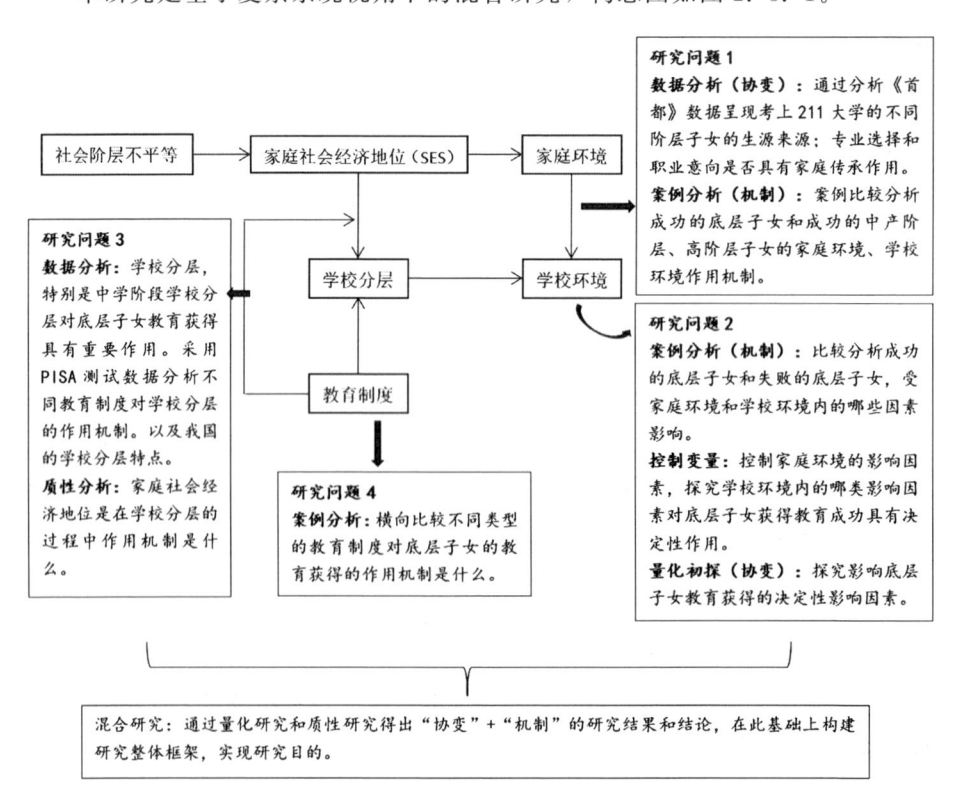

混合研究：通过量化研究和质性研究得出"协变"+"机制"的研究结果和结论，在此基础上构建研究整体框架，实现研究目的。

图2.3.1 研究思路构思图

二、核心概念界定

(一)教育获得

在已有研究中,"教育获得"概念涵盖了教育机会获得、各阶段教育的优质教育资源的获得;也具有教育成功的含义。在本研究中,研究问题基于的研究资料为《首都大学生成长追踪调查》中考上 211 大学的学生数据;访谈对象为考上和未考上 211(及以上)大学的学生样本。因此,本研究中的"教育获得"概念特指:考上 211 以上大学。"成功的底层子女"也特指成功考上 211 以上大学的底层子女。

目前优质高等教育资源包括"双一流"大学和学科、"985 工程"和"211 工程"。"双一流"是指世界一流大学和一流学科。建设世界一流大学和一流学科是我国作出的又一战略决策,目的是提高中国高等教育综合实力和国际竞争力。目前我国首批双一流建设学科共有 465 个,双一流大学共有 137 所,其中一流大学建设高校 42 所,一流学科建设高校有 95 所。

"211 工程"是面向 21 世纪,重点建设 100 所左右的高等学校和一批重点学科点。985 大学是在 1998 年 5 月提出的,所以称为 985 大学。二者的区别是在数量上,211 全国有一百多所左右,985 只有三四十所。包含关系是:985 大学肯定为 211 大学。因此,本研究中"考上 211 以上大学"的底层子女指考上 211 大学(包含 985 大学)的底层子女。

(二)教育环境

1. 环境和环境影响

影响人发展有诸多因素。苏联凯洛夫主编的《教育学》(1948 年版)中把影响人身心发展的因素归结为遗传、社会环境与学校教育三个方面(即"三因素论"),并认为遗传为人的发展提供了物质基础和潜在可能,环境对人的发展起决定作用,作为特殊环境的学校教育则对人的发展起主导作用。[1] 首先各阶层家庭的子女基因和智力不存在差异,也就是说各阶层家庭的子女都有智力

---

[1] 叶澜. 论影响人发展的诸因素及其与发展主体的动态关系[J]. 中国社会科学,1986(03):83—98.

高的孩子，也有智力不高的孩子。并不是说高阶层家庭的子女就天生比其他阶层家庭子女的智商高。在此前提下，我们可以发现，影响底层子女教育获得的因素都来自环境里的因素，并且前一个阶段的结果会对下一个阶段的环境因素发挥作用具有影响。

2. 教育环境

教育环境是指对个体社会化和个体身心发展具有影响的各类环境的总称，狭义的教育环境指学校教育环境。本研究的"教育环境"概念包含家庭环境、学校环境和社会环境（特指教育制度环境）。

3. 教育制度与教育制度环境

教育制度一是指根据国家的性质制定的教育目的、方针和设施的总称；二是指各种教育机构系统。①《教育大辞典》认同第二个解释，把教育制度解释为"一个国家各种教育机构的体系"。② 其中"制度"一词有两种意思：要求成员共同遵守的、按一定规程办事的规则，如工作制度、学习制度等；而是在一定条件下形成的政治、经济、文化等的体系。由此看出，"制度"包含机构或组织的系统，以及机构或组织系统运行的规则。基于此，《教育学基础》将教育制度定义为一个国家各级各类教育机构与组织的体系及其管理规则。其包括相互联系的两个基本方面：各级各类教育机构与组织的体系，以及教育机构与组织体系赖以存在和运行的一整套规则，例如各种各样的教育法规、规则、条例等。③ 因此，教育制度是关于各级各类教育机构与组织的体系，以及教育机构与组织运行的规则。它是国家制定教育目的、方针和实施各类教育政策的体现。教育制度受人的身心发展规律的制约，同时也受社会因素的制约。国家政治、经济、文化、科学技术等都对教育制度产生影响。因此，教育制度环境就是政治、经济、文化等社会因素在教育制度上的反映。

(三) 底层子女

李强在分析我国社会分层结构中指出，我国的社会下层比例过大，有

---

① 中国大百科全书总编辑委员会《教育》编辑委员会. 中国大百科全书·教育[M]. 北京：中国大百科全书出版社，1985：187.
② 顾明远. 教育大辞典第1卷[M]. 上海：上海教育出版社，1990：68.
③ 全国十二所重点师范大学联合编写. 教育学基础[M]. 北京：教育科学出版社，2013：85.

第二章　研究方法与研究设计

63.2%的人口处于 ISEIF 分值的 23 分组。组成该分值的职业群体基本上是农民，包括从事大田、棚架等农作物种植的人员、农副产品加工人员和其他种植养殖业从业人员、畜牧业生产人员、家畜家禽等从业人员，以及收垃圾为生者、清洁工等。其中从事大田劳动的即中国传统意义上的农民占该组的91.2%，占全部就业者的58%，另加上5.2%的其他体力劳动者，共同构成了丁字型社会最下面的一个巨大的群体。29~31 分组在立柱形的分组中人数稍多一些，占9.1%，多为建筑工人、土石方施工工人、混凝土配置加工工人、架子工、地质勘察工人、煤矿冶金矿物开采工人、建筑材料加工工人、金属加工工人、装运搬运工人、人力车工、外卖运送工、运输工、伐木工人、屠宰场和肉类加工工等等。这类人多是由农民转化而来的农民工、乡镇企业工人，他们的实际社会地位和实际生活水平与农民比较接近。[①]

很多研究将农村子弟作为"寒门"作为研究对象。2017 年数据表明，我国农村人口占总人口数的41.8%。与李强分析的我国社会下层比例有所差异。因此本研究主要以职业来划分社会阶层。

因此，在本研究中，主要依据父母职业类型来划分底层、中产阶层和高层。其中底层子女分为两类，一类是接受学校教育的底层子女，这类样本主要用于分析学校教育对最后获得教育成就的底层子女具有什么作用。第二类是辍学或学业不成功的底层子女，在第四章将着重分析什么因素和条件影响底层子女的教育获得。此外，本研究中出现的高阶层子女，指的是接受公共教育的高阶层子女。因为，更高阶层的子女往往具有特殊的教育消费和教育通道，例如贵族学校、私教等，这类家庭子女的教育获得不在本文讨论的范围中。

---

① 李强. 社会分层十讲(第二版)[M]. 北京：社会科学文献出版社，2011：249.

第三章 学校环境：对底层子女跃迁起主要作用

1966年《科尔曼报告》提出著名的结论：学业成绩的变化与儿童的家庭密切相关，而与每个学生的支出或其他可衡量的学校特征几乎没有关系。在之后几十年，许多持冲突论观点的社会学家和教育社会学家则走得更远，他们试图解释学校复制甚至强化了家庭的阶层差异。学校环境究竟是复制、强化还是取代了家庭环境的影响？本章先通过数据分析考上首都211大学的不同阶层子女，其家庭传承和学校教育影响的状况。再通过案例分析比较学校环境对考上211以上大学的高层、中产阶层和底层子女的作用差异。并着重分析学校环境与家庭环境对成功底层子女的作用机制。

第一节 考入211大学学生环境影响特点

在分析考上重点大学的学生家庭背景问题时，很多研究是将研究对象的户籍构成、城乡来源、父亲受教育水平、父亲职业类型或家庭年收入等情况作为划分家庭阶层的依据。本节拟通过父母职业划分家庭类型，并通过教育程度与资本资产做检验，希望更合理、清晰地呈现学校教育对不同阶层子女的影响。

一、家庭类型划分

"首都大学生成长追踪调查"（BCSPS）以2009年为基线，采用分层、多阶

第三章　学校环境：对底层子女跃迁起主要作用

段、概率与规模成比例(PPS)抽样，随机抽取北京市15所高校5100名学生，每年追踪一次。以公开数据为2009年基线调查数据。根据调查数据清理有效数据为4771个样本，其高校类型分布情况如表3.1.1。

表3.1.1　首都大学生成长追踪调查样本高校类型来源分布情况表

学校类型	编码	人数(人)
北京大学	1	450
中国人民大学	2	487
清华大学	3	467
教育部直属或其他部委所属的211大学	4	1680
教育部直属或其他部委所属的非211大学	5	575
北京市属的大学	6	1112

北京市作为我国高等教育资源最为集中的地区，包括9所985高校和26所211高校的优质高等教育资源，也包括大量其他高校。可以从数据中看出大学生构成和来源情况。在研究设计中本研究拟用"教育部直属或其他部委所属的211大学"(下文简称"首都211大学")的1680个样本做较为详细的分析。在1680名大学生中，户籍来源农村的学生占比为31.6%，户籍来源城市的学生占比为68.4%。我国的社会差异主要体现在城乡差异，农村家庭子女没有优势资源能够传递，高等教育是他们实现阶层跃迁的重要途径。从户籍构成来看，进入首都211大学的学生近7成为城市居民子女。从学生家庭居住地来看，来自城直辖市、地级市和县级市的学生占51.9%；来自农村、乡村集镇和县城的学生占48.1%。可以看出，仍有客观占比的居住在非城市的学生能够考上首都211大学。

户籍来源和家庭居住地在一定程度上能反映学生城乡背景与高等教育获得的情况。相关报告还通过父亲职业构成、家庭年收入等级情况呈现不同家庭背景的学生就读首都211大学的情况。(见表3.1.2和表3.1.3)

表 3.1.2　首都 211 大学学生父亲职业构成情况表(%)(N=1680)

农民	工人	办事人员	专业技术人员	管理人员	合计比例
18.7	14.3	20.3	18.0	28.8	100

从表 3.1.2 中可以看出,有 33% 的大学生父亲职业是农民和工人,大约占了三分之一。有五分之一的大学生来自于办事人员家庭(一般办事人员、销售及服务行业人员),近一半的学生来自专业技术人员及管理人员家庭。[①]

表 3.1.3　首都 211 大学学生家庭年收入等级情况表(%)(N=1680)

2 万元以下	2 万~5 万元	5 万~10 万元	10 万元以上	合计比例	平均收入(元)
26.5	29.5	28.8	15.3	100	76625

由表 3.1.3 中可以看出来自家庭年收入 2 万元以下的学生有 26.5%,低收入阶层子女仍占北京部属 211 大学生的不可忽视的一部分。[②]

根据以上的描述性统计分析可以看出首都 211 大学学生的户籍、居住地、父亲职业类型、家庭年收入的家庭背景状况。职业与社会地位具有紧密关系。从布劳邓肯发表社会地位获得模型之后,父亲受教育水平和职业类型被大部分研究当作家庭社会经济地位的代表。但是后续有论文也指出,母亲的受教育水平和职业类型对子女的教育获得有影响。因此,本研究拟通过父母职业划分家庭类型,并通过教育程度与资本资产做检验,希望更合理、清晰地呈现学校教育对不同阶层子女的影响。

魏昂德(Andrew G. Walder)等人对我国职业划分研究后将职业划分为干部(中高级管理人员)、专业人士和非精英。[③] 并提出干部和专业职业有不同的招聘路径。党员身份对管理精英起作用,教育主要对专业技术精英起作用。

[①] 李路路. 中国大学生成长报告 2012[M]. 北京:中国人民大学出版社,2013:17.
[②] 李路路. 中国大学生成长报告 2012[M]. 北京:中国人民大学出版社,2013:18.
[③] Treiman, D. J., & Walder, A. G. (2019). The Impact Of Class Labels On Life Chances In China. *American Journal Of Sociology*,124(4),1125−1163.

第三章 学校环境：对底层子女跃迁起主要作用

两个路径之间很难跨越。[①] 因此假设不同精英之间的教育代际传递路径可能具有差异，表现在专业选择的差异。刘精明在研究职业流动时结合戈德索普以职业类别为基础的阶层划分模式和赖特以资产占有状况为基础的阶级模式，并着重考虑到教育在阶层划分中的作用，区分出如下几个主要的社会阶层：体力劳动者阶层、低级白领阶层、中高级管理者阶层、中高级技术人员阶层、私营企业主阶层、个体户阶层及包括军人在内的其他职业阶层。这个阶层划分的特点是：第1~4个阶层中，其拥有的教育资格资产具有由低到高的等级序列。来自马克思和韦伯传统的阶级结构理论，则把教育或技术资格看成是划分阶级阶层结构的重要依据。比如奥林·赖特（Erik Olin Wright）用马克思主义传统观点来分析当代资本主义社会阶级结构，认为生产领域的剥削关系是形成社会阶级的基础，而组织资产和技术资产与资本资产共同构成剥削关系的基本因素。[②]

因此，根据《首都大学生成长追踪调查》基线数据中对父母职业类型选择的1~17个职业选项，本研究将学生家庭背景根据父母职业划分为管理精英家庭、专业精英家庭和非精英家庭。底层子女为来自非精英家庭的子女。（见表3.1.4）

表3.1.4　将职业划分为管理精英、专业精英和非精英依据表

精英分类	职业选择	划分依据
管理精英（高级）	10. 企业、事业单位中高层管理人员	组织资产：拥有组织赋予的管理权威
	12. 机关干部（副处及以上）	
管理人员（中低级）	11. 机关干部（正科及以下）	单独一类是因为这类人员虽然组织资产不高，但所需要的教育程度可能较高，而且一般具有党员身份

[①] Walder, A. G. (1995). Career Mobility And The Communist Political Order. *American Sociological Review*, 309-328.

[②] 刘精明. 教育与社会分层结构的变迁——关于中高级白领职业阶层的分析[J]. 中国人民大学学报, 2001(02): 21-25.

续表

精英分类	职业选择	划分依据
专业精英	04. 专业技术人员（如教师、医生、工程师等）	具有较多的教育或技术资格资产
	07. 中小学及幼儿园教师	
	08. 大学教师	
	09. 新闻、文艺、体育工作者	
专业人员（中低级）	03. 一般技术员/技术工人	从业人员一般不需要过高的教育程度，或名校要求。有的还以学徒的形式从业
	06. 一般办事人员	
非精英	01. 农民	体力劳动者阶层不仅是以出卖体力劳动为谋生手段的职业人群，而且也是拥有教育或技术资产、组织资产、资本资产最少的一个社会阶层，他们包括工人、农民以及商业、服务业等各类服务业人员[1]
	02. 产业工人	
	05. 销售及服务行业人员	
	13. 个体户	
	16. 一直无业	
	14. 私营企业主	
军人	15. 军人	
其他	17. 其他	

根据文献本文根据教育程度和资本资产对管理精英、专业精英和非精英的职业分类做检验。通过问卷中"教育程度"的信息对不同职业划分进行检验，通过问卷中被试者对自己家庭经济收入的层次划分作为"资本资产"信息对不同职业划分是否合理进行二次检验。

本文将教育水平对应年限转化为连续变量。父母的职业类型为管理精英（高级）、专业精英、私营企业主、管理人员（中低级）、专业人员（中低级）、非精英（包括军人和其他）6个类别。在从事不同职业的父母受教育年限统计表中可以看到不同职业类型的教育程度平均值和标准差。（见表3.1.5）但不同职业之间的教育程度是否具有差异，需要进行检测。

---

[1] 刘精明. 教育与社会分层结构的变迁——关于中高级白领职业阶层的分析[J]. 中国人民大学学报，2001(02)：21—25.

表 3.1.5　从事不同职业的父母受教育年限统计表

父母从事最长职业分类	父母	个数	平均值	标准差
管理精英（高级）	父	169	15.858	2.0304
	母	85	15.33	2.002
专业精英	父	330	15.382	2.2475
	母	400	15.06	2.205
私营企业主	父	40	12.250	2.8080
	母	28	10.79	3.348
管理人员（中低级）	父	121	15.107	1.8157
	母	74	15.07	2.307
专业人员（中低级）	父	251	12.486	2.8289
	母	253	12.85	2.758
非精英	父	622	10.289	3.2561
	母	744	9.14	3.760
总计	父	1533	12.791	3.6153
	母	1584	11.86	4.134

从表中可以看出，管理精英（高级）、专业精英和管理人员（中低级）的教育平均水平都较高。父亲在各职业的教育平均水平高于母亲在各职业的教育平均水平。但是否具有差异，还需进一步分析。

先检测不同职业类型的父母在教育程度上是否存在差异。采用单因子方差分析(one-way ANOVA)呈现的整体检验的 F 值达到显著（$p<0.05$）（见表 3.1.6）。表 2.1.6 显示父亲、母亲各组 6 类职业中至少有两组教育程度的平均数间的差异达到了显著水平。

表 3.1.6 父母受教育程度和其最长从事职业 ANOVA 表

		平方和	自由度	平均平方和	F 检验	Eta 平方
父亲受教育程度年限* 父亲从事最长职业分类	组间（组合）	8381.588	5	1676.318	219.867***	0.419
	组内	11642.197	1527	7.624		
	总计	20023.785	1532			
母亲受教育程度年限* 母亲从事最长职业分类	组间（组合）	11662.050	5	2332.410	239.152***	0.431
	组内	15389.947	1578	9.753		
	总计	27051.997	1583			

*** $p<0.000$ * $p<0.05$ $n.s.\ p>0.05$

首先，用独立样本 t 检验分析从事不同职业的父亲在受教育程度上是否具有差异。（见表 3.1.7）

表 3.1.7 父亲不同职业类型在受教育程度上的差异比较表

检验变量	职业类别	个数	平均数	标准差	t 值
教育程度	管理精英（高级）	169	15.86	2.030	3.242**
	管理人员（中低级）	121	15.11	1.816	
教育程度	专业精英	330	15.38	2.248	13.330***
	专业人员（中低级）	251	12.49	2.829	
教育程度	管理精英（高级）	169	15.86	2.030	7.666***
	私营企业主	40	12.25	2.808	
教育程度	专业精英	330	15.38	2.248	8.086***
	私营企业主	40	12.25	2.808	
教育程度	私营企业主	40	12.25	2.808	3.720***
	非精英	622	10.29	3.256	

* $p<0.05$ ** $p<0.01$ *** $p<0.001$ $n.s.\ p>0.05$

由 t 检验结果可知，管理精英、专业精英和管理人员、专业人员的教育程

第三章 学校环境：对底层子女跃迁起主要作用

度具有差异，精英的教育程度比非精英高。其中管理精英和管理人员虽然在教育程度上有所差异，但是差异不大。结合实际情况看，从事管理精英和管理人员职业的人应该在高等教育类型上存在差异，而在年限上的差异较小。也就是说进入管理行业的教育年限普遍较高，但是进入管理精英行业在高等教育类型上可能有更高的教育门槛。此外，私营企业主受教育程度与非精英具有差异，可通过所有检测后再将它合理分类。

采用独立样本 t 检验分析从事不同职业的母亲在受教育程度上是否具有差异，见表3.1.8。

表3.1.8 母亲不同职业类型在受教育程度上的差异比较表

检验变量	职业类别	个数	平均数	标准差	t值
教育程度	管理精英（高级）	85	15.33	2.002	0.766n.s.
	管理人员（中低级）	74	15.07	2.307	
教育程度	专业精英	400	15.06	2.205	10.750***
	专业人员（中低级）	253	12.85	2.758	
教育程度	管理精英（高级）	85	15.33	2.002	6.792***
	私营企业主	28	10.79	3.348	
教育程度	专业精英	400	15.06	2.205	6.647***
	私营企业主	28	10.79	3.348	
教育程度	私营企业主	28	10.79	3.348	2.286n.s.
	非精英	744	9.14	3.760	

* $p<0.05$ ** $p<0.01$ *** $p<0.001$ $n.s. p>0.05$

从分析可以看出，父亲为私营企业主的教育程度与非精英虽有差异，但母亲为私营企业主的教育程度与非精英没有差异。且父母为私营企业主的教育程度都与精英有差异。因此，虽然有研究指出私营企业主在我国逐渐成为一个特殊群体，但是私营企业是由自然人投资设立或由自然人控股，以雇佣劳动为基础的营利性经济组织。是生产资料属于私人所有，雇工8人以上的营利性的经济组织。个体户则无雇员或少量雇员的私人经营者。因为私营企业规模和盈亏可大可小,收入和社会声望参差不齐。且根据对父母一方是私营企业主的家庭收入划主观分层的数据来看,父亲是私营企业主的有95.2%子女认为家庭收入处于中层和低层,母亲是私营企业主的有96.5%子女认为家庭收入处于中层和底层。因此,在职业分类中,将私营企业主划分为非精英一类。

由此,将家庭背景分为管理精英、专业精英和非精英三类。但本研究不以父亲一人的职业类型为家庭阶层的划分依据,而是考虑了母亲的职业类型形成划分。其中,若父母一方为管理精英,家庭的氛围有强烈的管理类职业的影响,因此将家庭里父母一方为管理精英的家庭环境归为管理精英类家庭。(见表3.1.9)

表3.1.9 依据父母职业类型划分家庭类型表

	父亲	母亲	家庭环境
1	管理精英	管理精英	管理精英
2	管理精英	专业精英	管理精英
3	管理精英	非精英	管理精英
4	专业精英	管理精英	管理精英
5	专业精英	专业精英	专业精英
6	专业精英	非精英	专业精英
7	非精英	管理精英	管理精英
8	非精英	专业精英	专业精英
9	非精英	非精英	非精英
10	管理精英	无母	管理精英
11	专业精英	无母	专业精英
12	非精英	无母	非精英
13	无父	管理精英	管理精英
14	无父	专业精英	专业精英
15	无父	非精英	非精英

通过赋值和描述统计后,三类家庭的频率和百分比数据如表3.1.10:

第三章 学校环境：对底层子女跃迁起主要作用

表 3.1.10 三类家庭的数量统计表(N=1618)

		频率	百分比%	有效百分比%	累积百分比%
有效	管理精英	211	13.0	13.1	13.1
	专业精英	462	28.6	28.6	41.7
	非精英	942	58.2	58.3	100.0
	合计	1615	99.8	100.0	
缺失	系统	3	0.2		
	合计	1618	100.0		

采用百分比同质性检验分析三类家庭的资本资产差异。（见表 3.1.11）

表 3.1.11 不同家庭类型的资本资产主观勾选的百分比及卡方检验摘要表[①]

家庭资本资产程度分三层		家庭类型			
		管理精英	专业精英	非精英	合计
上层	个数	52	80	65	197
	在家庭类型中的百分比%	24.6%	17.3%	6.9%	12.2%
	调整残差	5.9	4.0	−7.7	
中层	个数	135	267	349	751
	在家庭类型中的百分比%	64.0%	57.8%	37.0%	46.5%
	调整残差	5.5	5.8	−9.0	
下层	个数	24	115	528	667
	在家庭类型中的百分比%	11.4%	24.9%	56.1%	41.3%
	调整残差	−9.5	−8.5	14.3	
合计	计数	221	462	942	1615
	在家庭类型中的百分比%	100.0%	100.0%	100.0%	100.0%

Pearson 卡方数值=228.521***

*** $p<0.001$

[①] 调整后的残差值(adjusted residual)是实际观察次数减去期望次数的标准化残差值。在百分比同质性的时候比较中，简单的比较方法可以以调整后的标准化残差值大小来判别。校正后的标准化残差值的概率分布要接近正态分布，需在双侧检验下，0.05 显著水平的临界值为 1.96，0.01 显著水平的临界值为 2.58(Hab-erman,1978)。

就认为家庭资本资产是否属于上层的选项而言，管理精英和专业精英家庭子女勾选的百分比（＝24.6％，AR＝5.9；＝17.3％，AR＝4.0）显著多于非精英家庭子女勾选的百分比（＝6.9％，AR＝－7.7）；就认为家庭资本资产是否属于中层的选项而言，管理精英和专业精英家庭子女勾选的百分比（＝64.0％，AR＝5.5；＝57.8％，AR＝5.8）同样显著多于非精英家庭子女勾选的百分比（＝37.0％，AR＝－9.0）；就认为家庭资本资产是否属于下层的选项而言，非精英家庭子女勾选的百分比（＝56.1％，AR＝14.3）显著多于管理精英和非精英家庭子女勾选的百分比（＝64.0％，AR＝5.5；＝57.8％，AR＝5.8）。

虽然单独用户籍、家庭居住地的城乡差异来划分家庭类型能够体现城乡二元分立的特点；以父亲职业或教育程度来划分家庭类型，能够体现家庭的文化资本特点。但是相较而言，以父母职业作为家庭类型的划分依据，并通过教育程度和资本资产进行家庭差异的检验依据，本研究认为能够更加体现不同家庭类型的环境氛围。按照教育程度和资本资产检验结果将精英家庭（包括管理精英家庭和专业精英家庭）视为中高阶层家庭，非精英家庭视为底层家庭。本节将按照管理精英、专业精英和非精英家庭的划分对底层子女的高等教育获得情况、不同阶层子女家庭传承情况，以及影响底层子女的环境特点进行详细分析。

二、学生来源的高中类型

底层子女的高等教育获得情况可以分为两方面进行呈现。一方面，体现了城乡之间的差异。在上文中数据呈现中，有约三成（＝31.6％）户籍来自农村的学生就读首都211大学。有近五成（＝48.1％）的家庭居住地为非城市的学生就读首都211大学。另一方面，同样居住于城市，或户籍为城市的学生，也可能因为职业收入和地位较低，需要分析其子女的高等教育获得情况。

若按照父母职业是否是精英来划分家庭类型，通过统计可知，不同类型的家庭子女就读首都211大学的比例不同。（见表3.1.12）

第三章 学校环境：对底层子女跃迁起主要作用

表 3.1.12 首都 211 大学不同家庭类型学生占比描述性统计表（N=1618）

	样本数	百分比%	累积百分比%
管理精英家庭	213	13.2%	13.2%
专业精英家庭	463	28.6%	41.8%
非精英家庭	942	58.2%	100%
合计	1618	100%	

根据表 3.1.12 结果呈现，就读首都 211 大学学生中，有 13.2%是来自管理精英家庭，28.6%来自专业精英家庭，58.2%来自非精英家庭。可以看出，有客观比例的来自非精英家庭的学生能够考上首都 211 大学。

再分析首都 211 大学生的中学来源情况可以发现绝大部分学生都来自重点中学。（见表 3.1.13）

表 3.1.13 首都 211 大学学生中学来源描述性统计表

		样本数	百分比%	累积百分比%
有效	不是重点中学	113	7.0%	7.0%
	是重点中学	1504	93%	100%
	合计	1617	99%	
缺失	系统	1	0.1%	
合计		1618	100%	

进一步分析不同家庭类型子女来源的重点中学类型是否具有差异。采用百分之同质性检验后如表 3.1.14。

表 3.1.14　不同家庭类型子女来源的重点高中类型勾选百分比及卡方检验摘要表

是否重点中学分五类		家庭类型分两类		
		精英家庭	非精英家庭	合计
不是重点中学	个数	37	76	113
	占总数的百分比%	2.3%	4.7%	7.0%
	占家庭类型中的百分比%	5.5%	8.1%	
	调整残差	−2.0	2.0	
全国重点中学	个数	103	108	211
	占总数的百分比%	6.4%	6.7%	13.1%
	占家庭类型中的百分比%	15.3%	11.5%	
	调整残差	2.2	−2.2	
省（直辖市、自治区）重点中学	个数	358	469	827
	占总数的百分比%	22.2%	29.1%	51.2%
	占家庭类型中的百分比%	53.2%	49.8%	
	调整残差	1.3	−1.3	
地级市重点中学	个数	130	167	297
	占总数的百分比%	8.1%	10.3%	18.4%
	占家庭类型中的百分比%	19.3%	17.7%	
	调整残差	.8	−.8	
县级重点中学	个数	45	121	166
	占总数的百分比%	2.8%	7.5%	10.3%
	占家庭类型中的百分比%	6.7%	12.9%	
	调整残差	−4.0	4.0	
合计	个数	673	941	1614
	占总数的百分比%	41.7%	58.3%	100.0%
	占家庭类型中的百分比%	100%	100%	100%

Pearson 卡方数值=24.044***

*** $p<0.001$

由表 3.1.14 中可以看出，从占家庭类型中的百分比来看，非精英家庭子女来自非重点中学的百分比(＝8.1％，AR＝2.0)显著高于精英家庭子女来自非重点中学的百分比(＝5.5％，AR＝－2.0)。精英家庭子女来自全国重点中学的百分比(＝15.3％，AR＝2.2)显著高于非精英家庭子女来自全国重点中学的百分比(＝11.5％，AR＝－2.2)。非精英家庭子女来自县级重点中学的百分比(＝12.9％，AR＝4.0)显著高于精英家庭子女来自县级重点中学的百分比(＝6.7，AR＝－4.0)。从占总数的百分比来看，精英家庭子女和非精英家庭子女来自全国重点中学、省(直辖市、自治区)重点中学和地级市重点中学的人数占总人数的百分比没有很大的数值差别(全国重点中学：6.4％，6.7％；省重点中学：22.2％，29.1％；地级市重点中学：8.1％，10.3％)。

这说明首先，在同一类学校中，对不同家庭类型的子女影响相近。若在同一类学校中就读，来自非精英家庭的子女和精英家庭子女有相近的机会考取首都211大学。这还需要进一步详细分析学校环境和家庭环境对不同阶层子女的作用。其次，从数据分析可以发现，就读于县级中学的非精英家庭子女较精英家庭子女有更高的比例考取首都211大学。一方面，原因可能在于更多非精英家庭子女在县城或非城市居住。另一方面，也对应了很多研究指出的，县级中学是底层子女教育获得的重要通道。[①]

三、不同阶层子女的代际传递情况

为进一步探究不同阶层子女的家庭传承情况。本文采用问卷中收集的首都211大学就读样本学生的职业期望信息作为分析的数据。并将问卷中大学生职业期望中的具体职业分为管理精英职业、专业精英职业和非精英类职业。见表3.1.15。

从不同家庭类型子女的第一志愿选择(图3.1.1)统计数据中可以看出，管理精英家庭的子女选择人文科学和管理学的人数较多，选择理学类专业人数较少。专业精英型家庭和非精英家庭在选择理工科人数较多，但是以人数分布来看，不同家庭背景的子女在选择专业上并没有明显的差异。这可能是受

---

① 吴晓刚. 中国当代的高等教育、精英形成与社会分层 来自"首都大学生成长追踪调查"的初步发现[J]. 社会，2016，36(03)：1−31.

各专业录取人数的影响。

表 3.1.15 对应问题"毕业后最希望从事下列哪方面工作"职业划分表

职业类型	精英划分
1. 教学人员	专业精英
2. 机关公务员	管理精英
3. 研究/开发人员	专业精英
4. 企业经营管理人员	管理精英
5. 技术工人	非精英；专业人员
6. 一般办事人员	非精英；专业人员
7. 市场营销人员	非精英
8. 专业技术人员（如工程师、医生、律师、教师等）	专业精英
9. 新闻、文艺、体育工作者	专业精英
10. 军人	军人
11. 自由职业	非精英

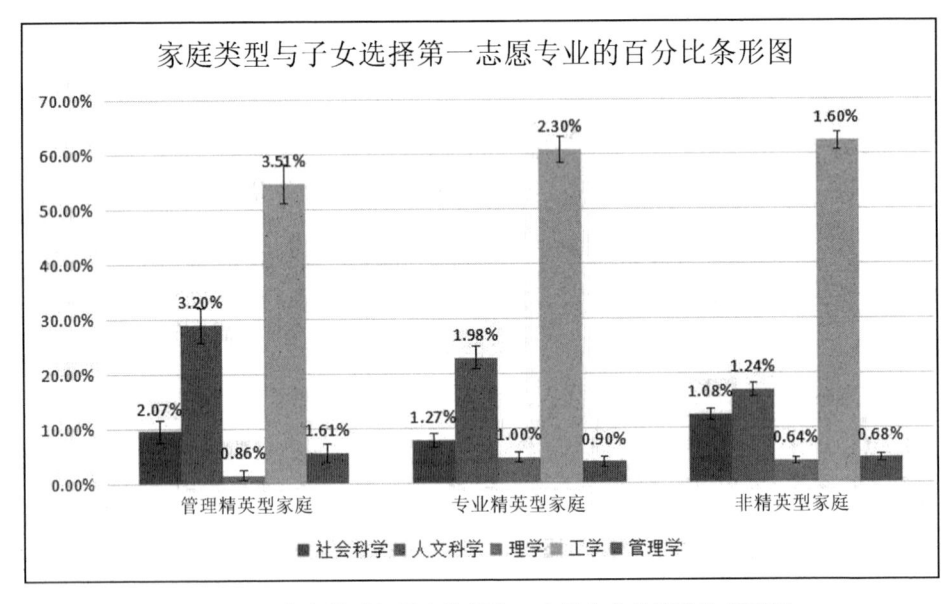

图 3.1.1 家庭类型与子女选择第一志愿专业的百分比条形图

第三章 学校环境：对底层子女跃迁起主要作用

采用百分比同质性检验进一步分析不同家庭类型子女在第一志愿专业的选择上是否具有差异。（见表3.1.16）

表3.1.16 不同家庭类型子女的第一志愿专业选择的百分比及卡方检验摘要表

第一志愿专业分五类		家庭类型			事后比较
		管理精英(A)	专业精英(B)	非精英(C)	
社会科学	个数	19	35	113	—
	在家庭类型中的百分比%	9.5%	7.8%	12.3%	
	调整残差	−.6	−2.3	−2.5	
人文科学	个数	58	103	155	A>C
	在家庭类型中的百分比%	28.9%	22.9%	16.9%	
	调整残差	3.3	1.7	−3.8	
理学	个数	3	21	36	—
	在家庭类型中的百分比%	1.5%	4.7%	3.9%	
	调整残差	−1.8	1.1	.2	
工学	个数	110	273	572	—
	在家庭类型中的百分比%	54.7%	60.8%	62.4%	
	调整残差	−1.9	−.1	1.4	
管理学	个数	11	17	41	—
	在家庭类型中的百分比%	5.5%	3.8%	4.5%	
	调整残差	.8	−.8	.2	
Pearson卡方数值=26.430**（p=0.001）					

**$p<0.01$

分析发现，管理精英家庭子女在选择人文学科的百分比（=28.9%，AR=3.3）显著高于非精英家庭子女（=16.9%，AR=−3.8）。这可能是因为非精英家庭子女在选择专业上会考虑专业与之后从事的职业之间的关系，更有可能选择实用性的专业。但是在其他的专业，各类家庭子女在选择上并没有差异。

家庭类型与子女期望从事职业类型百分比条形图

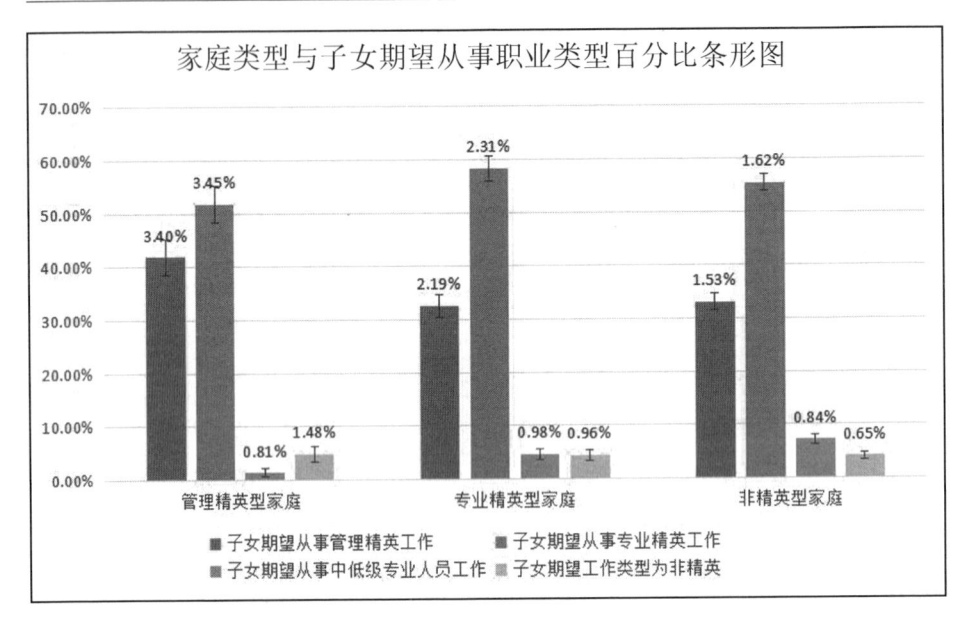

图 3.1.2 家庭类型与子女期望从事职业类型百分比条形图

同时，从图3.1.2子女期望从事的职业的百分比图来看管理精英家庭和专业精英家庭的子女期望从事的职业的分布虽有相关，但对于非精英家庭子女来说，期望从事的职业与另两类家庭没有明显的差别。

进一步采用百分比同质性检验不同家庭类型的子女在期望从事职业类型的勾选百分比是否存在差异。（表3.1.17）

表3.1.17 不同家庭类型子女期望从事的职业选择的百分比及卡方检验摘要表

期望从事的职业分四类		家庭类型			事后比较
		管理精英(A)	专业精英(B)	非精英(C)	
管理精英	个数	88	149	312	—
	在家庭类型中的百分比%	41.9%	32.6%	33.1%	
	调整残差	2.6	−.8	−1.0	
专业精英	个数	109	267	523	—
	在家庭类型中的百分比%	51.9%	58.4%	55.5%	
	调整残差	−1.2	1.3	−0.3	

第三章　学校环境：对底层子女跃迁起主要作用

续表

期望从事的职业分四类		家庭类型			事后比较
		管理精英(A)	专业精英(B)	非精英(C)	
专业 人员 中低级	个数	3	21	68	
	在家庭类型中的百分比%	1.4%	4.6%	7.2%	C＞A
	调整残差	－2.9	－1.2	3.1	
非精英	个数	10	20	39	
	在家庭类型中的百分比%	4.8%	4.4%	4.1%	—
	调整残差	－.4	－.1	－.3	
Pearson 卡方数值＝17.100**					

** $p<0.01$

检验后可以看出，精英家庭子女和非精英家庭子女对职业的期望没有明显差别。除了非精英家庭子女在是否选择从事专业人员职业的百分比(＝7.2%，AR＝3.1)显著高于管理精英子女期望从事专业人员职业的百分比(＝1.4%，AR＝－2.9)。

因此，由不同家庭背景子女选择的专业志愿和期望职业来看，管理精英型家庭和专业精英型家庭子女的专业选择和期望职业与家庭背景有很大一致性，说明中高阶层家庭对子女的专业、职业选择具有传承性。但是对于非精英家庭，即底层子女来说，他们在专业选择和期望职业并没有和管理精英家庭和专业精英家庭有很大差异，说明底层子女没有继续延续家庭背景的弱势，而是通过学校教育得到了改变，更有机会突破阶层，向上阶层流动。

四、影响底层子女的环境特点

尝试对影响不同家庭类型子女填报志愿对象进行统计分析发现，管理型精英家庭和专业精英家庭父母对子女填报志愿的影响明显高于非精英家庭。非精英家庭的子女填报志愿受父母的影响小，自己做决定或受重要他人的影响很大。（见图3.1.3）

不同家庭类型的子女填报志愿受谁影响最大百分比条形图

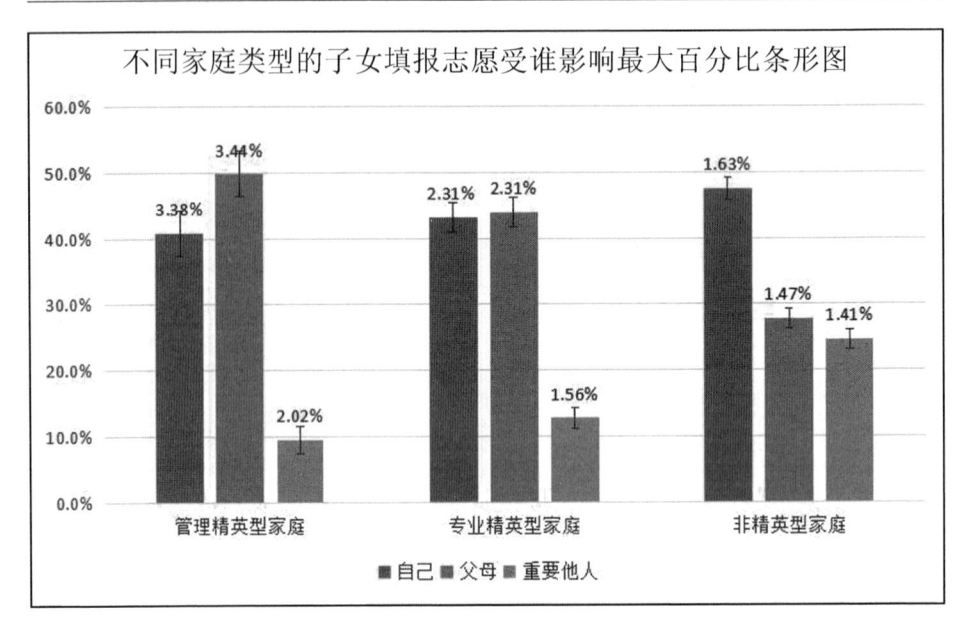

图 3.1.3 不同家庭类型的子女"填报志愿受谁影响最大"百分比条形图

进一步采用百分比同质性检验不同家庭类型的子女在填报志愿时谁影响最大的勾选百分比是否存在差异。（见表 3.1.18）

表 3.1.18 不同家庭类型子女填报志愿受谁影响最大的百分比及卡方检验摘要表

谁影响志愿填报分三类		家庭类型			事后比较
		管理精英(A)	专业精英(B)	非精英(C)	
自己	个数	86	199	445	—
	在家庭类型中的百分比%	40.8%	43.2%	47.5%	
	调整残差	−1.4	−1.1	2.0	
父母	个数	105	203	261	A>C
	在家庭类型中的百分比%	49.8%	44.0%	27.9%	B>C
	调整残差	4.7	4.6	−7.4	
重要他人	个数	20	59	231	C>A
	在家庭类型中的百分比%	9.5%	12.8%	24.7%	C>B
	调整残差	−3.9	−4.2	6.5	

Pearson 卡方数值=74.138*** ***p<.001

第三章 学校环境：对底层子女跃迁起主要作用

由分析可以看出，在"谁影响志愿填报"的选择中，管理精英、专业精英和非精英家庭子女依据自己进行选择的占比没有差异。但是来自管理精英和专业精英家庭子女受父母的影响（A＝49.8%，AR＝4.7；B＝44.0%，AR＝4.6）显著高于非精英家庭子女选择受父母影响的百分比（＝27.9%，AR＝－7.4）。而非精英家庭子女受重要他人的影响（＝24.7%，AR＝6.5）显著高于管理精英和专业精英家庭子女选择受重要他人影响的百分比（A＝9.5%，AR＝－3.9；B＝12.8%，AR＝－4.2）。

因此可以假设，对于精英家庭来说，家庭环境可以提供给子女更多的资源，其子女受家庭环境场域的影响更多。而对于非精英家庭来说，受家庭环境场域的影响较少，而在学校环境中获取资源。

第二节 学校环境对各阶层子女的作用差异

第一节通过数据分析发现211大学的生源几乎都来自重点高中，不同阶层子女的专业选择和职业意向并无显著差异，说明中高阶层子女具有阶层传承的特点，而底层子女通过学校教育产生了阶层变化。教育获得和职业地位获得需要具备一定的资本，资本包括经济资本、文化资本和社会资本。本节通过案例比较分析中、高阶层和底层子女的资本来源，进一步探讨学校环境对各阶层子女的作用差异。

一、访谈问题与分析框架

阶层传承指子代对父代职业地位的传承，底层子女的阶层流动表现在摆脱复制父母职业地位的命运。教育获得和职业地位获得需要具备一定的资本。资本包括经济资本、文化资本和社会资本。资本在教育获得和职业获得过程中发挥作用。

经济资本通常被称为物质基础。它之所以被称为"基础"，是因为它以资本或资产等形式存在，很大程度上影响了文化资本和社会资本的获得。阶层划分的重要依据就是经济资本的拥有情况。正如马克思所言，经济资本决定上层建筑,经济资本是制约人们活动的第一因素。

布尔迪厄(Pierre Bourdieu)对文化资本做出了经典的界定。他认为文化资本是依据受教育程度和教育行动传递的文化物品。布尔迪厄指出文化资本以三种形式存在,首先是"具体的形态":以精神和身体的持久"性情"形式存在的形态,表现为文化、教养、修养等。不同阶层表现出的阶层独特的气质特点,有独特的习惯、观点和表达方式就为文化资本的具体形态。它与父母具有的受教育程度、对子女的教养,以及自身的修养等相关。其次是"客观的形态":以书籍、辞典、工具等为存在形式的形态。家庭里的藏书,电脑设备等,以及父母生产的文化产品,例如著书等就属于文化资本的客观形态。第三是"体制的形态":以学术资格的形式存在的形态,指某个领域所具有的"话语权"。例如,布尔迪厄在其《国家精英》中分析了20世纪60年代末法国大学校筛选精英的过程是以"选择性亲和"(elective affinity)为导向的,即群体或机构按照自身的价值观和标准选择未来的成员,体现在不同学科对不同文化资本群体的偏好。布尔迪厄指出,哲学、法学、古典语言等学科与申请者的天资、文化资本联系最为紧密,申请者通常被认为是"有才华的"。而地理、自然科学等学科的学业成就较前者有明确的界定,更容易测量,其申请者通常被认为主要靠努力,是"认真的好学生"。学科间的差异是社会阶层差异的体现,哲学、法学、语言等"贵族学科"的筛选标准偏向来自优势阶层、拥有丰富文化资本的学生。

除了经济资本、文化资本对不同阶层子女的教育获得和职业获得具有重要作用,社会资本对不同阶层子女的职业获得具有更为直接作用。例如,很多研究者认为底层子女即使考入名校,但毕业后的工作选择仍然会受家庭社会资本匮乏的影响,在就业中处于劣势。而家庭优越的学生在择业中更可能受到家庭优势社会资本的助力。不同学者对社会资本概念的定义不同,布尔迪厄在1980年发表的《社会资本随笔》中深入、系统地阐述了社会资本的概念。他将社会资本视为一种资源,是一种对体制化关系网络的持久占有,并在此基础上获得实际或潜在的资源。[①] 林南等学者认同布尔迪厄,同样认为社会资本是一种资源,

---

① 余卉,胡子祥.寒门再难出贵子？社会资本双重属性下青年就业的质性研究[J].中国青年研究,2019(12):57-63.

第三章 学校环境：对底层子女跃迁起主要作用

它嵌入在社会关系之中。波茨（Alejandro Portes）等学者认为社会资本是个体的一种社会能力，是个体动用稀有资源的能力。还有学者认为社会资本是个人在社会中拥有的结构功能。更多学者将社会资本用以解释与就业和择业的关系，并提出了强关系理论、弱关系理论等来解释在不同社会关系网络中的个体获得资本的形式。例如，我国国情显示社会关系是一种"人情关系"，但是也有研究者认为当前我国的强社会关系不一定表现在有决策者的照顾，而是对信息的掌握。余卉等将强社会关系资本可以进一步分化成先赋强关系资本，即家庭拥有的关系资本，和后致强关系资本，即通过个体社会网络建立的强关系。

除了家庭的社会资本对子女的职业获得具有影响。个体也有机会在学校环境中获得社会资本，帮助获得较高地位的职业。日本学者田野郁夫在其《社会选拔与教育》一文中阐述了学校教育作为一种制度对社会选拔和分配具有重要性。第一，学校不仅是代表已经获得的知识和技能，还代表着将来获得新知识和新技能所需要的基本能力。第二，由于教育的大众化，引起了学历内部的等级分化，学历校历化是所谓名牌学校产生的原因。第三，学历和威望在职业中决定地位具有重要作用。第四，学校教育有助于取得某种地位，进而获取一定的资源。第五，家庭、阶级对于社会选拔与分配的重要因素，学校教育并不是社会选拔和分配的唯一机构，也不是学校教育的主要功能，但学校在选拔和分配的全部过程中还是占有中心位置。其中第四点指出，学校教育有利于个体获取家庭以外的社会资本。

综上所述经济资本、文化资本和社会资本对个体的教育获得和职业获得具有重要影响。因此本节选取底层子女、中产阶层子女和高阶层子女三个阶层的子女进行访谈研究。探究家庭环境和学校环境是如何提供三个阶层子女经济资本、文化资本和社会资本的。进而明晰学校环境对各阶层子女的作用是怎么样的。

在文献梳理的基础上，先确定三类基本问题：

了解家庭背景：家庭经济状况、父母受教育程度、工作及工作变动情况。

你认为你在学习、选择专业和择业过程中，你的家庭（父母、亲戚、父母的朋友）对你有哪些影响？

你认为在你的学习、选择专业和择业过程中，学校和学校老师、同学等对你有什么影响,是如何影响的?

确定了访谈问题后首先进行目的性抽样,样本特征如下:

毕业高校:211大学;

年龄:25~30岁。因为《首都大学生成长追踪》数据基准调查为2009年(18岁),若以2009年为18岁左右的211大学生为样本抽样对象,现在为29岁左右。考虑学历和年龄的关系:若继续读研究生为25岁至29岁。访谈想要获取三个阶层子女的职业情况。因此,将样本年龄设定为25岁至30岁的已经工作的211大学毕业生。

(3)家庭背景:根据父母职业划分家庭类型,分为底层子女、中产阶层子女和高阶层子女。

征得访谈对象的意见后对访谈内容进行录音,每次访谈为1~1.5小时,根据需要对个别访谈对象进行二次访谈。所有访谈录音材料只用于本研究。首先选择2名本科毕业于211大学的中产阶层子女和底层子女进行访谈,随着访谈的深入不断细化访谈问题,挖掘更多的信息。在分析访谈结果的基础上,研究者加入了高阶层子女的抽样样本,又访谈了1名高阶层的女性青年,并对访谈录音进行了编码、转录和分析。

随着研究者对访谈对象的深入访谈,访谈问题细化如下:

(1)你的父母在你学习、找工作期间和工作后对你的经济投入情况。

(2)你父母的职业、工作经历(调动、换工作、换工作地方等)。

(3)父母对你有教育期望吗(重视你的学习吗,是如何表现的,有什么观念和行为吗)若没有,是如何表现的。

(4)你从小重视自己的学习吗,你觉得是什么人或者什么事让你感觉到学习很重要。

(5)你读中学的经历(县中还是别的中学;是否住校;在学校成绩,老师是否重视等)。

(6)你填报志愿时谁给你的影响比较大。

(7)你在报这个专业的时候对这个专业有了解吗,是通过什么途径了解的,当时对这个专业未来可能从事的职业有了解吗?

(8)你以前想从事的职业是什么?父母对你有什么职业期望?

第三章 学校环境：对底层子女跃迁起主要作用

(9)父母对你未来要过什么样的生活有期望吗？

(10)是否有重要他人对你产生影响，除了父母，你学习和成长过程中有没有什么人给你的影响很大。

(11)回想之前，你有什么遗憾的地方吗，如果了解某些信息，你是否会选择不同的道路？

(12)你择业时考虑的因素有哪些？

(13)你现在和父母联系频率如何？交谈的主要内容是什么？（生活、工作上遇到的具体的事、情感）。他们会对你工作上遇到的困难给出具体的指导或意见，还是更多是进行情感上的鼓励？

在此基础上，进一步对比1名中产阶层子女和1名高阶层子女进行案例分析。此后继续增加访谈了2名高阶层子女，8名中产阶层子女，13名底层子女。选取其中13名进行案例分析。13名案例的具体资料如表3.2.1。

表3.2.1 案例研究对象信息表

编码	年龄	性别	父母职业	社会分层	专业	所属学科	高校性质	就业情况
QH	30	男	都为农民	底层	热能动力工程	工学	211大学	华东电力设计院有限公司
JJ	30	女	都为农民	底层	教育学专业	社会科学	985大学	上海小学教师
QT	30	女	都为农民	底层	管理学专业	管理学	985大学	通讯类子公司人力资源岗位
LL	29	男	都为农民	底层	环境艺术设计	人文学科	985大学	装修公司
YJ	27	女	都为农民	底层	教育学专业	社会科学	211大学	高校行政老师
ZYW	26	女	大学行政老师；邮局员工	中产阶层	金融专业	社会科学	985大学	银行管培

续表

编码	年龄	性别	父母职业	社会分层	专业	所属学科	高校性质	就业情况
CL	30	女	公务员；中学老师	中产阶层	工业设计	人文学科	211大学	自由职业
ZL	25	女	大学行政老师；中学老师	中产阶层	化学	理工	985大学	硕博连读
RW	30	女	公务员；中学老师	中产阶层	金融专业	社会科学	985大学	银行工作
ZYX	30	男	都为大学老师(工科)	中产阶层	金融专业	社会科学	985大学	投资公司
J	33	女	医疗器械公司	高层	博物馆专业	人文学科	211大学	科技馆
P	29	男	都为公务员	高层	英语专业	社会科学	211大学	公务员
JX	25	女	普洱茶公司	高层	艺术设计	人文学科	省属高校	家庭企业

获得访谈资料后,按照经济资本、文化资本和社会资本对三个阶层子女的资本来源(是从家庭环境中还是学校环境中获取资本),以及特点进行分析。

二、底层子女:家庭资本匮乏,主要受学校环境影响

(一)经济资本:家庭满足读书的基本费用

家庭经济收入是代表阶层的一个重要特征。底层家庭的家庭经济收入与其他阶层不能同语。对于底层子女来说,钱在家庭生活和学习生活中都具有重要的地位。

访谈了成功考上211大学的底层子女,会发现虽然生活收入的窘迫存在,但是受访的成功底层子女都表示父母十分重视他们的教育,最主要的表现就是对他们的教育投入。其教育投入的特点是满足子女读书的基本费用。

案例QH:"他们对我来就是说,我记得我爸,一次我从家里出来时他说了一句话就是,读书的事你自己上心,我们能给你的就是一点经济支持。"

案例JJ:"爸妈对我的期望就是,他们就是说很支持我的学业,只要我愿意

第三章 学校环境：对底层子女跃迁起主要作用

学,学得进去,继续往上上,他们就支持。他们属于这种,只要我想读书,他们就会在经济上支持我。如果我读博的话,他们也会支持。"

受访的成功底层子女在受访过程中都对父母在教育经济上的投入有着重的表述,这表示了家庭经济不仅在教育的境遇中有所限制,还带来对成功底层子女心理上的影响。经济上的限制更容易为底层子女带来经济上的压力,也通常会形成"回报父母"的想法。

案例 QT:"可能农村家庭哦,父母没法给你提供很多指导和帮助,那它更多的是一些情感方面的,比如说会跟你说,你要好好读书呀,只能靠你自己呀。类似这种说法。但是这个东西我回过头来看,未来我教育我的孩子的话,我可能不会以这种方式。以这种方式的家庭影响让我感觉还是压力蛮大的,从小就要为未来的自己和家庭负责,心理负担会比较重。"

案例 YJ:"我觉得是这样的,其实我爸妈他们虽然对我没有特别的要求,但不是对我娇生惯养的样子。我小的时候他们去干活,我也会跟他们一起去。我从小可以感受到他们挣钱辛苦,就是会觉得他们很辛苦地挣钱,然后花费在你身上,可能他们不会对我提要求,但是我可能对自己有要求,因为可能在家里,在农村会更强调这种,就是你考上好大学,就等于回报父母,会有这种关联。我觉得是我感受到他们的这种为培养孩子而遭受的辛苦,不想让他们这么辛苦,是有这种潜意识在里面。就是说,我觉得我不好的时候我爸妈不会怪我,但是我会觉得我对不起他们的付出。"

通过访谈还发现,底层家庭对孩子的教育投入特点就是满足读书的基本费用。父母不会有额外的经济资本主动培养孩子的兴趣爱好。通常仅仅满足子女普通教育的花费。若子女对艺术感兴趣,学习艺术的花费,父母也是出于子女能够考上大学而投入的。

底层子女案例 LL 是艺术考生,就读人文专业。农村子女能够学艺术的孩子很少。从这个案例也可以看出,并非中高阶层子女才具有学艺术的天赋。但从这个案例也可以看出底层子女能够被发掘兴趣和天赋是需要契机的,很容易忽略和错失了兴趣和天赋能力的培养。因为,对于他们来说,父母还是重视他们是否能够通过高考考上大学,找一个稳定的"好"工作。而不会在一开始就有意识和有经济资本供他们学习艺术。

案例 LL:"从高一开始我相对比较正规的入门去学美术。从那时开始,心里面只想着靠画画去上大学,没有想过说靠文化水平呀,这种常规的途径去上大学。""高中时花费的比较多,主要是在考大学之前去外地培训,相当于找更好的老师的平台去,也就是集训班,当时花费比较多。经济上也是靠父母支持。后期他们就觉得反正你喜好这个东西,又能考大学,然后他们也就没去多想。但是没有考虑过说你能考到什么样的学校,他们也没有这个概念,因为他们农村的也没这个概念,只知道说有这个方式。也可能因为农村重男轻女的观念,对于男孩子可能考虑的是"(经济上)有能力培养你就(拿来)培养你。"培养你不了了也就顺其自然,他们的想法主要是这样子。"

案例 LL 学艺术需要花费比较多,但能够通过画画考上大学,父母在经济上也给予无条件的支持。

(二)文化资本:家庭文化资本匮乏

1."读书改变命运"的文化观念。

布尔迪厄将文化资本中表面显性的,表示阶层特点的精神状态称为文化资本的具体形式。这种文化资本的具体形式有一部分是后天习得的,但是大部分则是个体通过几代人的家族式的场域熏陶而来的,是通过长期耳濡目染传承下来的文化资本。[①] 其中,受科举制度时"万般皆下品唯有读书高"的文化影响,以及底层家庭希望通过教育改变命运的独有的阶层精神状态就是文化资本的其中一种表现形式。在"读书改变命运"的阶层文化资本表达的影响下,被访的成功底层子女的父母要求孩子一定要去上学。

案例 QH:"因为一方面是农村的孩子,其实有种观念就是靠读书可以走出去,或者是可以改善这种局面。就是这件事在我脑子里一直有这样的观念。所以我读书一直蛮努力的。……"

案例 JJ:"'学习很重要'我从小就是这么认为的。父母都认为读书是一条出路,就是学习好的话将来会有一个好的前程,他们都是这个观念。然后因为我们家里小时候条件也不好嘛,然后就是靠着自己有什么本事就去努力。反正

---

① 刘玲.布尔迪厄资本"符号"运作研究——兼谈"寒门难出贵子"[J].南宁师范大学学报(哲学社会科学版),2020,41(01):74-80.

第三章　学校环境：对底层子女跃迁起主要作用

他们就是觉得学习好的话,就继续上,我们都支持。然后就一直上上来了。有一次,应该是在中学的时候,我和我妈说,当时我心里确实有这种想法啦,就是说:'妈,要不我不上学了。'然后我妈立刻把我骂回来了。因为什么呢,我妈他们那时候条件也不好,然后她就读了一个初中,在当时来说,还是可以的,一般嘛反正。然后高中也有机会上,但是后来也是因为一些名额的问题她没上,所以她觉得可能是遗憾呀,什么的。"

文化资本的产生在一些情况下也受经济资本的影响。从访谈结果来看,考上211以上大学的底层家庭对子女学习的重视,也同样受到经济资本现状的影响。正因为底层家庭的经济资本匮乏,因此产生了与之对应的"读书改变命运"的文化资本表达。例如访谈案例JJ,父母对子女读书的重视,母亲极力反对女儿辍学。在他们的观点里,只有读书是一条出路,才能获得好的前程。他们所能做的只有要求子女不要放弃读书。

案例QT:"自己肯定很重视(学习),因为像我们这种农村家庭出身,其实也没有什么其他的途径和背景嘛,然后父母也都会跟你说我们也没有什么背景,也没有什么能力,你只能靠自己,只能好好读书。一直灌输的是这种想法嘛。"

"以前家里会强调'你要好好读书,以后才能挣钱,你以后不能再当农民了,你要去城里生活'的观念。"

很多研究希望从成功底层子女的生命历程中探究他们成功的经验,多数采用了布尔迪厄的文化资本理论来解释。他们不将底层家庭文化资本看作一种劣势,而是认为底层家庭强调"读书改变命运"的文化观念为底层子女的教育提供了一个外在目的和动力,强调刻苦、努力的品质被很多研究视为底层子女拥有的一种优势的文化资本,是底层子女获得成功的原因。但这样的结论存在因果逻辑上的缺陷,因为首先,底层家庭强调"读书改变命运"以及强调刻苦努力读书的文化资本或有利于底层子女的教育成功,但是不能排除其他环境因素的影响,特别是学校环境中的影响因素。若不能控制变量,就不能说明这种文化资本是底层子女获得教育成功的"因"。其次,底层家庭强调"读书改变命运"以及强调刻苦努力读书的文化资本是阶层独特形成的文化资本。但是与其他阶层的文化资本比较,底层家庭所能投入的文化资本就处于劣势。

另外,在对成功的底层子女进行访谈过程中,他们往往还提到农村中考上好学校的榜样效应。这可以称为布尔迪厄定义的"体制形式"的文化资本。在农村,考上好大学往往被等同于就能实现阶层跃迁。这个符号影响了父母在农村社会圈子里的话语权和地位。在农村往往存在榜样效应,村里有哪家出了一个的大学生会是村里的榜样人物。

案例JJ:"考上本科大学是村里的骄傲,就觉得很厉害是吧。但我也不能算是第一个,之前可能也有,但是他们可能不是上的本科之类的。但是在那个时代他们应该算高学历了。可能我是考上大学比较少的。父母就会有面子。"

案例QT:"那像那种小时候村里会说谁谁谁读书好,考出去好学校了,这种榜样是有的。往往谁家里有考上大学的孩子,还会请乡里乡亲吃一顿饭。"

2.对子女的学习不能提供具体而有效的帮助。

虽然案例中成功的底层子女,其父母既有重视教育的观点,又能够在经济上支持孩子读书。但是底层家庭父母因为受教育水平和职业的限制,能够参与子女的学校教育能力有限。父母所处的阶层环境决定了家庭的文化资本,具体表现为父母对子女的学习管的不多,对读书没有太多具体的要求。

案例QH:"其实我爸妈怎么讲,因为农村来讲,他们对我学习上的事情可能管的也不多。基本上在到了学习本身这件事情上他们也帮不了多少忙。也就是说读书这件事本身基本上都是靠自己,他们关于读书也不会对我说太多要求。因为从小到大我的成绩比较好,父母就是比较放养的心态,算是比较相信我吧。"

案例QT:"我父母就是很普通的农民呀,其实也不是很懂什么教育,所以也没有什么对我的教育期望。我就属于那种可能从小学习比较好吧,父母压根也不怎么操心,也没怎么管我,他们也管不上,也管不着,他们也不懂,基本上都是自己学。但他们会觉得上学很重要呀,但对学习方面具体的事情就不会管。"

案例LL:"他们对我的教育没有什么期望,连我考到厦大他们都大吃一惊,他们觉得已经超出他们的想象,他们都不知道他儿子能考这样的学校。基本上说他们没有管小孩的教育。"

案例YJ:"我觉得好像没有,就是很神奇,我觉得我爸妈对我学习就没提过什么特别的要求。"

文化资本最直接的形式就是受教育程度,文凭和学历是文化资本最明显和

第三章　学校环境：对底层子女跃迁起主要作用

最直接的指标。对于底层家庭来说,父母的受教育程度较低,能够为子女教育上的具体指导和帮助很少。

(三)社会资本:家庭社会资本缺乏,主要从学校环境中获得

1.家庭社会资本缺乏表现在对子女专业、职业选择没有帮助

社会资本对职业获得具有重要意义,社会资本不直接产生财富,但是对以职业为代表的社会地位获得具有影响。职业同样是代际传递的重要标志,专业选择与职业选择密切相关。受访的考上211大学的底层子女,其家庭社会资本缺乏,首先表现在父母对子女专业选择上缺乏指导。

案例JJ:"对我读的专业当时确实不了解,指导我填志愿的是我的姑父和姑姑,因为他们知识水平比较高的那种,他们了解更多。我本科读教育学专业是被调剂的,本来报的第一志愿我记得是新闻,第二是外语。结果都没上。"

案例LL:"他们也对我未来职业和生活方式也没有考虑过。第一年高考的时候填志愿没填好,到后面我就去复读了。准备复读的时候印象特别深,我爸有问过我一句:'选这个专业万一你又没考上怎么办。'那我回了他一句,我说:'不可能。'所以说当时对自己的人生和职业规划这些东西就没有考虑那么多,就觉得'我能行'。"

其次,表现在父母对子女没有很明确的职业预期。对于底层家庭父母来说,在其社会关系网络中,较难了解中高阶层的具体职业信息。他们多认为能够上大学、上好一点的大学,或者学历高一点,就能够对应较好的职业。这也说明了,对于底层家庭来说,在子女职业获得上缺乏社会资本的帮助,只能依靠学校教育获得与职业获得相关的社会资本。

案例QH:"他们就希望我考一个好一点的大学。对他们来讲就这么简单。其实对我职业和未来生活他们倒也没想那么多。可能在父母眼中,他们一辈子在农村,他们觉得只能读书出去,然后过不一样的生活。至于职业什么的,包括高考完之后报志愿的时候,不要说他们了,其实连我都没有什么想法。"

案例JJ:"他们没说过,但是我想他们期望我的工作,因为我也是读到硕士嘛,算是我们家里面学历比较高的了。他们希望我未来的工作能跟这个学历相匹配。"

据受访的成功底层子女描述,父母缺乏社会资本,就职业信息而言缺乏有

效的指导和帮助,只是将职业获得的希望完全地寄托于学校教育。

案例 QT:"我觉得实际上他们也没什么期望,他们肯定是期望你未来能够读书成才,挣钱养家,类似于这种。……其实那时候读研我妈是支持的,我爸不支持。我老爸是觉得要早点出来工作挣钱。我妈可能是觉得大家都这样(读硕),那你这样也比较好。她可能也是想小孩想怎么样她都支持。我觉得可能父母没有经历过的,给小孩的意见都是不充分的,你(父母)自己走过一遍的,比如读过大学呀,读过研究生的父母给小孩的建议可能会更全面吧。"

底层家庭父母对子女是否继续升学,和工作地点都没能提供有效的帮助和意见,缺乏社会资本的底层父母,都是由子女自己决定职业选择。

案例 YJ:"父母对我的职业和未来生活也没有什么特别的期望。其实我上大学,我说要考研,他们都说行呀考吧读吧。还比如我现在在上海工作,我原来也想回家,我爸爸其实是比较想让我回家的。但后来就是他看了在家的工作也没有那么好找,看我在上海这边也还行,他们也自己接受说这边还行。我觉得他们没有说我必须要怎么着,就是会随着我的这种需求呀,或者是根据我的情况来变化的这种感觉。"

底层家庭父母缺乏社会资本还表现在底层子女在工作后与家庭联系的频繁程度和交谈的内容上。因为成功的底层子女在工作后获得了阶层跃迁,其文化资本和社会资本比家庭的文化资本和社会资本有了很大的提升。因此,在与父母联系方面,频率不高。交谈的内容也多为生活上的事,工作上的事情父母无法提供具体建议和帮助,正是因为家庭社会资本缺乏。

案例 JJ:"读书的时候差不多也是一两周定期的打一个电话吧,基本上和我爸妈交流的内容,先问家里的情况,问问身体(情况),再就是可能会说一说自己的烦恼吧,学习上的压力之类的。他们就是说,像我爸就会先承认,确实压力呀,或者是困难是存在的,但是你就是要怎么怎么样,要坚持住要挺住,要多问问老师,多问问同学,然后找找办法,这些都会说。或者我爸说要么什么时候回家一趟,回来吧,什么之类的。就是情感上的支持会多一些,如果是具体怎么做的话,可能就还是会找导师呀,同学可以提供具体解决方法的。"

案例 QT:"因为我工作有时候加班也比较晚,所以也没有固定的时间和父母联系。对于交谈的内容嘛,其实老实说也没有什么深层次的交流啦,就是些

第三章　学校环境：对底层子女跃迁起主要作用

日常生活方面的交流,他们也不会对你的工作和规划上有具体的指导和意见。对自己内心深处的想法呀,也不会和他们交流。这方面可能还是会和伴侣和朋友交流的比较多,而且现在的信息渠道太发达了,有很多渠道可以去疏解或者是看看别人的想法受到些启发,来解决自身的困惑。我感觉现在的小孩可能和父母交流的欲望也减少了。"

2.成功底层子女的社会资本来自学校环境

对于底层子女来说,考上大学、选择专业、择业是获得职业和实现向上阶层流动的关键。但是家庭社会资本缺乏,对此没有直接的帮助。通过访谈成功考上211大学顺利就业的底层子女发现,认真学习、获取选择专业和择业的信息以及社会资本几乎都来自学校环境中。

首先,社会资本是一个社会关系网络。与文化资本的"具体的形式"表达一样,与什么样的人接触,就会受到他们所表达的文化资本的影响。例如在精神方面,在学校环境中与师生接触,会受到他们的精神方面表达的影响。文化资本的"具体的形式"表达可以是后天影响。

在访谈案例中,有受访者表示,她在学校中受同伴影响知道学习的重要性。这可以视为在学校场域中受到他人的习染增加的资本。

案例YJ:"可能我四年级才知道学习是怎么回事。在这之前也就是别人上学我也跟着上,没什么感觉。直到四年级考了班级第一,从那之后有同学和我说班上谁谁学习好,我怎么怎么着,那个时候才意识到原来我在别人眼中是那样的,原来我对自己和自己的学习没有认知,我爸妈从来对我的学习没有什么要求。"

"像其他的那种重要他人呀,我觉得还是我身边的同学给予我陪伴,就是我的成长是和他们在一起的。就比如说在我初中、高中,我经常写作业或是做别的会和我同学一起,就是我总是有一个学伴,这种样子存在的感觉。包括在大学里面也是这样子的。"

其次,专业选择和职业类型有很大关系。底层家庭父母无法提供子女专业选择方面的信息。大部分考上211以上大学的底层子女在填报专业的时候是依靠同学和老师的帮助或影响。

案例QH:"其实我本科报的那个专业比较随意。我那个时候填志愿就看了一下同学填的志愿,因为成绩差不多,我看成绩差不多那就报一样好了,就这么报了。我那个时候是抄着他的志愿报的。后来误打误撞呢,报的那个专业都满了,然后就被调剂到我后来读的这个专业来。……后来录取了,我还和在那边的学长学姐交流了一下,他们说这个专业其实还可以,在这个学校中还算不错的。"

例如案例QH,填报志愿是复制同学的志愿,家长和自己都缺乏填报志愿的信息。需要向学长学姐寻求帮助,这属于受学校环境社会关系网络的影响,学校环境提供底层子女必要的社会资本。

案例QT:"我当时也比较纠结,家庭也没有什么指导,他们就说你听老师的建议。可能因为我成绩比较好,老师会比较关注我,就会给我一些建议。然后自己也会综合看自己哪些科成绩比较好。"

例如案例QT,家庭对填报志愿不能提供指导,只能到学校环境中寻求帮助。

案例QT:"高考后学校会发一本书,里面有各个学校的专业介绍和分数线。这是一方面,另一方面,老师也会给你一些建议,你的分数大概在什么水平,往年这个分数可以报什么专业和学校,然后哪些学校的哪些专业比较好,老师会给一些建议。那时候填志愿就是看看指导书,问问老师,问问往届的师兄师姐。"

案例QT在接受访谈时强调:"像农村出生的人,在影响他的就是教育这个截点有哪些是关键因素。像我这种人就属于学校教育是占很主导地位的。就是实际说家庭教育没怎么起到很大的作用。可能是因为你成绩好,受到老师的关注,所以老师给了很多关注。"

布尔迪厄在文化资本理论中提出,人文专业更容易受优势文化资本群体的偏好。从访谈考上211大学的艺术专业的底层子女后发现。因为缺少家庭从小有意识的培养子女兴趣爱好,有艺术天赋的底层子女仍然较难获得艺术教育投入。在案例LL中,家庭资本和学校环境不利于他培养画画的爱好。但最终还是靠在学校环境中获得信息资源和指导,考上了人文专业。

案例LL:"我觉得就是我个人爱好影响我的选择。从小有喜欢画画的这个爱好。因为在乡镇所以说它的这一环境比较落后,所以说小学的时候美术都是

第三章　学校环境:对底层子女跃迁起主要作用

一些数学、语文老师教的。那时候开始就是平时有空我都会去画。那读初中之后,可能条件会好一点,学校都会有配美术老师。那时候才知道可以找一个老师学画画。但是当时,老师也没有这种概念说去培养一些这种有爱好和特长的小孩。当时的时候我们有条件就是说初中升高中可以用自己的特长去考更好的高中。但是我的老师没有告诉我,我就错过了这个机会。那后面就读了一个比较普通的高中。上了高中后才知道可以用美术考大学,那时候那个老师可能比较功利,他就会去想着挣这个钱,就会开一些美术培训班啦,从高一开始我相对比较正规的入门去学美术。从那时开始,心里面只想着靠画画去上大学,没有想过说靠文化水平呀,这种常规的途径去上大学。"

3.择业意向:因社会资本弱,择业以经济收入为标准

从对成功考上211大学的底层子女,其择业意向的了解可以看出,因缺乏社会资本,底层子女的择业以经济收入为准。底层家庭缺少经济资本,在择业和就业的过程中,底层子女都努力将已获得的社会资本转化为财富。经济收入是他们考虑职业最重要的因素。也产生了一些限制。例如,考入211大学艺术专业的案例LL,因为社会资本缺乏,以及对经济财富的需求。他不能纯粹地从事艺术创作。需要将在大学中获得的社会资本转化为与阶层跃迁所对应的经济标准。

案例LL:"高中的时候更多是奔着纯艺术型的想法,就是说我要成为一名画家。但是后来读了大学之后,想法又改了,改为学设计,还是和最初的想法有点出入的,就没有很理想化说我要成为一名纯粹的艺术家之类的。可能也是因为厦大报考的方式不一样,因为当时我报考的是雕塑专业,后来我们发现上了大学后要重新选专业,没有按照就是你当时去考试时候的志愿。一开始是混乱的,等你入学后,军训完才选专业,才去分班。所以重新选专业的时候就是更多考虑到就业,就是以后要做什么工作。"

从其他成功的底层子女择业意向也看出,经济收入是择业的第一标准。

案例QH:"……我们主要是比较偏向于发电企业、发电站。那时候在我认识中我就觉得我现在从事的电力设计的工作,那时候就觉得电力设计其实蛮好的,收入也蛮高的。其实十年前的话电力企业,包括我们的发电企业、设计院,其实这种传统的国企那时候我认为还是体现了经济价值,也就是收入还是可以

的。谈一谈我对就业的一个经济价值,收入这块的一个考虑吧。"

案例QT:"最主要的因素应该是收入吧。但如果未来我小孩选的话,我希望他能选择兴趣。我择业的考虑就是收入,然后稳定性。"

与其他阶层选择继续读研究生不太一样,底层子女在选择读研更多的考虑读研的投入和产出。例如案例JJ,父母认为对硕士学历的投入,提升自己或兴趣并不是读研的目的,而是在教育产出上希望有所提升。当教育投入与经济上的产出不匹配的时候,底层家庭父母会不满意。

案例JJ:"但是呢,目前我的工作就业好像他们也一开始不是那么的满意。我不是现在是小学老师嘛。他们是这样子的。他们觉得读到硕士,在教育的投入和产出要匹配一点。……我当时就业蛮着急的,因为后来没去成(读博),当时也是就业的一个尾巴,一个尾端了。当时想着先赶快找个工作,抓住这个就业机会再说。待遇就觉得老师的话,这个职业还是容易驾驭一点。还是选择了一个比较能够'胜任'的职业,挑战性也不是那么大的。"

三、中产阶层:家庭影响有限,受学校环境影响较大

(一)经济资本:家庭对子女教育投入多

中产阶层家庭拥有比底层家庭更多的经济资本,这在竞争优势教育资源时具有优势。具体表现在:可以进行课外辅导、能够培养孩子的兴趣爱好、购买学区房或缴纳借读费、提供出国访学或攻读学位的费用,以及购买文化商品。

案例ZYW:"就是如果没考上双十的话,后面大学就很难考上很好的大学。如果要考上比较好的大学,就要先考上比较好的高中。那时岛外的学生要考岛内的双十①需要考前几名,我差一点,所以需要交4万块借读费。"

案例CL:"我爸从小让我去学画画。他觉得可以培养我一个爱好和特长。万一我成绩不好,还可以考个艺术学校。"

案例ZYW:"厦门很多孩子从小都会学钢琴,因为被称为'琴岛'嘛,我没有选钢琴,小时候是学了古筝。父母也没有希望我学得多好,就是培养我一个兴趣爱好。"

---

① 注:厦门市"岛内"为思明区和湖里区,"岛外"为集美区、同安区、翔安区和海沧区。

第三章　学校环境：对底层子女跃迁起主要作用

案例 ZL："就是比如说我小时候很喜欢看书，就会想要买很多书，然后去书店买书的话，一般不会说那种只能买几本这样，一般就是去书店只要是我想买的书，他们都会买给我。我觉得挺好的。"

案例 RW："比如说他们在我小时候会给我买很多书。其实我觉得小朋友在可能小学初中的时候是一个求知欲比较旺盛，是一个比较想要看书的，看书的欲望是比较强烈的阶段。那时候如果说你周围的条件够的话，会让你（愿意）多花时间在这个上面。"

案例 ZL："比如说我出国读博士，可能我妈妈她一开始就可能不太喜欢我去美国，因为她觉得美国很危险，就不安全嘛，但是后来我决定了要去美国，她也就是很尊重我的决定，经济上无条件支持我。"

对比底层家庭在经济上满足子女读书的基本费用，中产阶层家庭有更多的经济资本提供孩子更好的家庭环境。更重要的是尽力让子女能够上更好的学校，受更好的学校环境的影响。在购买学区房、缴纳借读费、培养子女特长、供子女留学方面，中产阶层家庭有更富裕的经济资本支撑子女的教育费用。

(二)文化资本：重视子女学习并参与学校教育

1.言传身教构建学习氛围

和底层家庭不一样，中产阶层家庭在强调学习的重要性时，不是强调"学习"和"命运"的关系。而是营造了认真学习是很重要的氛围。用布尔迪厄提出的文化资本理论解释，这同样是阶层或几代人家族式的场域环境的熏陶，是言传身教和耳濡目染传承下来的文化资本。

案例 ZYW："就感觉是从小的一个习惯，我觉得还是和父母有关。就是不是有什么'优秀是一种习惯。'这个是高中老师最常和我们讲的。好像就把好好学习成为一种惯性，不是好像每个阶段都有每个阶段的目标嘛。做学生的时候就是感觉任务就是学习要好，然后去考一个比较好的大学。从父母这方面来说，他们对我的要求也没有，但是其实好像感觉这种是一个比较隐性的渗透的感觉。但是他们很重视我的学习，比如开家长会一定要两个人一块去呀，就会觉得他们非常重视你的学习这件事情。然后他们是不会检查作业，但是会让你从小养成习惯，先做完作业，先学习完才能玩，这样的。然后他们做事也比较认真，这个可能会影响我，这是从他们身上学到的吧。"

参与子女的学校教育也是中产阶层家长强调学习重要性的行为之一。在拉鲁著《家庭优势:社会阶层与家长参与》也呈现了中产阶层家长重视孩子的学习和成长,重视与学校的互动和配合的特点。

案例 ZL:"我感觉他们可能就是鼓励我,比如说鼓励我多看书啊这种。学习态度他们肯定会说要好好学习呀,不能总是玩嘛,要适当的玩,也要适当的学。"

案例 ZYX:"他们会对我的学习态度有影响。在小的时候他们会让我在规定时间内看电视呀,要先完成作业才能玩呀,诸如此类的吧。潜移默化让我知道学习会是一种很重要的东西。会让我觉得学生时代最重要的事情是学习。其他的事情都是'副业'。"

案例 RW:"可能家庭的影响就是一些潜移默化的影响吧,比如说孩子在不同的氛围里影响不同。可能每天晚上有的家长可能会选择去打麻将,选择看电视,或者选择干嘛。那我的父母会偏向于看看书,或者说他也要写报告,或者像我妈她也要写教案。可能你在父母他们在做这些事情的时候,你就会觉得,嗯,我也应该去看看书之类的。他们的行为会影响你的行为。"

中产阶层家庭因为职业地位的原因,他们往往从事脑力为主的工作。家庭氛围存在中产阶层所从事的工作的氛围,同样影响孩子的学习态度和行为。

2."榜样"的作用

中产阶层家庭还有同样阶层的亲戚、朋友和邻居。家长们互相之间有紧密的联系。"别人家的孩子"是中产阶层家庭子女的"重要他人"。同样产生长期耳濡目染的影响。

案例 CL:"好像没有影响我很多的其他人,印象最深的就是我爸妈老是说,你看看谁谁谁家的孩子,读书多好,学习成绩多好。"

案例 RW:"像父母之间,他们的同学呀同事呀,比如说经常会有聚会呀会有聊天嘛,那他们就会拿别人家的孩子是怎么样的来影响你,是吧。那你也是无形之中,相当于也是个榜样嘛。而且我爷爷也是小学老师,我一个哥哥读书特别好,我堂哥读书特别好,就是一直都是第一名的那种。所以当时也会觉得说好像自己也不能太'落伍'吧。"

第三章 学校环境：对底层子女跃迁起主要作用

3.对子女学习没有明确的目标要求

与许多研究不同,受访的考上211大学的中产阶层子女叙述,父母对他们的学习没有明确的目标要求。中产阶层父母将已有的经济资本和文化资本提供子女上好学校,以及传递重视学习的氛围。在此基础上,他们并没有明确要求子女需要取得优异的成绩。

案例ZL:"我父母对我的学习好像没什么期望吧,我感觉他们原本是认为我读到大学就可以了吧,但是我自己是还想继续读下去。他们从小对我的成绩也没有特别的要求,就是说不能太差吧,但是至于说,就是不像有些家长来说,一定要考进前十呀,这种。这样是没有的,反正就是不要太差了就行。"

案例ZYX:"我父母对我的学习没有什么要求。我的学习一直以来不差,所以我父母对我的学习没有额外的要求。就按照这样子去学下去,他们没有对我的学习定具体目标,没有说我非要考第一呀或者怎么样。当然,考好了会奖励我,考不好也会批评我。但是没有给我设一个目标,就是我一定要考成什么样什么样。"

(三)社会资本:家庭社会资本有限,学校环境仍起主要作用

1.父母对子女专业和职业选择有帮助,但帮助有限

对比底层子女家庭社会资本缺乏,中产阶层家庭拥有一定的社会资本,具有一定的人脉资源和获取信息的通道。能够为子女专业选择和职业选择提供帮助。但同时,中产阶层父母因为职业领域的限制,往往仅在自身职业领域中拥有话语权。因此,若子女选择另外的中产阶层特点的职业,父母对他们的帮助就有可能遭到了限制。但中产阶层父母仍然可以在信息获取通道上提供一些帮助。

案例ZYW:"父母的职业对我选择专业或职业也没有什么影响。选择专业的时候和他们的职业都没有关系。但其实有时候我真的也不知道我爸在做什么,我倒是知道我妈在做什么,但完全不知道我爸在做什么。专业是我爸选的,也是按照分数选的。但是其实我最后发现他们也不了解这个专业未来的职业是做什么的。"

可以看出中产阶层父母对自己岗位以外的职业其实不太了解。他们多是根据成绩和信息推荐子女选择看似不错的专业和职业。

案例 RW:"当时报志愿的时候也是感觉想报经济类的,那我父母做的帮助就是他们会去帮我筛一堆经济类的院校、一堆专业出来。然后说你觉得怎么样,那我就从这当中去挑。但是我现在确实想不起来为什么我当时想选择经济类的专业,我家人好像也没有从事相关行业的,我家里反而是医生比较多。那时候应该是金融专业比较火,而且觉得会比较赚钱吧。就是觉得学经济类的(专业)会比较赚钱吧。然后当时进银行也是大家觉得,大家都说银行工资高。就是也没有太多追求和抱负。……当时找银行是因为系里面的同学都说银行的工资高,然后大家也觉得环境好嘛,像白领一样的。那父母的支持和帮助可能就是,比如说我想说我想投银行的工作吧,那他们会去问一下有些朋友呀,问说这个行业怎么样呀,具体哪个工作比较好呀。"

虽然对于不熟悉的职业领域,中产阶层父母不能提供具体的帮助和建议。但具有一定社会资本的中产阶层家庭,能够在信息获取和社会人脉方面为子女就业提供帮助。对应了相关的社会资本研究结论:社会资本不一定体现在决策者对他人的照顾,还体现在对信息的掌握。

2.在专业和职业选择上,中产阶层子女仍较多受学校环境的影响,表现为以成绩为基础,教师指导为辅助

虽然中产阶层家庭有一定的经济、文化和社会资本,但通过对考上 211 以上大学的中产阶层子女访谈可知,"成绩"对中产阶层子女仍然是选择专业和职业的非常重要的影响因素。阶层优势传递主要体现在父代和子代的职业地位传递,但是中产阶层父母从事的职业一般为体制内的中产职业,虽具有一定的社会资本,但还不足以为子女获得职业地位提供全面有效的帮助,其子女仍然需要在学校环境中积累社会资本。这也是为什么中产阶层父母对教育的焦虑,他们努力将子女送去更好的学校,以此来增加未来职业获得方面的竞争力。目前,学校教育中仍然以成绩为评价标准,成绩越好,能够选择相对应的专业,成绩代表着对稀缺资源的竞争力。因此,中产阶层子女在专业和职业选择上,仍然在很大程度上取决于学校环境的影响结果。

案例 ZYW:"我在选择专业的时候考虑的是理科会比较好选专业。因为我当时理科也没有很突出,文科也没有很突出。因为理科能够选择机会比较多,所以选择理科,因为并不知道以后会选择什么专业,所以先选择理科,就是总是

第三章 学校环境：对底层子女跃迁起主要作用

给自己留条路这个样子。当时就没有什么专业和职业目标。

案例ZYW："我感觉我最后选理科是因为高一的时候最后一次考物理考了满分。就觉得好像还能读理科，才去了理科班。我觉得还是分数影响我的选择，专业选择也是因为分数。不知道选什么就觉得那个分数不要浪费。"

很多中产阶层子女提到他们在选择文理科、专业时最主要的是不让成绩"浪费"，最大限度利用成绩争取稀缺的教育资源。在这过程中，个人兴趣往往是成绩之后才考虑的因素。而且，在选择文理科和专业时，通常对这个专业领域并没有很深入的了解。

案例RW："其实我觉得我是一个比较就是，一路都是没有想太多，都是在做一些选择的时候我都是做出很正常人做的选择而已，就是比较平庸的。就是比如说我的成绩够到这个学校了，那能上就去上呗。还有比如说选文科还是理科，那可能就是因为数学类的成绩会比较好，那正常就会选理科，那就选理科呗。好像也不是太有自己的想法。""大家都是先把成绩考好，再选择。其实我还蛮羡慕那种就是从小就非常有思想，然后就一门心思就想要比如说读医呀，或者说明确要读哪个专业呀。就觉得他们好有思想呀，这样。父母他们好像不会说从小就给你一个具体的目标，比如往律师的路上，或者医生的路上去引导，好像都没有。一直都是，比如说到了这个路口，那我要往哪走，反正就凭着感觉走呗。就觉得这条路可以，那就走这条路咯。"

案例ZYX："在中考之前我们是没有给自己定目标和方向的，就是我的成绩要达到哪里，要去哪个学校都没有（明确的目标）。是中考成绩出来以后，才根据成绩选择是否去岛内（双十中学）学习，去岛内寻求更好的教育资源。"

同时，也有中产阶层子女在专业选择上有明确的兴趣倾向。但是这种兴趣的形成也多为在学校教育环境中形成的。例如案例ZL，她形成兴趣和专业目标是受学校环境中重要他人的影响。教师素质和榜样作用为她提供了帮助。

案例ZL："我当时填志愿，填了上海科技大学，生命科学专业。其他的学校，像香港那边的学校，本一批的学校我填的都是化学专业。我对这两个专业都算是比较了解的。因为当时高中的时候，我是读竞赛的嘛，就会对这些前沿的研究，还有一些大学要学的内容啊，都会有一些了解吧。有一部分是因为我中学的老师，对，就是我中学的化学老师和生物老师，他们来给我们上竞赛课的时候,就会讲一下他们自己当时大学研究生还有博士的时候读化学专业或者是生物专业的时候的一些故事吧。然后还会讲一下他们当时比如说做实验,做化学实验,是怎么样子的。然后,也带我们学生一起,一起去做实验,然后就觉得还蛮有趣的。我觉得这可能也有一部分影响。"

3.因中产阶层有一定资本,其子女择业以稳定、自我实现和经济收入为准

"稳定"的工作是中产阶层职业的特点之一。因为中产阶层家庭具有一定的资本,不需要子女为家庭提供经济帮助。中产阶层父母一般希望子女从事稳定、较为轻松、能够满足自身的生活花费、有一定的社会声望的工作。

案例 ZYX:"父母希望我能够有一个稳定的工作,这份工作呢,不要收入太低。并且在一定程度上来讲,这份工作要光鲜亮丽,不要太辛苦太累。就是不希望这个工作的环境呀,工作的稳定性呀(不好)。就是不一定要很高薪水的工作,但是工作一定要稳定,能养老,能够有,有点像老师这样,有一个看得见的未来的这样的工作。就是不要太奔波或者不确定的工作类型。像创业呀,是他们不是很鼓励的。"

例如案例 ZYX 的父母和很多中产阶层父母一样,不希望子女去创业,从事这类不稳定和辛苦的行业。

案例 RW:"刚入职的时候,收入肯定是考虑第一位的。还有一个我觉得是'闲暇时间'。"

案例 ZYX:"我现在这个阶段,我可能最先考虑的是对我个人的成长。不是晋升,也不太是发展。就是这个工作或这个行业,它的信息面广不广。它的信息面有多广,这个可能是我会重点关注的(因素),就是它能够接收到多少资讯,它的资讯是否会持续的更新、迭代。我现在排第二个的还是会是待遇。虽然赚钱不能说明什么问题,但是毕竟你多赚点钱也是舒服的吧。"

但同时,因为中产阶层家庭经济水平并未太高,为了能够满足过上中产阶层的生活,职业的经济收入条件仍然是中产阶层子女在择业过程中考虑的重要因素。

与底层子女相比,中产阶层家庭文化资本丰富。中产阶层父母从小注重子女兴趣爱好的培养,虽然多数家长并非希望子女在艺术等方面有所造诣,只是希望子女接受素质教育,提高文化艺术素养。但在这种文化资本潜移默化的影

第三章 学校环境：对底层子女跃迁起主要作用

响下,中产阶层子女在择业上仍希望找寻自己的兴趣,实现自身的价值。

案例CL:"我觉得这个分好几个阶段,一开始我肯定先选择兴趣,因为如果那份工作做的不喜欢,做得不开心,你就算是在里面赚了钱你也是很难受的。而且如果你这份工作是要长期持久一辈子的话,那你首先肯定要对这份工作感兴趣,兴趣就等于说你再辛苦再累你都不会放弃。第一个肯定是兴趣,第二个肯定是经济收入。你首先有了兴趣,但是你得赚到钱,如果这个工作你再有兴趣,但是你赚不到钱,那也没有用。等你有了一定的经济基础,你再来考虑刚刚说的声望、文化啦什么的。但现阶段我还停留在经济和兴趣上面,还没有那么成功。"

案例ZL:"我觉得兴趣应该要排第一,就是一定要是做我喜欢的工作,如果我不喜欢的话肯定就很难受呀,肯定不想去做它了。所以我觉得兴趣一定要排第一,然后接下来的话可能就比较多了吧。如果找到自己喜欢的工作,接下来就可能是收入吧,收入也算一个比较重要的因素,还有像社会声望,我觉得还是比较重要的。当然这些都要建立在已经选择到了自己喜欢的工作上才来谈这些,其他的话我就觉得包括生活方式也是,工作的风格或者因为工作会给我的生活方式带来改变,我觉得这个可能也是很重要的。"

中产阶层子女对经济收入虽有要求但并非唯一的要求,兴趣、声望和自我实现同样是中产阶层子女追求的择业标准。

四、高产阶层:家庭传承影响大,受学校环境影响小

(一)经济资本:重点投入在兴趣的培养

布尔迪厄的文化资本理论指出,优势阶层与弱势阶层在家庭文化资本上的差异,是导致教育结果差异的重要因素。通过对优势阶层子女的访谈发现,优势家庭父母与中产阶层父母相似,都关注培养子女的兴趣。但高阶层父母与中产阶层父母不同之处在于,中产阶层父母往往为子女的兴趣爱好培养提供较少的选择,目的也在于熏陶素质。但是高阶层父母因为经济资本更高,能够在培养子女兴趣上投入更多,提供更多学习的选择,以及更优质的学习资源。此外,往往还能够有明确的引导。

案例J:"我父母本身没有一定要强制我说你要去更好的中学,或者说一定

要考上重点大学之类的。但是如果我现在回顾以前求学的经历的话,我会觉得说首先他们给我创造了一个比较好的家庭条件。所以说就是让我少了很多的各方面的顾虑。然后包括说我可以接触很多我感兴趣的,就是包括我的兴趣爱好什么我都可以很好的得到了满足。所以说这个我觉得是对我后面的学习呀都有帮助的。基本上我提出我想做一件什么事情,他们都会支持,包括说经济上的支持,因为经济上的支持也是很重要的对吧。比如我自己有音乐上面的兴趣爱好,那么这个我就可以有条件有能力去培养这方面的兴趣爱好。那么学习方面的话,当然就是我可以上比较好的补习班,这也是很现实的,对吧。"

(二)文化资本:培养兴趣和自主选择的品质

正因为高阶层家庭经济资本富裕,提供给子女的选择多样。家庭文化资本的特点是让子女习染多种兴趣,并在其中自主选择最感兴趣的方面。是所谓的"兴趣广泛",且有专长。因为家庭能够提供多种选择,因此培养自主意识和自主选择的能力是高阶层家庭对子女文化资本与文化气质的传承。

案例J:"在兴趣方面,我的外公和我音乐方面的老师可能对我产生的影响是比较大的。因为我可能也是家庭氛围的关系,我自己的主张特别大,所以说一般来说,我的决定从小到大都是我自己做的。他们也会引导我做这样一件事情,因为我们家都是,属于就是他们会跟你商量说,这件事情,如果是你的事情,我们可以给建议,但是最后是你自己来做决定。然后如果不是我的事情,是家里的事情,我们家里的氛围也是比较偏向于就是三个人会一起商量。一些家庭的决策他们也会让我参与到这个讨论的过程中,然后三个人投票做决定。"

(三)社会资本:家庭优势资本传递,受学校环境影响小

1.代际职业传递明显

高阶层家庭社会资本丰富,职业地位较高,主要表现收入和声望两个方面。高阶层家庭社会资源丰富同时也表现在父母处于某种行业等级的顶端,具有这个行业的话语权。还表现在家庭的社会资本网络结构辐射更广,稀缺性和增值空间更大。高阶层家长工作的复杂程度、文化氛围和职务管理层级较高,会对子女的职业选择产生影响。

首先,表现职业选择的价值方面:

案例J:"我大一进去的时候是化学专业,应用化学。但是我在大一结束的

第三章　学校环境：对底层子女跃迁起主要作用

时候转了专业,转到博物馆学,所以后来一直是在博物馆学专业。"

例如,案例 J 选择的博物馆行业是一种公共服务性专业,但这里面体现的人文价值较多,但不是一个收入很多的职业。博物馆专业是一个广泛的社会教育类专业。发达的社区最重要的特点是有较好的人文环境。例如,社区图书馆和社区博物馆等一系列综合的文化性场馆会成为发达社区很重要的综合体,它的文化传播功能逐渐加强。这体现了家庭文化和社会资本对子女择业的影响。

其次,还可以表现在职业选择的话语权方面。另两位高阶层子女 JX 和 P 访谈中指出因为从小受父母工作观念和行业的影响,在职业选择上实现了阶层复制。

案例 JX:"我一直都还有想法的,我从小学六年级就知道我要做什么了,因为这个就是我的兴趣所在呀。如果说是设计这一块的话,我是从小电脑这方面就比较好一点。然后呢,我在小学五六年级的时候呢,就已经把各大软体都已经学会了,所以在五六年级的时候,我就已经会做动画网站还有一些平面设计的部分。嗯,这个是从小,因为妈妈比较看重(我)科技这方面的成长啦。她觉得科技会一直成为最后的主流方向,所以她非常重视互联网这一块,然后所以我就是一直顺势而上来了,所以就一直决定要走这条路。"

若孩子选择和父母类似的职业时,家庭社会资本的作用就会很大。

案例 P:"确实是我觉得是因为我父母是公务员,然后我小时候是在这个氛围里长大的,我知道公务员他们的工作状态,他们的工作方式是什么样子的,所以我会可能比其他人更熟悉,和更适应这个工作环境。所以最后这是我选择公务员的原因。后来读了大学以后,我去当兵当了一年多。在部队里也锻炼了一年多,是武警。然后那段经历呢,其实也就是一个像一个体制化的这么一个环境。就我对体制内的工作和生活有了更深刻的认识。在这之后我就想走到社会上去体验一下,所以那个时候考上了公务员,而且我们这个项目还挺好的,有点像是公务员里头那种,像管培生这样,就像储备干部一样去培养你。当时我们同时选拔进来的大家也都挺优秀的,所以能到这个工作环境,我发现也算是很幸运吧"

2.学校教育为职业目标或兴趣服务

对于高阶层子女来说学校教育是为他们的职业目标或兴趣服务的。

案例J：“我选择理科是因为我的记忆不太好，文科需要背，我背不出来。然后在理科里面，我选了一下生物我不喜欢，物理太难了，所以我就选了化学。因为填报志愿的时候对这个专业不太了解，所以我转专业了。大一后来我直接和老师沟通，然后去听系里的课，在这过程中积累了对博物馆学专业的兴趣，后来就转了专业。"

从案例J的访谈可以看出，在选择文理科的时候，J是按照兴趣选择。在选择专业的时候并非关注这个专业未来对应的职业。在大学期间，转专业是为自己的兴趣和职业目标服务的。

案例JX：“我比较重视我的自我发展，就是他们可能没有逼你一定要上很好的高中，或者是一定要上最顶尖，一定怎么样。我父母重视学校中的活动。高中时有很多的老师是可以直接带领学生去参加很多的大赛，比如说IF大赛呀，红点大奖这样子的。然后包括我以前上的学校，从小到大，每个礼拜有一个下午是你可以选择自己的社团课程，就是这个社团课程有很多，比如体育方面、音乐方面、电脑方面或者是画画方面这样子。那可能跟这个课程也有关系。它可能会更希望你多元发展，而不是说你今天一定要拿到95分，你数学不及格你这样不行，这样。"

从案例JX访谈可以看出，高阶层家庭更重视孩子综合素质的发展。他们对学校的要求是能够开拓研究，发展兴趣和能力。并非一味强调成绩。可能因为高阶层家庭社会资本丰富，家庭传承能力高，不一定需要孩子取得优秀的成绩获得职业地位。但是，高阶层家庭也并非对学校教育没有要求。他们仍然重视将子女送入好学校学习。只是学校教育是为职业目标或兴趣服务的。

3.择业意向：兴趣爱好最重要

高阶层子女在择业的时候最注重兴趣爱好。且人文因素是他们关注的因素之一。

案例J：“排序的话可能兴趣爱好是最重要的，因为开心就好。可能相对来说兴趣爱好是最重要的，那么，比如说这份工作，或这个决定，它所带来的社会的一个，我不知道你怎么称它，社会的声誉，对社会声望，我可能会排在第二，第三的位置。嗯，文化地位会排在第二，社会声望会排在第三。其他没有什么看中的因素了，因为我可能做决定80%是根据自己的兴趣、爱好、想法走的。所以

第三章　学校环境：对底层子女跃迁起主要作用

说接下来可能像什么经济那个因素会比较靠后。就像我现在做的这份工作收入不高，但是是根据兴趣爱好，所以会这样坚持下来。"

可以看出 J 在择业时兴趣和人文一直是很重要的。经济收入并不是高阶层子女择业需要考虑的重要因素。

案例 JX:"我只考虑这个工作能够带给我什么，就是能够让我学习到什么东西，而且这个东西是在日后发展的时候可以用到的。对，然后包括这个公司的底蕴，文化底蕴，然后还有它的项目，对，然后还有包括这个企业家的逻辑能力呀什么，就是他的能力，因为我现在这个公司的话，为什么会这么吸引我，让我待两年，其实工资并不高，我的工资非常低，……"

由此看出，发展能力、实现自我是高阶层子女择业的重要考虑因素。

第三节　学校环境与家庭环境的作用机制

第二节通过访谈考上 211 大学的三个阶层子女，分析家庭环境和学校环境在提供教育获得和职业获得资本方面有什么差异。分析发现学校环境对三个阶层的子女都具有影响，但是学校环境对底层子女的影响意义更大。对比中高阶层子女，底层子女家庭环境所能提供的经济资本、文化资本和社会资本匮乏，主要依靠学校环境获得资本。中高阶层子女除了学校环境的影响，家庭环境提供了教育获得和职业获得所需的资本。本节继续探究学校环境与家庭环境对不同阶层子女，特别是底层子女的作用机制。

一、中高阶层子女：家庭环境作用突出

对比案例中考上 211 大学的中高阶层子女，他们都来自于重点中学，即中学、大学的学校环境是差不多的。当学校环境差不多时，家庭环境的作用在阶层传承过程中更显重要。

中产阶层家庭有一定的经济资本、文化资本和社会资本，中产阶层子女受家庭环境的影响特点是，父母并未对孩子将来具体从事什么职业有绝对的引导。就像中产阶层受访者说的，父母希望孩子先认真学习，至于从事什么职业

是孩子进入比较好的大学后要自己选择的。中产阶层父母相信只要子女学习好,进入优质的高校,不管从事什么职业,都应该是中产阶层特点的职业,都会相对成功。中产阶层家庭环境是在更宽泛的范围为子女提供资本和资源,目的是提高成绩,获得优质教育资源。因此部分中产阶层子女在中学期间仅仅努力获得好成绩,并没有明确思考高考后的专业选择和职业选择。

不同于中产阶层家庭环境的影响,高阶层父母重点是提供更广泛的资源培养子女的兴趣,并有意培养子女的自主选择能力,在众多选择中寻找自己兴趣从事的职业。一般有两种情况,一方面高阶层子女从事自己兴趣的行业时无需考虑经济收入的因素。他们更有可能选择人文氛围好,或是艺术等行业。另一方面,高阶层父母会有意进行职业地位的传承,可以看出,高阶层子女一旦从事与父母一个领域的职业时,他们可以充分利用家庭环境的资源和优势,这时家庭环境的影响作用就非常大。例如,父母如果是开厂的或者是大公司的话,他们很可能会给孩子更全面的教育,希望他以后进入管理层或领导层。若子女对艺术感兴趣,父母也有充分的资源会支持他。从小根据他们的兴趣,让他们自由发展,因为他们资源也多。而且高阶层父母的眼界通常会比较高。

案例P:"因为毕业的时候不是只考公务员,因为毕业的时候考试(考公务员)有一定的不确定性,肯定是外企也去投简历,然后国企也去投,公务员也去考。但是拿到了好几个选择在我面前的时候,我还是想,一个是公务员确实比较稳定,收入呀,还有工作呀也比较规律,这是我倾向的一个原因。还有一个,就是确实是我觉得是因为我父母是公务员,然后我小时候是在这个氛围里长大的,我知道公务员他们的工作状态,他们的工作方式是什么样子的,所以我会可能比其他人更熟悉,和更适应这个工作环境。所以最后这是我选择公务员的原因。"

在从业中遇到困难,高阶层父母也更有能力和资源提供具体的帮助。

案例P:(你工作上的困难,比如说遇到一个具体的困难或困惑,他们会给你具体的指导,还是说比如以鼓励为主,让你自己去处理?)"还是会有清晰具体的指导。因为他们也都是公务员,我们的工作环境和遇到的问题都差不多。"

一般来说,高阶层子女与家庭的联系更加紧密,才能传承阶层的优势资源和优势资本。

第三章　学校环境：对底层子女跃迁起主要作用

案例 JX："应该也是父母比较鼓励我去做我想做的事情,然后他们也认为我这样是对的。因为我们家比较多沟通的时间,其实因为我在高中毕业以前我都是住宿的嘛,其实我很少时间和我父母在一起,但是只要我一放假回来,基本上每一天都是在(和父母)沟通,我下一步该怎么走,我需要去学什么东西,或者是说我现在遇到什么样的瓶颈,那我应该怎么做这样。对,所以其实我觉得说父母沟通比较重要。"

因此,就成功考上 211 大学的中高阶层子女来说,学校环境作用是相似的,如何完成父代和子代的阶层传承,家庭环境的作用就显得非常重要。正如同样的大学毕业的不同阶层子女在就业过程中存在"拼爹"等这类说法,就是说明在阶层传递过程中家庭环境的重要作用。

二、底层子女：学校环境作用突出

一方面,虽然底层家庭的经济、文化和社会资本匮乏,但是通过访谈考上 211 以上大学实现阶层跃迁的底层子女发现,底层家庭父母尽力满足子女读书的基本费用,在文化观念上强调"读书改变命运"和勤奋刻苦的品质,虽然在具体的教育过程和择业、就业过程没能提供有力的资本,但是他们有意识地将子女"推出"家庭环境,尽量受好的学校环境的"浸染"。

另一方面,学校制度有住校和县中住校制度,可以帮助底层子女脱离家庭环境的影响,而受学校环境的影响。

对受访的底层子女而言,其父母都为农民,居住地为农村。农村教育资源较为匮乏,居住在农村的农民子女如果继续升学,一般会到县级中学,因为学校距离家里远,一般都为住宿或居住在亲戚家。亲戚家一般在县城具有较好的家庭环境,客观上,住校或住亲戚家脱离了原生家庭,与父母相处的时间很少。访谈读 211 大学的底层子女,他们都是从初中就开始住校。

案例 QH："初中就没有在家了,是住在学校的。从初中就没有在家了,就一直都在外面了。初中在 YX 中学,就是 CT 二中。高中在学校附近和同学一起住,后来有段时间住在我叔叔那里。初中还好,一个月还能回家两次,高中就少了,一个月回家一次。"

案例 JJ："初中开始在县城里的中学读书,需要住宿,大概两周回家一次,我是骑车,骑车回去。"

案例 QT:"我从初中开始就一直住校。初中是镇上的中学,高中是县的高中。高中离家大概二三十公里,我一个月回一次家。高中是县上最好的学校,在市里也能排的上(名)的,需要考试才能上。"

案例 LL:"我初中开始就住校了。初中时正常的话周三和周末,就是一星期回家两次。高中一般是周末回家一次。学校在隔壁乡镇。"

案例 YJ:"从初中开始住校。6 年级就半住宿,中午回家,晚上住校,为了上晚自习和早自习。不过那时候学校其实也离我家也挺近的。学校就在我们村的隔壁村,但是就是有这样一个制度。我是从初中开始住校,是在镇中(镇上的中学)"

因此,对比学校环境与家庭环境对不同阶层子女的影响结果可以看出,中高阶层子女家庭环境对子女阶层传承具有有利的影响,家庭环境和学校环境组合作用能够实现阶层传承。(如图 3.3.1 中①、②所示)而底层子女家庭资本匮乏,通过重点中学和 211 大学的学校环境影响,能够实现向中产阶层跃迁,学校环境作用突出。(如图 3.3.1 中③所示)

家庭环境资源　　　　　　　　　　　　教育获得及阶层流动情况

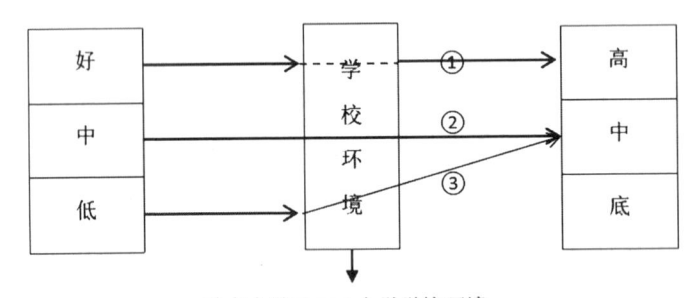

图 3.3.1　学校环境对不同阶层子女的影响效果图

三、底层子女向中产阶层跃迁的可能性

通过对家庭环境、学校环境作用机制的梳理,现在可以对成功考上 211 大

第三章 学校环境：对底层子女跃迁起主要作用

学的底层子女案例和成功考试211大学的中产阶层子女的家庭环境和学校环境的作用条件和结果进行分析。家庭环境中底层家庭的经济资本、文化资本和社会资本都比中产阶层家庭匮乏。但是分析成功的底层子女和实现阶层传承的中产阶层子女可以发现，其学校环境的影响趋同。根据两个阶层子女的访谈资料编码和分类，可以得出表3.3.1。

表3.3.1 底层子女与中产阶层子学校环境影响比较表

	学校环境	访谈资料编码节选
底层	读好的高中，住校、早晚自习	01—00：镇高中 02—05：到更好的中学就读，市高中 03—00：县高中 04—00：镇高中 05—00：县高中 06—00：县高中 07—00：县高中 09—05：从乡下转学到市里的中学
中产	读好的高中	a—02：中考前六名可以去漳州市第一中学
底层	学校环境传递学习很重要的信息	01—05：在学校环境中知道学习的意义 07—08：父母没有多大帮助，更多的是在学校靠老师靠自己 01—04：学校环境、老师让我觉得学习是重要的需要努力，要成为老师眼中的好学生
中产	重视学习	e—3：高一开始就有晚自习，老师会在教室帮助解答问题 b—4：每次考试都会排名，班级、年级。也会鼓励有进步的学生
底层	学校老师、同学的帮助，或靠自己努力	01—12：同学和同伴影响很大 09—14：同伴朋友的影响很大 10—13：老师对我的人格塑造和人生态度有重要的影响 10—14：同学在学习生活上对我有很大影响

续表

	学校环境	访谈资料编码节选
中产	学校根据成绩提供目标建议	b-1：选理科是因为物理成绩好，才去了理科班
底层	向学校老师、同学、学长学姐寻求帮助	03-15：向学长学姐了解所学专业的情况 07-13：选文理科听老师的建议 07-14：填报志愿向老师寻求意见 07-17：报考专业时向往届师兄师姐寻求建议 08-11：报专业寻求老师帮助
中产	老师会根据成绩提供报考建议	c-16：学校和老师还是会根据你考试的成绩提供报考建议，会有更多历年学校、专业的录取分数信息 d-4：因为每年咨询班主任怎么填报志愿的学生很多，所以他也会给出比较准确的建议
底层	以专业为方向，在学校中积累社会资本	02-27：专业惯性、专业领域 02-28：兴趣。读了这个专业产生了兴趣让我觉得要从事这个职业 03-02：导师建议我读博，以后也有更好的工作
中产	以专业为方向，在学校中积累社会资本	f-9：会看之前毕业的师兄师姐的工作情况 d-19：大学老师介绍的实习机会，实习后就顺利入职 b-13：遇到志同道合的同学，想要挣更多钱就出来一起创业

由分析可以看出，成功的底层子女的家长在经济条件上满足子女的学业，在家庭氛围上传递学习的重要性，客观上将子女"推出"家庭环境的影响，只要有机会进入重点高中，与中产阶层子女受到的学校环境影响趋同，就有机会实现向中产阶层跃迁。虽然底层家庭对学习重视的原因和方式与中产家庭不太一致：底层家庭强调学习为了出路、工作、挣钱、回报等，中产家庭强调习惯、氛围，并积极参与学校教育。但结果都是让孩子产生学习很重要的想法。而底层家庭在具体学习上、选专业和职业方面没有优势资源或信息进行传递，但其子女在较好的学校环境中可以从老师、同学那寻得帮助。中产

第三章 学校环境：对底层子女跃迁起主要作用

家庭在专业和职业选择方面虽然有更多的信息提供，但是因为专业、职业限制，提供的传承最终与底层子女从重要他人那获得的趋同。因此，从经济条件、学习重要性、家庭在具体学习上给予的帮助、选专业和选职业的这些方面，好的学校环境能够给底层子女职业获得足够的资源。总之，底层子女上重点高中和大学，受与中产阶层子女相似教育环境的影响，就有很大可能实现向中产阶层跃迁。

表 3.3.2 底层子女和中产阶层子女学校环境作用结果趋同列表

	条件	家庭环境	学校环境	结果
底层子女	经济条件	弱	○	趋同
中产子女	经济条件	较好	○	
底层子女	学习重要	强调学习重要	√	趋同
中产子女	学习重要	营造学习氛围	√	
底层子女	具体学习上给予帮助	弱	√	趋同
中产子女	具体学习上给予帮助	给予一定帮助	√	
底层子女	选专业	弱	√	趋同
中产子女	选专业	有一定帮助	√	
底层子女	选职业	弱	√	趋同
中产子女	选职业	有一定帮助	√	

从以上的分析，我们可以知道家庭环境和学校环境的影响具有组合作用。高层子女由于家庭环境能够提供其发展所需要的资源，高阶层子女受家庭环境影响大，学校环境属于从属的角色。中产阶层的子女虽然比底层子女的文化资本和社会资本具有优势，但是选择文理科和填报志愿时几乎都是以分数作为基础。而对于从小被强调"学习之外无重要的事"的中产阶层子女来说，在高考前很少考虑自己的生涯规划。对于有明确专业意向和职业取向的中产阶层子女来说，也很大可能是受学校老师、同学、和学科学习兴趣的影响。这与成功考上 211 以上大学的底层子女来说是相似的。

环境对教育功能的发挥有影响。不同阶层的人会将他们的已有资源和教育功能性做整合。人们既要传承资源，又希望向高的水平去变化和提升，但产生的结果可能是再生产、提升或者向下流动。不同环境中的资源是一个组合，高阶层的子女资源传承更多，对教育的功能性有自己的定义。中产阶层的子女有一部分传承，对教育的功能性有一定的依赖。但是，他们的教育功能性的指向也不一样。中产主要是职业性指向（找稳定职业为主）。高阶层子女开始有文化性（引领阶层的文化性）指向。底层的子女以谋生（基本生活）和职业上升为基本目标。三个阶层家庭对教育功能期望不同。首先是传承本阶层已有的资源和社会地位，在传承基础上整合资源来达到一个教育目标，不同阶层有不同的目标。每个阶层都有适合自己不同的组合，这种组合就是家庭传承和学校教育功能的组合。家庭环境和学校环境都是分层的。但对于底层子女来说，家庭环境中的资源有限，进入好的学校环境才能有更多机会向中产阶层跃迁。学校环境对底层子女的作用是至关重要的。

本章小结

家庭环境和学校环境对个体的教育获得和社会流动都具有作用。通过本章第一节的数据分析发现，考上 211 以上大学的生源几乎都来自重点中学，说明考上 211 以上大学的不同阶层子女都受到重点中学的学校环境的影响。从以职业为标志的代际传递来看，中、高阶层子女具有家庭传承的特点。对于底层子女来说，其专业选择和职业意向与中高阶层子女无显著差别，没有家庭传承的特点。考上 211 以上大学的底层子女通过学校教育产生了阶层跃迁。从影响环境方面看，底层子女受家庭以外的环境影响更大。

通过第二节对考上 211 以上大学的各阶层子女的质性研究发现，学校环境对底层子女、中产阶层子女和高阶层子女都有影响，对底层子女的影响尤其大。因为底层子女的家庭环境的经济资本、文化资本和社会资本有限，能够提供的资源有限。底层子女只能依靠学校环境获得资源。中高阶层的子女家庭环境有能力提供比底层子女家庭环境更好的资源，因此中高阶层的子女较多受到家庭环境的影响。从底层子女、中产阶层子女到高阶层子女，学校

第三章 学校环境：对底层子女跃迁起主要作用

环境的影响逐渐减弱。（如图 3.3.2）

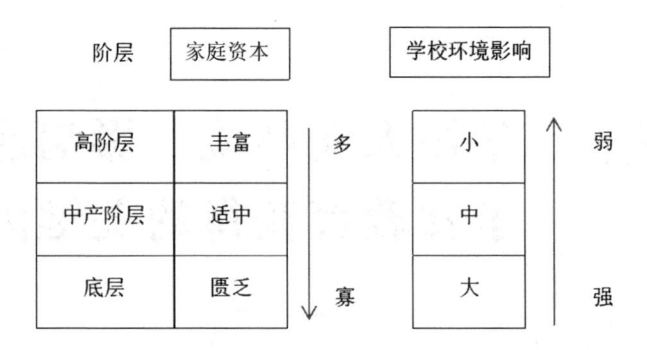

阶层	家庭资本		学校环境影响	
高阶层	丰富	多	小	弱
中产阶层	适中	↓	中	↑
底层	匮乏	寡	大	强

图 3.3.2 学校环境对各阶层子女作用差异图解

第三节进一步分析学校环境与家庭环境的作用机制后发现，中高阶层子女的学校环境影响作用差异不大，阶层传承主要依靠家庭环境的优势资源。底层子女家庭环境资源有限，获得好的学校环境的机会较少。只要进入好学校（重点中学和优质高等教育），受到的学校环境影响和中产阶层子女趋同，就有机会向中产阶层跃迁。成功考上 211 以上大学的底层子女家庭虽然资本匮乏，但父母的教育行动目标明确，就是要让子女受好的学校环境的影响，和其他阶层受到的学校环境影响趋同，少受家庭环境的影响。住校和县中住校制度也为底层子女脱离家庭环境创造了条件。

本章研究发现考上 211 以上大学的底层子女绝大部分来自重点中学。说明重点中学和 211 大学的学校环境对底层子女教育获得和职业地位获得具有重要作用。底层子女进入好学校就更多机会向中产阶层跃迁。在第四章将比较考上 211 以上大学的底层子女和未考上 211 以上大学的底层子女受环境影响的差异，探究哪类环境因素影响底层子女的教育获得。

第四章 学校人文环境：影响底层子女教育获得的关键因素

上一章研究发现，学校环境对底层子女跃迁起主要作用。底层子女进入好学校就有更多机会向中产阶层跃迁。但是除了关注少数底层子女是如何获得教育成功的，还应注意多数底层子女是如何走向教育失败的。本章的研究对象是教育获得成功和教育获得失败的底层子女，对他们的家庭环境和学校环境因素做质性分析。并在此基础上进行量化初探。已有研究尝试探究了不同环境中影响学生学业成绩差异的众多因素及其作用。但是影响因素越多，每种因素发挥作用的限制条件就越复杂。本章尝试重新分类影响因素、诠释概念，并揭示不同类别影响因素的作用条件。

第一节 质性挖掘：影响底层子女教育获得的环境因素

为研究影响底层子女教育获得的具体环境因素，本文选取了成功考上好大学的底层子女和未成功的底层子女作为案例，通过质性访谈，挖掘影响底层子女教育获得的具体环境因素。在此基础上尝试对影响因素归类并进行概念诠释。

一、样本情况和三级编码

在第二章中，研究者一共访谈了14名考上211或985大学并成功实现向

第四章 学校人文环境：影响底层子女教育获得的关键因素

中产阶层流动的底层子女，并详细呈现了其中的 5 个案例。在此基础上，为了进一步充实已经形成理论的概念密度，研究者采用理论性抽样，继续深入访谈了 14 名同样是来自底层的子女但未成功的案例。案例基本情况如表 4.1.1。

表 4.1.1　28 名底层子女访谈对象的基本情况表

编码	性别	父母职业	受教育情况	目前就业情况	目前阶层
A01	男	农民	硕士	华东电力设计院有限公司	中产
A02	女	农民	硕士	上海小学老师	中产
A03	女	农民	硕士	咪咕公司人力资源部	中产
A04	男	农民	硕士	自主创业：装修公司	中产
A05	女	农民	硕士	高校行政老师	中产
A06	女	农民	硕士	教师进修学院	中产
A07	男	农民	博士	国企（物理材料专业）	中产
A08	女	个体户	985 大学	创业	中产
A09	女	务工	硕士	小学老师	中产
A10	女	个体户	211 大学	公司法律顾问	中产
A11	女	务工	硕士	私立学校老师	中产
A12	女	个体户	硕士	高校行政老师	中产
A13	男	建筑工人	硕士	出版社	中产
A14	男	家政服务	211 大学	公司员工	中产
B01	男	货车司机	初中	开车拉货	底层
B02	男	个体户	初中后当兵	开餐饮店	底层
B03	女	个体户	中专	个体户（小卖部）	底层
B04	男	农民	高中	承包土地种植果树	底层
B05	女	工厂员工	职业高中	打工	底层
B06	男	工厂员工	初中	司机	底层
B07	男	农民	高中	开餐饮店	底层
B08	男	建筑工人	初中	电商	底层
B09	女	农民	高中	打工	底层

续表

编码	性别	父母职业	受教育情况	目前就业情况	目前阶层
B10	女	电工	专科	公司财务	底层
B11	女	农民	职业高中	无业	底层
B12	女	务工	初中	无业	底层
B13	女	务工	职业高中	个体户（美容）	底层
B14	男	农民	初中	餐饮业服务员	底层

注："目前阶层"根据职业类型和收入为标准进行划分。

在分析一位考上 211 大学的底层子女在教育获得过程中，家庭环境和学校教育是否产生影响，以及如何影响。根据扎根理论指导的一级开放性编码中，研究者对第一位访谈对象的原始访谈记录进行贴标签和理解，形成"家庭物质条件""家庭文化观念""父母素质""脱离家庭""家庭志愿指导""师生志愿帮助"和"家庭择业态度"七个类属及其属性。见表 4.1.2。

表 4.1.2 访谈对象 QH 资料部分编码展示

访谈资料（节选）	一级：开放编码			
	贴标签	类属	属性	维度
…… 他们对我来说就是说，我记得我爸，一次我从家里出来时他说了一句话就是，读书的事你自己上心，我们能给你的就是一点经济支持。也就是说读书这件事本身基本上都是靠自己，他们关于读书也不会对我说太多要求……	保证子女读书的经济支持	满足读书的经济条件受家庭经济影响	家庭物质条件	+/−

第四章　学校人文环境：影响底层子女教育获得的关键因素

续表

访谈资料（节选）	一级：开放编码			
	贴标签	类属	属性	维度
因为一方面是农村的孩子，其实有种观念就是靠读书可以走出去，或者是可以改善这种局面。就是这件事在我脑子里一直有这样的观念。所以我读书一直蛮努力的，初中的成绩和高中的成绩一直都是蛮好的。父母就是比较放养的心态，算是比较相信我吧……	读书的重要性的观念	受传统社会文化观念的影响	家庭文化观念	+/-
其实我爸妈怎么讲，因为农村来讲，他们对我学习上的事情可能管的也不多。基本上在到了学习本身这件事情上他们也帮不了多少忙……	对子女学习的事帮不上忙也管不多	家庭能够提供的支持少	父母素质	间接影响〇
初中就没有在家了，是住在学校的。从初中就没有在家了，就一直都在外面了。初中在YX中学，就是CT二中。高中在学校附近和同学一起住，后来有段时间住在我叔叔那里。初中还好，一个月还能回家两次，高中就少了，一个月回家一次……	住校、县中制度，很少回家	在家时间少，客观上脱离了家庭环境	脱离家庭	+/-
他们就希望我考一个好一点的大学。对他们来讲就这么简单。其实他们倒也没想那么多。可能在父母眼中，他们一辈子在农村，他们觉得只能读书出去，然后过不一样的生活。至于职业什么的，包括高考完之后报志愿的时候，不要说他们了，其实连我都没有什么想法……	家庭对填报志愿无影响	家长为择业提供的指导	家庭志愿指导	+/-

111

续表

访谈资料(节选)	一级：开放编码			
	贴标签	类属	属性	维度
其实我本科报的那个专业比较随意。我那个时候填志愿就看了一下同学填的志愿，因为成绩差不多，我看成绩差不多那就报一样好了，就这么报了。我那个时候是抄着他的志愿报的。后来误打误撞呢，报的那个专业都满了，然后就被调剂到我后来读的这个专业。后来录取了，我还和在那边的学长学姐交流了一下，他们说这个专业其实还可以，在这个学校中还算不错的……	主要看学业成绩和在学校环境中获取帮助（例如提升成绩和填报志愿的指导）	志愿选择都受学业成绩和同学或老师的影响	师生志愿帮助	+/-
父母对我具体从事的职业没有想法。考研的时候我就跟父母说了一下，我准备考研，暂时不打算找工作。他们也是支持我的。后来读博我妈不太支持。就业还是受专业的限制影响大。我们主要是比较偏向于发电企业、发电站。那时候在我认识中我就觉得我现在从事的电力设计的工作，那时候就觉得电力设计其实蛮好的，收入也蛮高的。其实十年前的话电力企业，包括我们的发电企业、设计院，其实这种传统的国企那时候我认为还是体现了经济价值，也就是收入还是可以的。特别是就十年前来说，收入是蛮好的。但是现在来讲，因为国内的一个大的政治环境，整个国企的收入其实都在降低……	就业考虑专业和经济条件	主要受家庭经济条件的影响，择业重点考虑收入	家庭择业态度	+/-

在一级编码的基础上，研究者根据底层子女教育获得的结果进一步依据

第四章 学校人文环境：影响底层子女教育获得的关键因素

核心类属清晰故事脉络，形成时间和资源二维分析图示。（见图4.1.1）

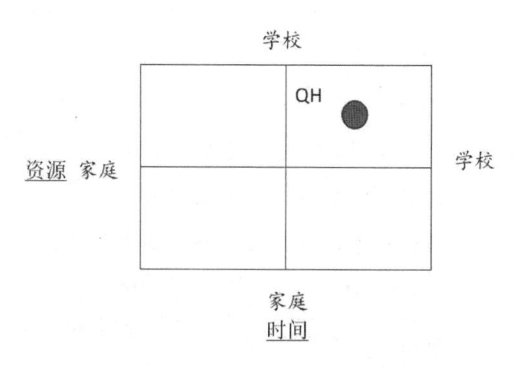

图4.1.1 家庭与学校时间资源二维分析图示

在三级编码阶段，研究者根据不以访谈者个体为转移的独立变量（个体不可控制和选择的变量）、由独立变量产生的行为、个体与环境交互作用后形成的状态的中间变量，以及最后产生的结果四个过程作为分析脉络。以QH个案作为例子进行分析。（见表4.1.3）

表4.1.3 "独立变量－行为－中间变量－最后结果"过程脉络分析表

跟个体没有关系的因素	跟个体有关系的因素		
独立变量（不以人为转移的，不可以控制和人为选择的变量）	独立变量产生的行为（相对独立的变量，因为孩子不能选择）和环境变量例如父母构建的教育环境	（中间变量）受影响的非独立变量（可以变成中间变量）人和环境交互之后产生的各种状态，产生的中间变量 例如努力、兴趣、价值观、动机、期望、职业意向	最后的结果表现为教育成就和职业

续表

跟个体没有关系的因素	跟个体有关系的因素		
个体特征： 能力 例如："我觉得自己挺聪明的，领悟能力较强。"	父母对子女能力的态度 例如："我初中的成绩和高中的成绩一直都是蛮好的。父母就是比较放养的心态，算是比较相信我吧。"	个人努力 兴趣 价值观 心理能力 认知能力 动机 学业期望 职业期望	教育成就： 学历、专业技能 职业：职业声望、职业收入
学校类型： 例如："初中在YX中学，就是CT二中"（县中学） 教师素质： 例如：专业素质、人格等 学生素质： 例如同学的性格、能力、志向等	师生互动和生生互动 教师行为：期待、专业能力和态度 同伴行为：期待、同伴影响 例如："成绩好，老师也鼓励你，相信你能够考上比较好的大学。"		
家庭独立变量： 居住地（族群） 兄弟姐妹数量 父母受教育水平 父母职业 家庭收入 阶层文化风格 子女能够接触到的其他成人（父母的社会网络、亲戚）	父母行为： 父母花费子女教育经费 父母为孩子选择的教育类型 父母对文化物品的投入 父母教养风格和责任 父母与子女的互动方式 父母期望（教育、职业） 父母参与学校课外活动		

第四章 学校人文环境：影响底层子女教育获得的关键因素

续表

跟个体没有关系的因素	跟个体有关系的因素		
例如："父母是在农村，妈妈是没怎么读书，爸爸读到了初中，在那个年代算读书很多了。我爸之前有在县城里上班，后来生了我妹妹，因为计划生育政策丢了工作，后来就回到乡下了。我爸是家里的老大，后来就回家帮忙家里。"	例如："我记得我爸，一次我从家里出来时他说了一句话就是，读书的事你自己上心，我们能给你的就是一点经济支持。也就是说读书这件事本身基本上都是要靠自己。""他们对我的职业没什么具体的期望，他们就希望我考一个好一点的大学。对他们来讲就这么简单。其实他们倒也没想那么多。"		

由上述对个案的扎根编码，在继续访谈教育获得成功和教育获得失败的底层子女时，按照"家庭物质条件""家庭文化观念""父母素质""脱离家庭""家庭志愿指导""师生志愿帮助"和"家庭择业态度"七个类属及其属性。注意家庭环境和学校环境的影响时间。按照"独立变量——因独立变量产生的行为——中间变量——结果"继续对剩余的案例对象进行访谈，并整理访谈资料，将影响底层子女产生影响的环境因素再进行1至3级编码，尽量覆盖到尽可能多的影响因素。见表4.1.4。

表 4.1.4 物质因素和人文因素编码表

一级贴标签(影响:一消极;○中性;＋积极)	类属	属性	核心类属
－ 经济拮据,家乡太穷 ○ 选择实用性的专业,能够满足经济需求	家庭收入	家庭环境中的物质因素	物质因素
＋ 父母在经济上无条件支持孩子的教育,借钱读书 ＋ 父母在文化耐用品上的花费	教育投入		
＋ 学校老师或亲戚在经济上的帮助	经济资助	教育、学校环境中的物质因素	
－ 义务教育免费费但未免学杂费 － 大学学费,某些专业学费高 － 本三学费比职业学校贵 ＋ 奖学金:竞赛、成绩优秀 ＋ 助学金:贫困生、成绩优秀、品行优良(绿色通道) ＋ 政府奖励:例如考上一本村委会奖励 300 元;读研奖励多少钱 ＋ 交择校费,可以上更好的学校 ＋ 某些村有高中、大学、研究生学费部分报销 ＋ 义务教育免学费	国家关于教育经济的政策		
－ 学校简陋,只有一排平房教室,桌椅破旧 － 学校寄宿条件不好 ＋ 农村学校条件改善	学校设施		
－ 父母不重视教育,例如认为:上学要打工,不上学也要打工,为什么要上学 － 父母对孩子性别差异的观念和婚恋观:女孩早成家;男孩才供他读书 ○ 独立性:子女认为读书只能靠自己,父母无法给予帮助 ○ "好工作"的概念:父母希望子女从事的职业是收入满足需求、稳定、轻松、体面的工作 ＋ 父母性别差异观念:男女平等,女孩也要供她读书 ＋ 家庭信仰:对知识改变命运的执着	父母观念	家庭环境中的人文因素	人文因素

第四章　学校人文环境：影响底层子女教育获得的关键因素

续表

一级贴标签(影响：-消极；○中性；+积极)	类属	属性	核心类属
＋外在目的：子女认为有义务读书好,不让父母失望,体谅父母的不易,努力读书回报父母			
＋内在动力：贫穷不是压力,是动力,使人上进			
＋传统观念：子女读书好是乡里、邻里、家族的骄傲			
＋父母品质：在精神上鼓励子女克服学习困难,传递坚韧、不服输、能吃苦的精神品质	父母素质		
○父母受教育水平低,对辅导孩子学习无能为力			
－留守儿童：由爷爷奶奶或亲戚带大,不重视教育			
＋父母在城里打工或做生意,扩展眼界,眼光比较长远			
＋培训或媒体补充父母文化水平：例如扫盲、提供职业培训、保障打工者的基本权益等			
＋重视学校教育：父母经济允许的情况下努力将孩子送去更好的学校	父母行为		
○教育期望：父母对子女没有明确的教育目标,不过多干涉学习			
＋教育期望：父母非常重视子女的教育			
○填报志愿过程父母帮助少			
○父母对职业选择没有具体意见和帮助			
○父母不会和子女谈人生理想和人生价值			
○亲子关系：与父母联系的频率,较少交流与工作相关的事			
＋参与教育：父母陪读			
＋教养方式：管教严格,父母对孩子人格和性格的培养			
＋家庭氛围：父母做事身体力行,家庭人际关系和谐,民主的家庭氛围			
＋父母拿朋友家或邻居家的优秀孩子做榜样			

117

续表

一级贴标签(影响：－消极；○中性；＋积极)	类属	属性	核心类属
＋父母受政策宣传读书有用，普及基础教育 －农村家长缺乏信息获取途径 ＋父母送孩子去县中住校制度：与家长相处的时间不多 ＋居委会会去每家每户调查是否让孩子读书，父母在此政策下送孩子去读书	父母行为		
＋同伴同学的信息帮助 －课余环境：沉迷网络游戏 ＋学长学姐的信息帮助 －同伴的消极影响：早恋或结交不好的同伴或受到校园欺凌，产生心理问题 －在学校，同学歧视从农村来的学生 ＋同伴互相鼓励帮助 ＋同伴让我知道学习的重要性	生生互动		学校环境中的人文因素
＋亲戚、学校老师的信息帮助 ＋校长、老师不让辍学 －在学校，老师歧视从农村来的学生 ＋老师有意弥补农村孩子和城市孩子的差距，对他们有较高的学业期望 ＋老师鼓励我认真学习，相信我的能力	师生互动		

将访谈资料进行逐句贴标签，并根据影响结果：积极影响、中性、消极影响进行评价。再根据"类属—属性—核心类属"三级编码，形成由标签到"物质因素"和"人文因素"的二维核心类属。

二、概念诠释：物质因素与人文因素

根据上文对教育获得成功和教育获得失败的底层子女访谈资料进行三级编码可以绘制"影响底层子女教育获得"的两个核心要素及其具体要素构成表。

第四章 学校人文环境：影响底层子女教育获得的关键因素

(见表 4.1.5)

表 4.1.5 "影响底层子女教育获得"的两个核心要素及具体要素构成表

核心要素	环境分类	具体要素	互动	具体行为	具体示例
物质因素	家庭环境	家庭教育投入	—	—	学费 借读费
	学校环境	学校经济资助	—	—	助学金
		学校设施设备	—	—	活动场地 多媒体教室
人文因素	家庭环境	父母人文素质	互动	对性别教育差异或重视学习的观念	关于男女孩教育性别差异的观点 是否重视子女的学习
				对某些品质言传身教的行为	勤奋工作 民主的家庭氛围 教养方式 期望表达
				对专业选择和职业选择的指导	对专业选择的建议 对职业选择有帮助
	学校环境	教师人文素质	互动	教师行为	解答学生学业问题的学科专业能力 对待学生的态度和期望
		学生人文素质	互动	同伴行为	鼓励、期望、早恋、游戏、逃课、欺凌等
				榜样行为	体现为学习氛围，例如同学都在努力考好大学

在对影响底层子女教育获得的因素进行因素归类过程中，被访者阐述的家庭环境影响因素可以分为两类：一类是家庭对教育的投入，即底层子女实际上接受的物质投入。例如，满足子女上学的学费；在书本、书桌、有单独

的房间等文化物品的花费；借读费和住宿花费等。它是以家庭的经济资本为基础，但是要以实际上接受的物质投入为评价标准。因为即使有些底层子女家庭经济条件能够付得起子女上学的基本费用，但是他们拒绝在子女教育上进行投入。另一类是父母的观念、行为和指导。例如，父母对学习是否重要的观念、对男孩女孩教育获得的观念等；表达对子女教育期望的行为、做事认真勤奋努力的行为、教养的行为等；以及在子女专业选择和职业选择上的具体帮助。

学校环境的影响因素也可以分为两类：一类是对学生的经济资助以及学校设施设备。例如奖助学金；学校的校舍、多媒体教室、活动场地、食堂住宿条件等。第二类是教师和同学的行为影响。例如教师解答学习上问题的专业能力；教师对学生的态度；教师对学生的期望等。同学行为包括，来自同学的学业期望和学业帮助；也包括同学的早恋、逃课、玩电子游戏、欺凌等行为。以及包括榜样的行为，例如班级同学都以考上好大学为目标，以成绩好的同学为榜样。

在对访谈材料进行整理时进一步发现，很多受访者描述了父母、教师或同学的品质，例如父母勤奋负责的品质、教师认真专业负责的品质，或者同学积极向上的品质，这些影响因素并非直接的行为互动与受访者产生作用，而是具体行为的上位概念。因此，将它们定义为父母的人文素质、教师的人文素质和学生的人文素质。这些素质与他们的教育经历有关。以下将较为详细的对核心要素进行概念诠释。

1. "素质"的内涵

素质是人发展的基础、可能性和条件，对一个人发展的水平和质量有着重要的甚至是决定性的影响。[①] 人的素质有生理、心理、文化、思想等不同层次，这些素质特征为从事社会工作、社会活动和生活提供了基本的条件。素质还包括道德修养和道德品质，也就是个人的修养和涵养。

素质的表现，是通过言行举止和举手投足表现出来。当素质代表一个人的品质或人格，它代表着个体的稳定的心理品质，具有一定的思维方式，通

---

① 余文森. 核心素养导向的课堂教学[M]. 上海：上海教育出版社，2017：3.

第四章　学校人文环境：影响底层子女教育获得的关键因素

过行为模式和情绪反应表现出一个人的价值观、道德观或心理素质。使个体呈现出独特的性格和气质。

素质虽然具有先天的特点，但是它是通过核实的教育和影响而获得与形成的各种优良特征，包括学习特征、能力特征和品质特征。[1] 在因素划分时，将家庭环境中的父母素质、学校环境中的教师素质和学生素质，与在此基础上产生的互动行为划分开，是因为主体的素质是不以底层子女人为转移的变量，在此基础上父母、教师和学生产生的具体行为能够对底层子女产生影响。

素质和个体的教育经历、生活经历密切相关。例如个案 A06 描述："但是我爸是家里的老小，但是我爷爷家特别穷。我爸特别喜欢看书，他特别想上学，他考上了高中，但是没有钱上，然后就想着不上了。但是他有位老师，和他说再试一下吧，因为觉得他很聪明，不上学可惜了。他就又考了一年，又考上了但是还是没有钱上。我爸上初中的时候用的行李还是借的什么的，反正是特别穷。考上了没有钱念，没办法，后来就完全不读了。第二年他就去学了木工，和别人上山砍柴什么的，那时候他得养活自己，不能指望我爷爷养他嘛。所以其实因为这一点，他就特别，因为他自己本身喜欢学习、看书，他对我们的教育期望特别大。"A06 的父亲的心理、文化和思想观念是因为其教育经历和生活经历有关的，进而产生和表达的观念和行为进一步影响其子女。

同样，教师的素质与教师个体的教育程度、生活经历有关，表现在不同教师的道德心理品质、专业能力、文化思想存在差异，进而影响教师的行为和与学生的互动。学生（同伴）的素质也一样影响着他们的行为和思想。

2."人文素质"的内涵

人文素质指个体在人文方面所具有的综合品质和发展条件。人文素质最重要的是"人文精神"。季羡林认为，人文精神与"德"有着密切的关系，人生来就要处理好三方面的关系，一是大自然与人的关系，即天人关系；二是人与人的关系，即社会关系；三是"身、口、意"三者的关系，即修身关系（"身"即行为，"口"指语言，"意"为思想）。这三重关系，谁处理得好，谁的道德境

---

[1] 史宁中，柳海民. 素质教育的根本目的与实施路径[J]. 教育研究，2007(08)：10－14＋57.

界就高,就有人文精神。① 人文素质强调关注价值理性和目的理性,它对应的是工具理性。除了人文精神,人文素质还包括人文知识,主要指人文领域,即精神生活领域的基本知识,例如历史、文学、政治、艺术、道德等知识。也包括人文思想,具有鲜明的意识形态特征,受社会文化和意识的影响。社会阶层秩序也对人文思想的产生具有影响。

因此,在访谈中受访者提到的父母的"本分""老实""恪尽职守""尊重他人"等品质属于人文素质,不会直接影响其子女的教育获得,而是通过行为表达出来。同样教师和同学的人文素质,就如人们平常所表达的"气质""教养"等。

那么家长、教师和学生的人文素质从何而来,他们从何获取特有的习性、习惯或社会价值观?从根本上讲,人是环境的产物。每个人都浸染在环境中,在环境中生活和成长。环境影响着个人的思想、感情、行为和态度。环境中不同的文化与制度,人与人之间的互动,社会习俗和习性对个人产生的价值观、行为模式都具有影响。

3. 划分"物质因素"和"人文因素"的哲学试论

在很多研究中,"人文环境"对应的是"自然环境"。从广义上说,它指人类社会各种文化现象,包括物质文明成果和精神文明成果。从狭义上说,它指人类精神文化产品,包括语言、文化、物质环境和精神环境。还有研究将"人文环境"视为"社会环境",包括政治经济制度、经济发展状况、科学发展水平、社会风气、文化传统、教育传统、教育体制、教育行政管理水平、家庭经济状况、心理因素等。在研究教育环境中的环境分类研究中,有研究将学校的因素分为外部环境和内部环境、隐性环境和现象环境,主要包括物理环境、观念形态、人际关系、文化氛围、心理方式等。纷繁复杂的概念和复杂交错的因素归类加剧了对影响底层子女教育获得的环境因素研究困难。因此,本文将从哲学研究视角,重新定义"物质"和"人文"概念。

将环境因素假设分为物质因素和人文因素两类是依据哲学研究和已有研

---

① 张桂芳. 30年来中国人文精神研究的回顾与展望[J]. 北京师范大学学报(社会科学版),2009(03):78—85.

第四章　学校人文环境：影响底层子女教育获得的关键因素

究进行分类的。著名哲学家卡尔·波普尔(Karl R. Popper)区分了三种不同的世界或宇宙：第一世界是物理对象或物理状况的世界；第二世界是意识状况或精神状况世界；第三世界是客观知识和思想的世界。并认为第一世界优先于精神，并且像对待第一世界一样，从本体论(Ontology)的角度来把握第二世界和第三世界。随着信息和网络技术的迅速发展，人们试图重新思考世界的划分，以解释虚拟世界的特点。孙幕天提出了以符号代码世界为标志的"世界4"理论，世界4是继自然主体、身份主体和契约主体之后的第四主体，是在原生自然、人工自然之后的第三自然——虚拟自然，是一种信息世界，是人类借助信息、数字、理念和丰富的想象力构造的虚拟现实。张之沧教授进一步认为世界4是在毕达哥拉斯的数元世界和柏拉图的理念世界基础之上形成和发展起来的一个以当代科学技术和人文精神为主要体征的新世界，是虚拟技术在信息技术和网络技术推动下，迅速发展给人类带来的有关时间和空间的无穷想象。[①] 马克思主义认为物质的根本特性是客观实在性，意识的本质是物质世界的主观映像。物质决定意识，意识是物质的反映。

本研究借鉴哲学家对于世界划分的观点，将环境因素分为物质因素和非物质因素(即人文因素)。首先，物质因素是客观存在的，不以主体为转移。人文因素是主体创造的，人文因素的存在以物质因素为基础，物质因素是它的存在基础和演变的环境。人文世界同时依附于主体，当主体消失后，物质世界不会随之消失，但人文世界会消失。其次，采用"人文"一词，是因为"人文"主要指一种文化、教育、教化，以及个人通过这种教化达到的一种自我实现和完善。人文是展现人类各方面的最高优越性和独特性，在自然界中留下自己的痕迹。[②] 再次，在学校环境与家庭环境对个体教育获得的影响研究中，经济再生产理论强调经济条件对教育获得的影响，文化资本理论强调文化资本对教育获得的影响。因此，也借鉴已有研究，假设对影响底层子女教育获得的环境因素划分为物质因素和人文因素。人文因素主要包括非物质的人类观点、互动行为，会随着人类消失而消失的因素。

[①] 梁启华,刘克苏. 关于世界4的悖论——一个本体论的视角[J]. 自然辩证法通讯,2006(06):93-98+110.

[②] 何怀宏. 何谓"人文"[J]. 金融博览,2013(09):22-23.

第二节　比较分析：影响底层子女教育获得与否的因素

上一节将影响底层子女教育获得的因素做了编码和分类，得出影响底层子女教育获得的"物质因素"和"人文因素"两个核心要素。本节将对考入及未考入 211 以上大学底层子女案例中家庭环境和学校环境中的物质因素、人文因素进行比较分析，解释底层子女是如何获得教育成功和如何造成教育失败的。

一、家庭环境中的因素比较

通过访谈案例分析发现，教育获得成功和教育获得失败的底层子女，家庭物质条件的差异表现在对子女的教育投入是否充分，家庭人文条件的差异表现在家长是否重视子女的教育，是否通过语言或行为传达"学习是重要的事"的观念。其产生的结果有两种，一种是导致子女的辍学，第二种是没有辍学。（见图 4.2.1）

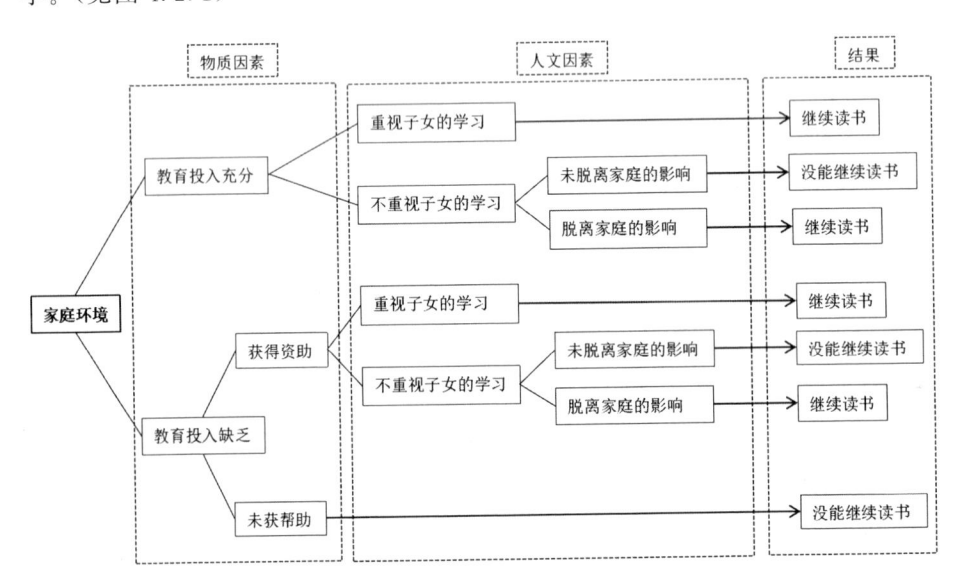

图 4.2.1　成功和失败的底层子女家庭环境影响因素对比图

第四章 学校人文环境：影响底层子女教育获得的关键因素

如图4.2.1所示，家庭物质条件缺乏导致教育投入缺乏，如果未获得亲戚、朋友、老师或国家的经费资助时，底层子女可能因缺乏物质基础而导致辍学，不能受到学校环境的影响，直接导致教育失败和社会跃迁失败。

若教育投入充分，但是家庭的人文因素是不重视子女的学习，父母对子女的学习态度和对教育的消极观念会影响底层子女对学习的重视程度。若底层子女受到父母消极观念的影响而辍学（例如认为读书无用、自己不会读书、女孩子应该嫁人等观念），也会直接导致教育失败和社会跃迁失败。

然而，若家庭的人文环境是不重视子女的学习，但是有部分底层子女在家时间少（例如住校），或者受到同伴、老师等重要他人的影响而产生认真学习的态度和行为，不辍学继续读书，则有可能获得教育成功，但是还要看学校环境的影响。

因此，从分析来看，家庭的物质条件的最低程度应该要达到能够供子女完成义务教育。根据袁桂林等学者在2004年的研究指出，家庭贫困仍是学生辍学的主要原因之一。有的地区初中学生人均日常教育费用远远超出了农民家庭的人均收入。在这种情况下，一些贫困家庭，特别是多子女家庭往往因支付不起必要的教育费用而辍学。[1] 早期学者着重于研究经济因素对辍学的影响。[2] 这属于家庭物质条件对子女教育获得的影响。

随着我国扶贫政策的推行，直接因家庭贫困而辍学的农村家庭有所缓解。对影响农村子女辍学原因的研究也越来越深入。其中家庭原因主要包括受重男轻女传统观念的影响，女孩更容易因为农活、婚嫁、供其他兄弟读书而辍学。还包括受读书无用论的教育观念影响，农村孩子过早辍学外出打工等。这属于受家庭弱势人文条件的影响。

但同时家庭劣势的人文环境有可能通过外部人文条件弥补。例如学校教师劝说想要辍学的底层子女父母让孩子继续读书，社区工作人员登记学龄儿童的在读情况。以及政策宣传和引导能对底层子女脱离劣势的家庭人文环境，

---

[1] 袁桂林，洪俊，李伯玲，秦玉友.农村初中辍学现状调查及控制辍学对策思考[J].中国教育学刊，2004(02)：4—8.

[2] 甘永涛，苏德.1998—2018年国内辍学研究前沿热点及其动态演化[J].教育与教学研究，2020，34(01)：75—86.

获取更多受教育的机会。例如案例 A14。

A14："上初中的时候，家里亲戚去广东打工，父母想让我和他们一起去。是班主任来家访劝服了我父母让我参加中考。"

由此可以看出，底层家庭的物质条件达到能够满足子女受义务教育，且能够让底层子女脱离劣势的家庭人文环境，浸染在学校环境中，是底层子女教育获得的两个基本条件。

二、学校环境中的因素比较

1. 教育获得成功的底层子女受学校人文环境的积极影响

在《科尔曼报告》显示学校资源与学生学业表现之间几乎没有任何关系的结论后，引起了研究者和教育工作者的广泛争议，出现了许多关于学校资源配置对学生学业表现影响的研究。往往也得出了不一致的结论。有研究表明学校的教育设施方面的投入和生均支出不能提高学生的学业成绩。[①] 另有研究则表示，增加学校支出会提高学生的学业成绩。[②] 本研究认为，难以在学校投入和学业表现之间厘清清晰关系的关键是未对错综复杂的因素进行分类。通过将学校环境分为物质因素和人文因素，可以看出，物质设施的投入虽是改善教学环境必不可少的因素，但对底层子女的教育获得并不起到关键的作用。李莉莉等研究者通过问卷和标准化测试发现，对于农村学校来说，学生和教师方面，也称软件方面的支出和学生的学业表现呈正相关；学校行政方面，也称硬件方面的支出和学生的学业表现呈负相关。因此建议调整学校层面的支出结构。[③] 但是，学校投入与学生学业成绩之间并没有密切的直接关系。通过本部分的案例研究发现，学校在物质设施上的水平对底层子女的教育获得没有明显作用，而学校的人文环境对底层子女的教育获得有很大影响。以 A09 个案为例，家庭虽然提供她接受义务教育必要的经济支持，但是对她的

---

① Angrist, J. D., & Lavy, V. (1999). Using Maimonides' rule to estimate the effect of class size on scholastic achievement. *The Quarterly journal of economics*, 114(2), 533−575.

② Dewey, J., Husted, T. A., & Kenny, L. W. (2000). The ineffectiveness of school inputs: a product of misspecification?. *Economics of Education Review*, 19(1), 27−45.

③ 李莉莉, 关宏宇, 罗斯高. 学校层面的支出和学生学业表现的相关关系——基于西部贫困农村地区的实证研究[J]. 华东师范大学学报(教育科学版), 2018, 36(06): 100−106+158.

第四章　学校人文环境：影响底层子女教育获得的关键因素

教育并没有很重视。

A09："我父母对我没有什么教育期望，就是随我便吧。也没有什么要求。就是觉得能考上学校挺好，考不上就出去挣钱。"

但是，在学校学习的过程中，A09 的学生和老师逐渐让她体会到读书对改变命运的意义。

A09："我初中以后一直住校，是镇上的中学，那时候是整个班住在一起，上下铺，条件很艰苦，但是同学都很努力。同学会影响你吧，你会想着只能靠读书出来吧，不然只能一辈子在农村里头。靠读书出去以后能有一份体面的工作，或者是不用在田地里面干活。所以就想着自己要努力读书。不能像祖祖辈辈一样一直困在农村里。"

而且，在学校中的人文因素影响，对底层子女来说是一种"改变命运"的影响。

A09："填报志愿的时候就觉得当老师挺好。主要是读小学的时候吧，来了一个老师，好像是刚刚高中还是大学毕业下来的吧，我记得。我觉得她和那些老教师很不一样。你知道我们以前读小学都是那种很破旧的学校，都没有什么年轻人的气息呀。那个老师来了以后就给我们带来很不一样的感觉。给我的感觉是好像做老师蛮好的，很佩服她。后来我们那年考高中有师范生免费，还想着给家庭减轻负担，就觉得我要报师范类的院校。"

A12："我好像在小学大概一年级到二年级我好像对学习的话没有太多的感受，那个时候也学习一般。后来上了三年级好像就突然间知道好坏荣辱，或者会很在意老师对我的评价或者同学对我的评价，然后就很想做一个好学生，就好像觉得那样才是对的，就会开始慢慢知道要努力了。我初中的时候比较听话一点，学习成绩比较好，老师会比较喜欢，我会经常得到老师的表扬。就更激励我要好好学习。"

正如 A09 所述的那样，在学校受到人文因素的刺激和影响，对改变底层子女的眼界有着重要的作用。例如近年在网络上对农村支教的报道中，其中有一种声音特别引人注意。农村的家长们不希望有支教老师来农村支教，因为打破了他们"平静的生活"。支教老师给贫困地区的孩子带去了新的信息和刺激，进而影响了他们的态度和行为。

"……孩子们虽然也希望能够获得知识，但家长们只希望他们能够读书识字，并不希望他们去考大学，别说是考不上，就算是考上了，家里的条件也不允许去读书，所以，他们的潜意识是希望识字，而不是学到更多的学问。原本平静的农村，突然来了很多外界人，让原本平静的生活再起波澜，本来是可以几辈子都过这样的生活，但自从支教的到来，很多孩子开始不安生了，想要读书，想要考大学，对于留守的孩子来说，他们需要养家，读书是奢侈的，而且读书也不能让自己吃饱……"①

可以看出，相较于物质条件，学校的人文环境对底层子女的影响更具有重要意义。它从信息层面丰富了底层子女的认识，让他们看到更多发展空间，看到不复制家庭阶层，向上流动的可能性。进而影响了他们的观念和行为。从文化资本和社会资本的角度来看，学校的人文环境给原本文化和社会资本匮乏的家庭带来了弥补。若学校的人文环境良好，对底层子女的教育获得具有积极作用。人文环境的改善对比物质环境的改善对于底层子女来说充当了更重要的角色。

除了教师的影响，学校里的同伴影响也是学校人文环境的重要组成部分。从案例 A06、A10 也可以看出学校中同伴的影响同样很重要。

A06："……其实我想考更高的分数，我当时是心气很高的，因为同时跟我一起的另一个姑娘，她和我从小学一直到初中都是一个班，我俩一直都是那种你上我下的学习情况，我心气很高的，我就觉得我一定要考的比她好，然后我也很努力，就觉得要考一个很好的高中……"

A10："我初中有认识一帮朋友对我影响比较大，他们开启和加深我对阅读的兴趣和爱好。到现在为止这些朋友还是一直保持联系的……"

在教育社会学研究中指出，班级中的竞争也具有积极意义。班级中的竞争，特别是同伴或朋友间的竞争往往具有积极意义。早期的同伴直接影响研究体现在地位获取的研究中，研究关注他人（通常是朋友）对学生态度与行为的影响。研究表明，如果忽略学生的社会经济地位影响，朋友的教育抱负与

---

① 告白：求你们不要来农村支教，我们不需要！[EB/OL] https://baijiahao.baidu.com/s?id=1656660729704671986&wfr=spider&for=pc

第四章　学校人文环境：影响底层子女教育获得的关键因素

学业成绩会对学生的大学计划、学业成绩产生积极的影响。而且，他人的影响与时俱增。[①] 此外，班级中竞争的积极意义还表现在参照群体对所属群体的影响上，即班级中群体与群体间的竞争。班级中的小群体若以其他学习优秀、有良好道德行为或有积极目标的优秀学生群体作为参照群体，进行竞争，有利于群体成员的良好发展。

2. 失败的底层子女受学校人文环境的消极影响

（1）沉迷网络游戏或小说

对于底层子女来说，学校环境不仅带来了家庭环境没有的新信息和新刺激，激发他们对于阶层跃迁，避免阶层复制的学习动力。但同时，外在信息也是一把双刃剑，若学校缺乏对学生的引导，未能对社会反主流文化向学校的入侵，容易造成学生的失范行为。其中，在教育失败的底层子女案例中，B08和B09在中学期间逃学叛逆，沉迷网吧或小说。

B08："在读初中的时候，受同学的影响，那时候控制不住想玩游戏，就和他们去网吧，每次去都很长时间。开始的时候还是周末去，后来就晚上逃了晚自习去。没钱的话会和同学借。"

B09："小学时候因为家乡落后信息闭塞，连小说都接触不到，只能接触课本，心无旁骛的时候真的是最厉害的时候。考初中的时候我西安中学全班第二。但是后来慢慢接触到手机、小说，成绩就不好了。高考也没考好。"

技术变迁和社会变迁必然带来生活方式和一系列价值观的改变。底层子女在接受外在环境大量信息的刺激下，若缺少有效指导，很容易在新鲜刺激下迷失自我，产生失范行为。价值观变化的显著特征是较之物质形态的变化更加复杂更多元，对失范行为的产生更具深刻影响。[②]

B08："那时候父母很重视我的学习，但是迷上电脑后，我觉得读书没什么用，靠网络也能挣钱。父母老师当时都不理解。但是现在回想起来，那时的'读书无用论''害'了我。如果能考上大学，读个计算机相关的专业，我可能现在就不会这么辛苦。"

[①] 胡森. 教育大百科全书 2[M]. 重庆：西南师范大学出版社，海口：海南出版社，2006：294.
[②] 马和民. 新编教育社会学[M]. 上海：华东师范大学出版社，2002：145.

学生对学习热情降低是失范行为的开端，未能清晰"手段——目的"之间的关系是加剧失范行为的认识偏差。进而产生厌学、逃学或辍学的反学校文化。而学校层面的积极干预是避免学生失范行为的有效方法。

(2)早恋未受到正确引导

在受访的未成功底层子女案例中，B10、B11是受早恋影响而没考上好大学的底层子女案例。从家庭环境来看，B10、B11的家庭物质条件满足子女读书的需求，且父母虽然务农(B10的父亲为电工)，但都十分重视子女的学习。B10、B11案例都是在初中时因为早恋而影响了学业成绩。

B10母亲的表述："她爸爸之前是电工，但是出了一场事故，失去了双腿。后来我们在农村开小卖部，又去市里开麻将馆。我们很重视她的学习，希望她能考个好大学。但是她自己可能不上心，忙着找对象。后来考上了专科。当初她觉得专升本没有用。但现在因为学历的原因，不容易找个更好的工作……"

B11同学的表述："她是我小学同学，因为家离得很近，每年回家都有联系。他父母也务农，也很重视孩子的学习，但是大女儿本身不爱学习，读了初中最后一年就不想读了。她妈妈把她劝服了，又回学校重新读初二。但是后来谈了恋爱，可能是受身边同学朋友的影响。也就没有考高中，后来就在家生孩子带孩子了。可能农村里有觉得女生嫁人就好了这种氛围……"

早恋不仅是一种生理和心理问题，更是一种受社会结构和文化影响的行为。首先，对于很多贫困家庭的女孩来说，早早嫁人生子是普遍的选择。其次，是受到同伴亚文化的影响。高函青等人基于CEPS数据对初二学生恋爱现象的统计分析显示，在同伴关系的影响下，有过恋爱经历的学生的同伴发生恋爱经历的情况要显著高于没有恋爱经历的学生。[①] 第三，早恋也有社会方面的原因。随着网络普及，学生接受到的信息良莠不齐。中学生仍处于缺乏明确辨别能力的阶段，容易受到不良文化的影响。

同时，在学校层面未受到良好的指导，致使早恋成为影响很多底层子女

---

① 高函青,付梅. 初二学生早恋行为的调查与分析——基于CEPS数据分析[J]. 现代中小学教育,2019,35(12):75—80.

第四章 学校人文环境：影响底层子女教育获得的关键因素

教育获得的重要因素。首先，学校仅关注学生的学习成绩，忽视学生的学习压力，未对压力进行有效的疏导，容易导致学生无处释放压力。其次，个别教师采取的是批评围堵的处理方式，不仅增加了学生的心理压力，还易导致师生间的人际关系紧张，将学生推向叛逆和失范的边缘。第三，社会转型以及城乡文化的差异，对底层子女的思想和价值观带来冲击和疑惑。一方面许多农村地区的男女观念定势正在分化瓦解，但新的价值观念往往尚未完全树立。早恋的底层子女往往一方面希望通过教育避免阶层复制，另一方面又难免受到旧观念和周围环境的影响。

(3)贴标签与污名化的影响

在对失败的底层子女案例分析的过程中发现，由于是留守儿童、流动儿童，以及成绩较差而受到教育排斥是底层子女教育失败的重要原因之一。从教育社会学研究视角来看，在学校教育活动中，依据一定标准对学生个体的发展情况进行评价，判断他们的学业、品德、个性发展程度，是一种日常的教育行为。对学生进行分类可以区分学生的类别、特征，这样能够提高教师对不同学生采取不同教育策略，并提高工作效率。将学生分类的过程也称为"概化他人"的过程。概化他人的理论来自米德（Mead, George Herbert），他强调，在与他人互动的过程中，我们学会站在他人的角度看待自己的行为与角色，这种自我的概念，称之为"概化的他人"。但是在教育中，容易存在过度概化的现象。例如，将"聪明的学生"概化为"好学生"，将"留守儿童""随迁子女"概化为"差学生""学习能力差的学生"。这样的偏见是根据不正确或不充分的信息为根据形成的对其他人或群体的片面的甚至是错误的看法与影响。偏见影响教师的态度，形成刻板印象。这种概括的固定的观点，将群体的特征概化，而忽视个体差异。

其次，学校教育中的污名化现象并不鲜见，"问题学生""流动儿童"等本身就是对个体或小群体的污名。与概化的他人理论相关，污名化实质上也是一种动态的社会互动过程。学者董奇通过"长处与困难问卷（SDQ）"以及自编问卷对1007名初中学生进行心理健康调查发现，父母外出打工并非一定造成留守孩子的心理问题。因此提出农村留守学生不能被"污名化"，应消除对特殊群体的习俗偏见。①

B13："我从小和奶奶一起过，家里没太有人管我的学习。在学校我也没什么朋友，成绩不是很好也没有很差。可能是留守儿童吧，感觉老师也不太关注我，后来学的东西越来越难了，自己跟不上，成绩不好就更没有自信了……"

B05："我父母在××打工，我就在随迁子女学校学习。但是你知道的，学校条件不好，学生也都不爱学习。老师也拿我们没办法。反正最后是要回老家高考的或者就读职校……我们都是不会学习的人……"

在实际教学中，学生往往被贴上各种"标签"，标签的主要依据是成绩。当成绩与"留守儿童"或"随迁子女"的"差学生"标签挂钩时，不仅影响教师对待不同学生的态度和行为。同样，被贴上标签的底层子女也会从他人的态度和行为中完成自己的社会建构，并通过"成绩"这个标准表现出来。在对学业失败的底层子女进行访谈时，很多个案讲述了因为成绩不好而对学习失去信心的情况。当家人和老师都认为"你不会读书"，底层子女也就逐渐形成了"我不是读书的料"的自我概念。

B01："读初中的时候，成绩很差，实在读不下去了，不是读书的料。在学校也没有学习的动力，没劲。后来就出来学开车，和我爸一起开车拉货。"

B06："……不行，成绩不行。那时就觉得老师也对你没什么期望了。就想着快点出来学个手艺挣钱吧……"

与"皮格马利翁"效应相比，标签理论尝试解释造成教师对不同学生产生不同期望的机制。教师的期望并非自动实现的，而是师生互动的结果。师生直接互动；来自学生性别、家庭地位、外貌、性格等信息；以及成绩等评价结果都会影响教师对学生的贴标签。而这种标签又会通过师生互动令学生难以逃脱这种标签的规定，最终变成标签所规定的那种人。

(4)校园暴力和欺凌

校园欺凌是发生在学生间的以大欺小、恃强凌弱的行为。有调查发现，

---

① 董奇.农村留守学生不能被"污名化"[J].中国教育学刊，2016(04)：11—15+20.

第四章　学校人文环境：影响底层子女教育获得的关键因素

留守儿童和流动儿童往往是校园欺凌事件的主角。[①] 除了处在青春期学生本身可能具有的暴力倾向外，家庭不良环境影响、学校教育失误、反主流文化和不良大众传媒的影响都是产生校园暴力和欺凌的重要原因。在学校教育层面，对学业成绩的重视，将德育视为"软任务"。未能关注每个学生的个性，在学生不适应学校环境的时候采取忽视或批评的态度，学生学习动力减弱是越轨和失范的开始。

此外，个别教师素质差，对校园暴力和欺凌现象处理不当，导致更严重的人际关系紧张，导致学生厌学、恐学甚至产生越轨行为。

B02姐姐阐述："刚转学来××市的时候，是爷爷奶奶带他。因为从农村来的，普通话也不标准，男孩又很调皮，自尊心又太强。可能经常和别的同学有冲突，有几次还打架，老师叫家长去学校。他自己也很委屈吧，融入不了学校，会被欺负，后来就吵着要回老家去。后来就去当兵了。因为成绩也不好……"

在职业中专，校园欺凌现象也是影响底层子女学业成就的关键因素。

B03："我上中专的时候学校挺乱的，学生间经常会打架之类的。我和宿舍的一个女生还打架过，女生互相抓头发。但好在好像没听说出过严重的事件。后来就毕业出来开店了。也就拿个文凭吧……"

学校层面的干预对减少校园暴力和欺凌现象具有重要意义。首先应重视品德教育，通过品德教育防范校园暴力和欺凌现象。同时通过品德教育和心理干预辅导对已经发生的校园暴力和欺凌现象进行有效的疏导。避免影响学生正常的校园生活，避免产生严重的后果。第二，教师应该关注每一位学生，特别是容易被贴上标签的底层子女的学校学习与生活。通过平等对话等形式充分了解底层子女的校园生活情况。最后，学校要及时对社会中可能产生价值观影响的观点、影视作品、资讯等信息做及时的反馈，及时了解学生的精神动态，对学生的价值观进行正确的引导，组织有价值的活动丰富学生的课余生活。

[①] 郑明达，艾福梅，袁汝婷. 校园欺凌已成社会问题[J]. 小康，2015(16)：88-89.

第三节 量化初探：学校人文环境与底层子女教育获得的关系

根据前两节的质性挖掘，本节将根据影响底层子女教育获得的环境因素中的两个关键构成要素：物质因素和人文因素，建构一个环境因素问卷。通过数据收集和分析，尝试说明环境因素类型与底层子女教育获得的关系。

一、问卷维度与数据收集

1. 问卷设计、信息收集与信息处理

在前两节的研究中界定了影响底层子女教育获得的两类影响因素。根据因素分析本研究围绕"家庭教育投入""学校经济资助""学校设施设备""父母对性别教育差异或重视学习的观念""父母对某些品质言传身教的行为""父母对专业选择和职业选择的指导""教师行为""同伴行为""榜样行为"9个具体要素设计了40个题项。（见表4.3.1）

表4.3.1 影响底层子女教育获得的环境因素题目表

一级维度	二级维度	问卷问题	评价指标
物质因素	家庭教育投入	01. 是否因为家庭经济原因而辍学？	1：否 0：是
	学校经济资助	02. 是否因为学校的奖助学金的帮助而避免辍学？	1：是 0：否
	学校设施设备[①]	03. 校舍不是D级危房。 04. 多层校舍建筑每幢不少于2部楼梯，楼梯坡度不大于30度，护栏坚固。	1：是 0：否

[①] 根据2014年教育部发布的《全面改善贫困地区义务教育薄弱学校基本办学条件底线要求的通知》中"全面改薄"的20项底线要求确定问卷问题。

第四章 学校人文环境：影响底层子女教育获得的关键因素

续表

一级维度	二级维度	问卷问题	评价指标
物质因素	学校设施设备	05. 教室和宿舍内外墙面平整，无明显尖锐突出物体，室内无裸露电线。 06. 教学用房室内采光良好，照明设施完善，光线充足。 07. 学生1人1桌1椅(凳)。 08. 按国家标准配置满足教学需求的黑板。 09. 设置旗台、旗杆，按要求升国旗。 10. 具备适合学生特点的体育活动场地和设施设备。 11. 因地制宜设置满足校园安全需要的围墙或围栏。 12. 有足够的图书供学生使用。 13. 有可供开展多媒体教学的教室。 14. 学生宿舍设在地下室或半地下室。(反向计分) 15. 寄宿学生每人1个床位。 16. 寄宿制学校或供餐学校具备食品制作或加热条件。 17. 配备开水供应设施设备。 18. 厕卫够用。 19. 学校设有淋浴设施。 20. 配置消防和应急照明设备，设置疏散标志。 21. 在校门、宿舍等关键部位安装摄像头和报警装置。宿舍区配备急救箱。 22. 班级为66人以上的大班额。(反向计分)	1：是 0：否

续表

一级维度	二级维度	问卷问题	评价指标
人文因素	父母对性别教育差异或重视学习的观念	23. 父母重视我的学习。 24. 父母认为女孩不用读太多书。(反向计分) 25. 父母认为读书无用。(反向计分) 26. (24或25回答"是"的回答这题)我没有因为父母不重视我的学习而辍学,因为有重要他人让我知道读书的重要性。	1：是 0：否
	父母对某些品质言传身教的行为	27. 父母认为勤奋(或本分、刻苦等)很重要,自己也是这么做的。 28. 父母明确表达希望我能好好读书的期望。	1：是 0：否
	父母对专业选择和职业选择的指导	29. 父母对专业选择有建议。 30. 父母对职业选择有帮助。	1：是 0：否
	教师行为	31. 老师能够耐心地解答我学习上的问题。 32. 我感受到老师对我的重视和期待。	1：是 0：否
	同伴行为	33. 同学鼓励我让我更努力学习。 34. 我因为早恋成绩不好。 35. 我因为玩游戏成绩不好。 36. 我经常逃课成绩不好。 37. 我曾遭遇校园欺凌影响成绩。(后四题为反向计分)	1：是 0：否
	榜样行为	38. 班上同学都读书都很刻苦,都在努力考好大学。我受他们的影响也努力读书。 39. 我周围的同学都不努力读书,我受他们的影响。	1：是 0：否
结果	—	40. 我考上了好大学,实现了阶层向上流动。	1：是 0：否

第四章　学校人文环境：影响底层子女教育获得的关键因素

数据收集的对象为通过滚雪球抽样法进行选择。笔者在访谈教育获得成功的底层子女后追加问题："回想你的亲戚、同学或朋友，家庭背景与你差不多，但是最后没有获得教育成功，实现阶层向上流动的个案及情况。"进而在受访者的推荐下，根据问卷内容访谈教育获得失败的底层子女案例。

之所以采用问卷加访谈的方式收集数据，原因有二。首先，教育获得失败的底层子女案例在填写问卷时容易造成偏差。其次，根据复杂系统理论可知，环境中具体的影响因素纷繁复杂，并非问卷问题能够涵盖。本研究旨在将影响底层子女教育获得的环境因素做一个上位的分类，观察哪类环境因素对底层子女的教育获得具有影响。包含题目数量越多越细致的问卷问题与研究目标相背离。因此，在发放问卷150份后，笔者对其中100个有效填写问卷的样本进行了追问访谈。访谈问题主要围绕较难量化的人文环境做追问。访谈问题有：

（1）你的父母认为女孩子没必要读书（或读书最后也是要打工，为什么要读书），你受他们这样的观点影响大吗？这是否是使你辍学（厌学）的主要影响因素。

（2）你的父母认为读书不重要，是谁的影响让你觉得读书很重要。

（3）你的父母重视你的学习，但是最后没有成功考上好大学，你认为主要原因是什么。

此外，针对教育获得失败的底层子女信息收集，笔者通过对案例推荐的成功底层子女的描述、问卷信息的收集，以及笔者进一步对教育获得失败的底层子女的追踪访谈三方面来获取信息和验证信息的真实性和有效性，并完善信息评价。具体评价标准如下。

（1）家庭物质条件：提供子女完成义务教育所需要的经费。

（2）家庭人文条件：父母重视子女的学习。

（3）学校物质条件：满足"全面改薄"的20条底线的15个标准及以上。

（4）学校人文条件：认为学业失败的主要原因是教师行为、学生行为和榜样行为中的一类，都评价为未达到学校的人文条件。

2. 影响底层子女教育获得的物质因素和人文因素组合情况

通过问卷收集和访谈补充，将收集到的信息进行二次评价，形成了 4×4

的矩阵图。如表 4.3.1。

表 4.3.1 家庭学校物质人文影响因素组合矩阵图

情况							
家庭环境				学校环境			
物质条件		人文条件		物质条件		人文条件	
A		B		C		D	
达到一定程度	不足	人文条件好	人文条件差	物质设施好	物质设施差	人文条件好	人文条件差
1	0	1	0	1	0	1	0

进行次数描述性统计后得出 100 名有效样本的环境影响类型次数表如表 4.3.2。

表 4.3.2 影响底层子女教育获得的环境类型描述性统计表

类型(A, B, C, D)	样本数	百分比%	累积百分比
(1, 1, 1, 1)	28	28%	28%
(1, 0, 1, 1)	4	4%	32%
(1, 1, 0, 1)	5	5%	37%
(1, 1, 1, 0)	23	23%	60%
(1, 0, 0, 1)	1	1%	61%
(1, 0, 1, 0)	2	2%	63%
(1, 1, 0, 0)	3	3%	66%
(1, 0, 0, 0)	0	0%	66%
(0, 1, 1, 1)	2	2%	68%
(0, 1, 1, 0)	4	4%	72%
(0, 1, 0, 1)	3	3%	75%
(0, 1, 1, 0)	2	2%	77%
(0, 0, 1, 1)	0	0%	77%
(0, 0, 1, 0)	6	6%	83%
(0, 0, 0, 1)	1	1%	84%
(0, 0, 0, 0)	16	16%	100%
合计	1618	100%	100%

第四章　学校人文环境：影响底层子女教育获得的关键因素

100名有效样本是否获得教育成功，实现阶层向上流动的情况表如表4.3.3。

表4.3.3　被测样本教育获得和阶层流动结果描述性统计表

	样本数	百分比%
获得教育成功实现阶层向上流动(A)	44	13.2%
教育失败导致阶层复制结果(B)	56	28.6%
合计	100	100%

为了更清晰地观察环境中的物质因素和人文因素如何影响底层子女的教育获得和阶层流动。笔者根据对被测样本的访谈信息对家庭、学校物质因素，家庭、学校人文因素数据进一步进行编码。依据被访者描述受家庭环境影响大还是学校环境影响大作为评价标准。例如家庭人文条件差，但是成功脱离家庭环境的影响，受学校环境影响大，那么学校人文条件好坏决定被访者的人文环境影响程度。若家庭人文条件好，但也脱离了家庭环境的影响，受学校环境影响大，那么学校人文条件好坏同样决定被访者的人文环境影响程度。

因此将样本情况分为四个类型：(1)物质条件满足，人文条件也满足(1，1)；(2)物质条件满足，人文条件不够(1，0)；(3)物质条件不满足，人文条件满足(0，1)；(4)物质条件不满足，人文条件也不满足(0，0)。通过数量统计如下图4.3.2。

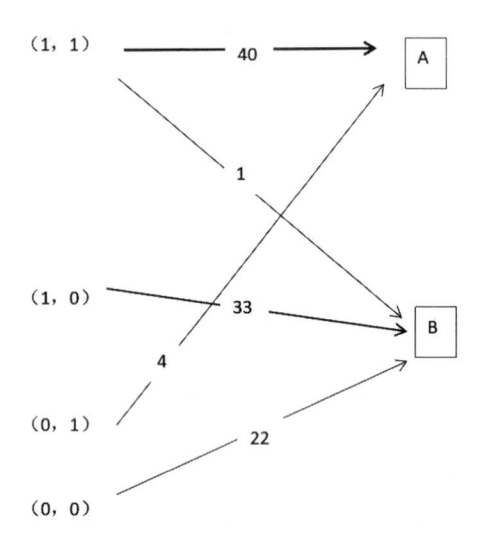

```
(1, 1) ——— 40 ———→ A
         ╲  ╱
          1
         ╱  ╲
(1, 0) ——— 33 ———→ B
         ╲
          4
         ╱
(0, 1) ——— 22 ———→
         
(0, 0)
```

图 4.3.2　物质和人文条件影响底层子女教育获得结果分布图

可以看出人文环境的影响对底层子女的教育获得有很强的影响。因此，将样本受到学校人文环境积极影响和消极影响进一步编码。根据进一步分析，得到2×2关系列联表。（如表4.3.4）

表 4.3.4　是否满足人文环境条件和成功与否列联表

	成功(A)	失败(B)	总计
满足人文条件(1)	40	1	41
不满足人文条件(0)	4	55	59
总计	44	56	100

二、满足人文条件与底层子女教育获得具有高度相关

表4.3.4呈现了满足人文条件与否与底层子女获得教育成功实现向上流动的2×2列联表。如果列联表共有r行c列，那么在独立事件的假设下，每个字段的"期望个数")为：

$$E_{i,j} = \frac{\left(\sum_{n_c=1}^{C} O_{i,n_c}\right) \cdot \left(\sum_{n_r=1}^{r} O_{n_r,j}\right)}{N}$$

因此，是否满足人文环境条件与成功与否列联表（包含期望个数）如

第四章　学校人文环境：影响底层子女教育获得的关键因素

表 4.3.5。

表 4.3.5　是否满足人文环境条件和成功与否列联表(包含期望个数)

	成功(A)	失败(B)	总计
满足人文条件(1)	40(18.04)	1(22.96)	41
不满足人文条件(0)	4(25.96)	55(33.04)	59
总计	44	56	100

采用卡方检验(Pearson's chi-squared test)：

$$\chi^2 = \sum_{i=1}^{r}\sum_{j=1}^{c} \frac{(Q_{i,j} - E_{i,j})^2}{E_{i,j}}$$

本研究的算式为：

$\chi = (40-18.04)2/18.04 + (1-22.96)2/22.96 + (4-25.96)2/25.96$
$\quad + (55-33.04)2/33.04$
$\quad = 80.907^{***}$

$^{***}p<.001, df=1$，说明表格数据具有统计意义，不是随机产生的。

进一步通过 Phi 系数 Φ 检验：

$$\Phi = \sqrt{\frac{\chi^2}{n}}$$

得到 $\Phi=0.899^{***}$ ($p=0.000$)，表示满足人文条件与底层子女获得教育实现阶层向上流动具有高度关联程度。

由此可知，因此人文环境因素，特别是学校中的人文环境对底层子女获得教育成就，实现向上阶层流动具有决定性意义。在构建学校环境时，要努力构建学校的人文环境，让底层子女脱离家庭消极人文因素的影响，并积极让底层子女融入学校的人文环境中，才能有效地帮助底层子女实现阶层跃迁。

第四节　特点分析：学校环境建构的时间特点

将学校环境分为物质环境和人文环境，通过量化初探得出学校人文环境与底层子女的教育获得具有高度相关。本节进一步阐释二者在建构上的时间特点。学校物质条件的建设时间短，易于评估。学校的人文条件建构却需要长时间的积淀和培养，才能发挥学校人文环境的积极作用。

一、达到物质条件时间短

2014年国务院办公厅印发《国家贫困地区儿童发展规划（2014—2020年）》的目标是到2020年集中连片特殊困难地区680个县从出生到义务教育阶段结束的农村儿童，整体水平可以基本达到或接近全国平均水平。其中，为做好儿童教育保障，在办学条件上指出在义务教育阶段，要加强乡镇寄宿制学校和乡村小规模学校建设，要解决农村义务教育中寄宿条件不足、大班额、上下学交通困难、基本教学仪器和图书不达标等突出问题。对于乡镇寄宿制中心学校，要按照标准化要求，加强宿舍、食堂、厕所和体育运动场地建设，配齐洗浴、饮水、取暖等学生生活必需的设施设备，全面改善学生吃、住、学、文化活动等基本条件，满足偏远地区学生和留守儿童的寄宿需求。对于规划保留的乡村小规模学校，要结合实际设置必要的功能教室，配备必要的设施设备，保障基本教育教学需要。

针对贫困地区义务教育阶段的学校办学条件薄弱问题，教育部于2014年启动了全面改善贫困地区义务教育薄弱学校基本办学条件项目（简称"全面改薄"）并提出"全面改薄"的20项底线要求，包括消除"大通铺"现象、消除66人以上超大班额、全面消除D级危房、需具备适合学生特点的体育活动场地和设施设备、寄宿制学校应设置淋浴设施、改善住宿制学校供餐条件、图书和多媒体教室配置等。根据《贫困地区教学点基本办学条件调查摸底情况表》可以看出对基本教学条件、学校生活设施、信息技术教育设施、教育教学设施四大类物质条件做了详细的列单。基本教学条件包括办公教师数、普通教

第四章 学校人文环境：影响底层子女教育获得的关键因素

室数量、黑板数量、课桌椅数量，是否有运动场；学校生活设施包括饮水设施、取暖设施、厕所数量；信息技术教育设施包括宽带网络、多媒体设备、计算机数量、数字资源接收播放设备；还包括教学设施和体育设施配备情况。

通过各地区大量经费投入和有针对性的督导，"全面改薄"项目在短时间内取得了明显的效果。《2017年全面改善贫困地区义务教育薄弱学校基本办学条件工作专项督导报告》指出，中央财政在收入增速减缓、支出压力较大的情况下，2017年安排358亿元专项资金，比上年增加20亿元，带动地方投入700多亿元，有力保障了工作建设进展。各地区也加大资金投入用于改善办学条件。从2014年到2017年的时间内贫困县基本完成全面改薄任务。全国832个贫困县有10.3万所义务教育学校办学条件达到"底线要求"，占行政区域内义务教育学校总数的94.7%。[1] 全国新建、改扩建校舍面积1.93亿平方米，采购价值931亿元的设施设备，分别占五年规划任务的93%和92%，提前一年实现2018年"过九成"工作目标。教育信息化步伐加速推进，全国90%的中小学实现网络接入，85%的学校拥有多媒体教室。

由此可以看出，学校环境的物质条件可以在短时间内配备完成，主要靠足够的经费和有效的落实。

二、满足人文条件积淀长

与物质条件相比，学校人文环境的建构特点是需要更长时间的积淀和培养。需要一个发展的过程。

首先表现在，在贫困地区的学校建设过程中，物质条件可以很快提高。但是人文条件需要较长时间才能达到。从聘任或培养优质教师到建构良好的学校文化，到对学生产生积极影响都需要一个较长的过程。

从一篇支教老师的所见所闻也可以看出。

"我原本以为中国农村都特别穷，学校的基本设备都不完备，孩子的基本生活会有困难。但是我教书的学校和课前培训的学校都很现代。教室的空间

---

[1] 教育部. 2017年全面改善贫困地区义务教育薄弱学校基本办学条件工作专项督导报告[EB/OL]http://www.moe.gov.cn/jyb_xwfb/gzdt_gzdt/s5987/201805/t20180510_335564.html

很大，也配备电子白板和电脑。学校当时也正在建新的学生宿舍楼，然后把旧的学生宿舍腾空做老师宿舍和办公楼。……设备和老师都不错，那么孩子们为什么无法考上好的大学？我特别喜欢我的学生。虽然他们上课会很调皮，可是我和他们熟悉以后发现他们性格都很开朗、头脑也很聪明。除了读书以外，他们都特别好打交道。……可惜这些可爱的学生大都不肯把他们的热心和聪明用在学习上。学生们并不想读书，也对外面的世界并不好奇。他们喜欢玩手机、看电视和打电脑游戏。……不过我认为这也不能完全怪孩子。他们虽然物质上不穷，但是从文化的角度来说就十分贫乏。周围的大人从事的职业只有农民、老师、医生、做小生意的老板和去外省的民工，所以我的学生以为世界上只有这些职业。……作为老师，能够影响孩子的时间也就是学校里的这几个小时。然而，教室之外，农村孩子并没有得到足够的家庭支持。"[1]

因此需要多层次和多角度帮助提升学校的人文环境，以及人文环境对底层子女发挥作用的有效性。特别是师资质量，重点在于提高师资的人文素质，发挥学校的人文环境作用。

其次，学校人文环境建构需要时间积淀的特点，从不同地区经济发展水平和教育发展水平的特点也能够看出来。以 PISA2015 和 PISA2009、2012、2018 年我国成绩排名现象可以假设，广东省参与测量是导致我国 PISA 成绩排名波动的主要原因。从 2018 年经济发展状况来看，广东省 GDP 总量以及增量在中国 34 省市排名第一，2018 年的 GDP 达到 97277.7 亿万元，可以看出广东省作为经济大省之一，其经济发展水平未能看出低于参加 PISA 测试的其他四省（直辖市）（北京、上海、江苏、浙江）。但是从广东省高考录取率来看，其一本录取率为 11.57%（2018 年），但北京上海两省的一本录取率约为 30%，江苏的一本录取率为 25.2%，浙江的为 17.35%。与其他四省的高考一本录取率相比，广东省考取优质大学的人数较少，侧面反映了广东省的教育水平未及其他四省。

---

[1] 去中国农村支教一年，颠覆了我对乡村教育的全部认知[EB/OL]https：//www.sohu.com/a/257986925_755068

第四章　学校人文环境：影响底层子女教育获得的关键因素

从广东省的经济发展特点、人口结构以及教育人文发展情况来探究其原因可清晰人文环境建构的时间特点。广东省作为外来人口最多的省份，在产业结构上低端产业较多，产业工人占比较大。虽然地区经济发展给人口带来经济的富足，但是家庭的人文环境、文化资本以及文化地位并不高。此外，广东省学校的物质设施虽然已经达到较高水平，但是学校的人文环境提升需要一个时间过程。例如，江浙沪的教育发展和创新走在较前的位置。如在上海市较早开始的科学课改革，在课程改革方面广东省还需要一段时间的推行和发展。再如，江南曾是明清中国教育最昌盛的地区，长时间浸染在科举文化之中，私塾的发展和对精英教育的重视，使江浙沪地区教育文化有历史的积淀。重视考试和学校教育的人文环境长时间的传承下来。从广东省近年高薪招聘高学历的中小学教师，也从侧面反映了在经济发展物质基础达到的基础上，重视学校人文环境建设对提升教育水平有积极作用。

本章小结

已有研究在分析影响底层子女教育获得的具体环境因素往往关注个别几个变量，例如父母期望、文化资本、图书馆资源、教师素质、学校经费投入等。但是影响底层子女教育获得的环境影响是一个复杂系统，对局部环境中的个别变量进行研究的结论会随着环境和时间的变化常常产生互相矛盾的结果。个别变量发挥作用受到各个具体条件限制，对个别变量的研究结果往往不具有普遍性。因此，在第四章笔者选择教育获得成功的底层子女和教育获得失败的底层子女案例做比较分析，对众多环境因素进行简化的分类。通过将环境因素分为物质因素和人文因素后可以很清晰的看出，家庭环境和学校环境因素都可以划分为物质因素和人文因素两类。

家庭的物质因素指家庭的教育投入，学校的物质因素指学校经济资助和设施设备。家庭环境的人文因素指父母人文素质，以及通过行为表现出来的重视教育的观念和行为、言传身教的品质，以及在子女专业选择和职业选择上的指导和帮助。学校环境的人文因素指教师人文素质和学生的人文素质，以及通过互动表现出的教师行为、同伴行为和榜样行为。教师行为可以具体指解答学生问题的学科专业能力、对待学生的态度和期望等；同伴行为可以具体指同伴对个体的鼓励、期望，还可能存在早恋、打游戏、逃课、欺凌等行为；榜样行为体现为学习氛围或学习榜样，例如"周围同学都在努力考好大学"。

通过对教育获得成功与否的底层子女家庭环境和学校环境中物质因素和人文因素做案例比较分析后发现，底层子女教育获得与否有几个特点。首先，家庭教育经费投入需满足子女就读义务教育；父母需重视子女的学习；若父母不重视子女的学习，但他们能脱离家庭劣势的人文环境的影响，受学校人文环境影响，也有可能成功。其次，教育获得与否的底层子女所处的学校人文环境影响有所差异，失败的底层子女往往因沉迷游戏、早恋、被贴标签和校园暴力欺凌影响学业成就。

依据家庭、学校环境的物质因素、人文因素划分标准，本研究设计了影响底层子女教育获得的环境因素问卷问题，并结合访谈资料对被测样本的物质因素和人文因素进行评价。通过卡方检验和 Phi 相关系数检验发现，满足人文条件与底层子女教育获得具有高度相关。脱离劣势的家庭人文环境，学校人文环境对底层子女教育获得具有决定性作用。学校环境建构的特点是：物质条件能够较快达到，而人文条件则需要长期的积淀和培养。

第五章　学校分层如何产生：教育制度与家庭行动共同影响

前两章通过对教育获得成功的底层子女与其他阶层子女、教育获得成功的底层子女与教育获得失败的底层子女的对比研究，从家庭、学校环境的相互作用以及类型化变量两个维度探究了底层子女获得教育成功的路径和影响因素。分析发现，底层子女家庭资本不足，学校环境对底层子女阶层跃迁起主要作用。底层子女进入好学校，受良好的学校人文环境影响就有更多的机会实现阶层跃迁。由此看出学校环境差异，即学校分层对底层子女具有重要影响。能否获得优质的高等教育资源关键在高中教育阶段，甚至是基础教育阶段的资源竞争。国际测评项目 PISA 的样本学校覆盖了城乡学校、普通中学和职业中学、公办学校和私立学校，包括初高中不同办学水平的学校。因此，本章拟通过分析 PISA 相关数据，研究教育制度是如何造成学校的分层，呈现学校分层的具体表现，以及家庭社会经济背景在造成学校分层过程中扮演的角色。

第一节　学校分层与教育制度密切相关

每个国家都有优秀的学生，但是能够使所有学生都发挥其潜力的国家却很少，教育分层普遍存在。PISA2018 数据呈现了学校分层是教育公平水平的重要体现之一，它与各国经济发展水平没有相关性，与各国的教育卓越和教育全纳水平没有相关性。通过分析发现，依据人才战略和教育财政投入与分配构建的教育制度是导致学校分层的驱动因素。

一、教育公平：体现在学校分层

OECD组织PISA2012《教育中的公平、卓越与包容》研究报告把教育卓越、教育公平和教育包容作为衡量教育成功的三项标准。根据该评价标准，教育成功一方面需要保证学生成绩的总体水平，另一方面则要避免由学生家庭社会经济地位所造成的学生受教育机会不均等。[①] 由历次PISA测试结果来看，芬兰、韩国、加拿大等国家的PISA测评高分高质结果让很多国家坚信，在教育政策调整中"兼顾公平与质量"是非常值得借鉴的经验。[②] 但是OECD报告也指出，没有一个国家或经济体在2006年至2015年间既提高了科学成绩，同时又改善了教育公平。[③] 当下，各个国家都致力于提高学生的学习成果和教育的公平性。然而，根据PISA的测评结果，在过去的十几年中，只有一小部分教育体系在教育公平方面取得进展。[④]

PISA2018对参与国的学生阅读成绩和社会经济地位的关系做了量化分析（见图5.1.1：FigureⅡ.2.5）。图中纵轴表示阅读成绩，横轴表示社会经济地位解释成绩差异的百分比，数值越小表示社会经济地位与学生阅读成绩的关系强度越小，教育公平程度越高。首先可以从图中看出，各国的教育公平程度与学生阅读成绩分布是散乱的，没有明显的关系性趋势（没有相关关系）。而且，几个主要的经济体的教育公平处于平均值附近或以下，尤其是德国和法国。德国和法国在经济领域具有重要地位，但是教育公平水平却很低，由此看出教育公平与国家经济发展程度没有必然关系。

[①] 刘宝存，屈廖健. PISA 2012教育成功国家和地区的基本经验[J]. 比较教育研究，2015，37(06)：14－20＋29.

[②] 李伟涛. 基于PISA测试结果的教育政策调整分析[J]. 教育发展研究，2012，32(04)：44－47.

[③] 邵钰. 经合组织报告：教育公平的进展[J]. 世界教育信息，2017，30(07)：72－73.

[④] 陈佳文. 全球范围的教育公平是否真的取得进展？[J]. 人民教育，2017(10)：9.

第五章 学校分层如何产生：教育制度与家庭行动共同影响

Figure II.2.5 **Strength of the socio-economic gradient and reading performance**

- ◆ Strength of the relationship between performance and socio-economic status is **above** the OECD average
- ◇ Strength of the relationship between performance and socio-economic status is not statistically significantly different from the OECD average
- ◆ Strength of the relationship between performance and socio-economic status is **below** the OECD average

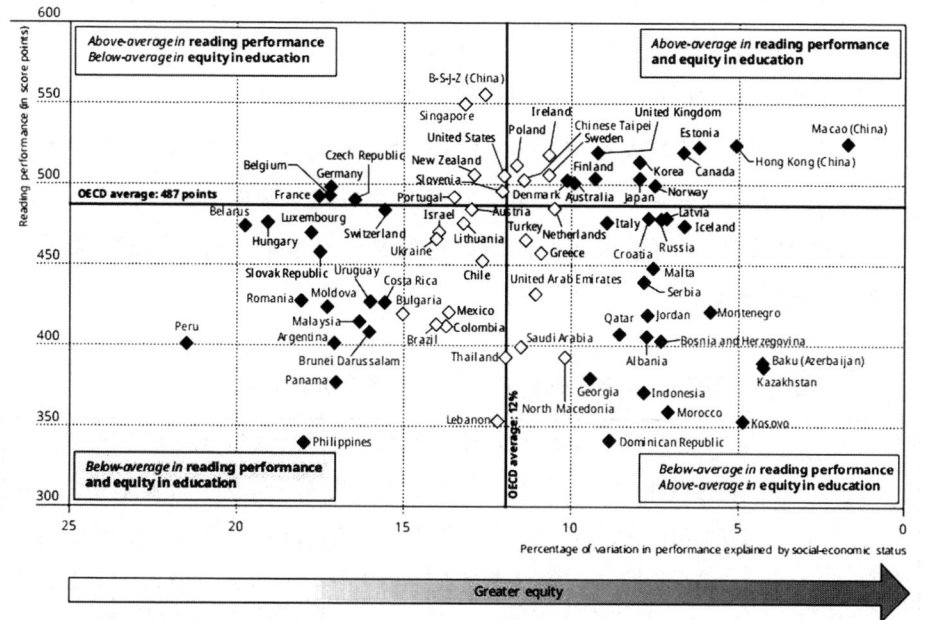

Note: Socio-economic status is measured by the PISA index of economic, social and cultural status.
Source: OECD, PISA 2018 Database, Table II.B1.2.3.
StatLink https://doi.org/10.1787/888934037184

图 5.1.1 按社会经济地位解释的阅读成绩变动百分比

其次，本研究选择了七个主要发达国家与我国进行比较分析。这七个主要发达国家包括德国、法国、芬兰、挪威、日本、韩国、美国，它们的学生阅读成绩差异不大，但是教育公平水平差距很大，从中可以分为四个类型。第一类是德国和法国，属于欧洲重要的经济体，其学生阅读成绩刚超过OECD平均水平，但教育公平水平低。第二类是芬兰和挪威，它们代表的北欧高社会福利的小体量国家，其学生成绩高于OECD平均水平，且教育公平水平也很高。第三类为日本和韩国，与我国同属于东亚，经济较为发达，与我国教育文化背景等方面都较为相似，但教育公平水平较高。第四类包括世界两个最大巨型经济体的中国和美国，我国的学生成绩很高，但教育公平水平与美国类似，都处于平均线附近。

OECD组织将教育公平、教育卓越和教育包容视为教育成功的标准。教育卓越是指 PISA 测试分数达到第五层级及以上人数占总测试人数的百分比高于 OECD 平均水平；教育公平是指学生测试分数受家庭社会经济地位的影响低于 OECD 平均水平；教育包容是指 PISA 测试分数处于第一层级人数占总测试人数的百分比低于 OECD 平均水平。由表 5.1.1 中我们可以看出，虽然四类国家的教育公平水平相差较大，但是四类国家教育卓越水平和教育全纳水平都高于 OECD 平均水平（中国地区教育水平远远超过平均水平是因为中国 15 岁学生对于三个领域，特别是数学和科学领域知识和能力的掌握已经远超 PISA 的测评难度）。可以说明四类国家的教育公平水平与教育卓越、教育全纳并没有必然关系。

表 5.1.1 四类国家 PISA2018 教育成功情况表（%）

	按社会经济地位解释的阅读成绩变动百分比[1]	阅读成绩在五级及以上人数占总人数百分比[2]	阅读成绩第一层级人数占总人数的百分比[2]	数学成绩在五级及以上人数占总人数的百分比[3]	数学成绩第一层级人数占总人数的百分比[3]	科学成绩在五级及以上人数占总人数的百分比[4]	科学成绩第一层级人数占总人数的百分比[4]
OECD 平均	12.01	8.7	22.7	10.9	23.9	6.7	21.9
德国	17.2	11.3	20.7	13.3	21.1	10.0	19.6
法国	17.5	9.2	20.8	11.0	21.2	6.5	20.5
芬兰	9.2	14.3	13.5	11.1	14.9	12.3	12.9
挪威	7.5	11.2	19.3	12.2	18.9	6.8	20.9
日本	8.0	10.3	16.9	18.3	11.5	13.0	10.9
韩国	8.0	13.1	15.1	21.3	15.0	11.8	14.2
美国	12.0	13.5	19.3	8.3	27.1	9.2	18.6
B－S－J－Z 中国	12.6	21.7	5.1	44.3	2.4	31.5	2.1

1. 来源：OECD，PISA 2018 Database，Table II.B1.2.3./Figure II.2.5：Strength of the socio－economic gradient and reading performance

2. 来源：OECD，PISA 2018 Database，Tables I.B1.1 and I.A2.1./Figure I.5.1：Students' proficiency in reading (computer－based assessment)

3. 来源：OECD，PISA 2018 Database，Tables I.B1.2 and I.A2.1./Figure I.6.1：Students'

第五章 学校分层如何产生：教育制度与家庭行动共同影响

proficiency in mathematics

4.来源：OECD，PISA 2018 Database，Tables I.B1.3 and I.A2.1./Figure I.7.1：Student' proficiency in science（CBA）

此外，四类国家的教育公平水平还可以由PISA测试的两个标准呈现。第一是比较社会经济地位处于优势和劣势学生的分数差异来呈现教育的公平程度。

表5.1.2 社会经济地位前25%优势学生与后25%弱势学生分数差异表

国家	分数差异
德国	113
法国	110
芬兰	79
挪威	73
日本	72
韩国	75
美国	99
中国(B—S—J—Z)	82
OECD平均	89

由表5.1.2可以看出，德国和法国的优生与差生的阅读成绩差距很大，远高于其他国家。社会经济地位前25%的优势学生比社会经济地位后25%的弱势学生分数高出110多分（OECD平均分为89分）。这表明一个学生的社会经济地位和测试表现关系强度较大。[1] 芬兰、挪威、日本和韩国分数差异较小。美国和中国(B—S—J—Z)分数差异处于OECD平均值附近。

PISA结果呈现教育公平性的另一个标准是学校间的分数差异大小，即弱

---

[1] Schleicher, A. (2018). PISA 2018: *Insights and Intepretations*. PISA, OECD Publishing, 2018: 17.

势学生或成绩较差的学生是否集中在某些学校。①②

表 5.1.3 四类国家 PISA 科学表现校际和校内差异百分比(%)③

国家	科学成绩校际差距	科学成绩校内差距
德国	48	61
法国*	30	59
芬兰	8	93
挪威	8	95
日本	42	54
韩国	25	75
美国	21	87
中国(B—S—J—G)	63	56
OECD 平均	30	69

1. 数据来源：OECD, PISA 2015 Database, Table I.6.9.
2. *采用四个国家 2015 年 PISA 数据，2015 法国数据缺失，采用 2018 校际和校内占阅读表现的差异百分比，数据来源：OECD, PISA 2018 Database, Table II.B1.4.1.

由表 5.1.3 可以看出，芬兰和挪威学生成绩校际差距很极小，校内差距大，说明学校间的同质性高，高分学生和低分学生较为平均的分布在各个学校中。然而中国四省(B—S—J—G)是四类国家中唯一一个校际差距大于校内差距的，说明我国四省的学校分层较为严重。

从以上各国的情况来看，国家经济发展、教育公平与教育卓越水平之间没有必然的联系，但教育公平水平体现在学校差异上。由于学校是教育政策实施的基本单位，教育政策价值取向的变化、教育质量监控的加强最终都需

---

① Schleicher, A. (2018). *PISA 2018: Insights and Intepretations*. PISA, OECD Publishing, 2018: 20.
② 注：在冰岛、爱尔兰、挪威、葡萄牙和瑞典，弱势学生至少有五分之一的机会和成绩优异的学生(成绩排名在前四分之一的学生)在同一个学校。而在阿根廷、保加利亚等国，弱势学生只有八分之一的机会与优秀学生进入同一所学校。
③ OECD (2016), *PISA 2015 Results (Volume I): Excellence and Equity in Education*, PISA, OECD Publishing, Paris, [EB/OL] https://doi.org/10.1787/9789264266490-en.

第五章　学校分层如何产生：教育制度与家庭行动共同影响

要体现在学校之中，因而，学校教育制度改革受到越来越多参与国或地区的关注。PISA2003 结果分析表明，学校教育制度与学生学业成绩具有关联，具体表现为：学校系统的制度性差异程度与学生平均成绩之间在统计上没有明显的相关性，但与学生成绩的两极分化程度有明显的相关性。也就是说，制度性差异程度的加强不能作为提高学生平均成绩的可靠手段，最有可能的结果是学生两极分化现象更加严重，差生越来越差，能力强的学生越来越强。[①] 由此可以看出，教育公平、教育卓越与教育制度密切相关。教育公平程度主要体现在学校分层程度上。教育制度的核心体现在精英教育与大众教育的分流，以及国家资金投入与分配。

二、人才战略：精英教育与大众教育的分轨

OECD 组织的 PISA 测评具有明确的政策导向，其目的在于改进教育政策。[②] 长期以来，教育公平指标都是 OECD 理解教育目的的一个重要内涵。从 20 世纪 70 年代起，OECD 就开始重视教育机会均等和教育民主化，并发表了多部关于教育公平的报告，涵盖了残疾人教育、多元文化教育实践、女性教育等。[③] 到了 80 年代，成员国的青年就业问题促使教育公平在人力资本理论框架下，与教育投资、学习成绩、个体生产力、经济增长产生联系。教育公平不仅仅只说明教育机会均等，还与教育回报有关。PISA 引证大量研究证明：教育公平不仅是一个公平问题，更是一个经济问题。[④] 来自 OECD 的一项成人技能调查显示，在 PISA 测试中素养达到最高水平的学生，获得高薪水的可能性是处于最低水平学生的三倍，失业风险则不足其二分之一。[⑤] 虽然在经济驱动下的教育质量与效率存在矛盾，但是 OECD 认为教育公平与教育效率不可分割，必须共存。90 年代以来，随着教育得到扩展，知识经济和全

[①] 李伟涛. 基于 PISA 测试结果的教育政策调整分析[J]. 教育发展研究，2012，32(04)：44—47.

[②] 陆璟. PISA 研究的政策导向探析[J]. 教育发展研究，2010，30(08)：20—24.

[③] 罗晓静. OECD 教育公平政策探析[D]. 华东师范大学，2010：15.

[④] OECD. PISA 2009 Results: Overcoming Social Background[R]. Paris: OECD, 2010. 26.

[⑤] 田凌晖. 超越分数：从 PISA 数据看上海基础教育公平[J]. 教育发展研究，2014，33(12)：11—16.

球化的发展，OECD从更加宽泛的角度建构教育目的的内涵，逐渐将教育公平和教育卓越、教育包容共同纳入教育成功的范畴。

从各国的情况来看，精英教育和教育公平（大众教育）是各国教育制度追求的目标，而且教育公平水平体现在学校差异上，并与各国的教育制度密切相关。PISA致力于对各国教育政策产生影响。PISA测试得出国际比较数据，为各国的教育改革提供有针对性的政策建议。但是各国对PISA的结果的反应不一，存在政策加固、政策借鉴、政策革新与政策冷漠四种政策回应。[1]虽然OECD提供的PISA测试报告对参与国形成了无形的压力，但这也并不意味着各个国家真正失去了决定教育政策未来走向的权力。例如，OECD提供的报告指出芬兰的综合学校改革和教师的自主权是芬兰取得成功的关键因素，但此后芬兰却反而在综合学校中增加了必修课程的比例。再如，PISA为世界各国的教育改革树立了"芬兰教育"和"上海教育"两个"标杆"。然而这两个"标杆"却引起了国际社会的不同凡响。[2] PISA2003结果公布后，PISA芬兰项目组仍感叹，芬兰学生在PISA中的突出表现的确令人欣慰，但同时也给芬兰教育当局和教育决策者带来了一定困惑："我们一度认为，我们的教育改革应当借鉴他国的经验，我们曾经向德国学习"。[3]我国上海在PISA 2009和PISA 2012测试中夺得两连冠，继芬兰之后成了世界关注的焦点。但是，大部分媒体和公众把这一成果归因于中国自古以来的"应试"传统，如《光明日报》在2013年发表了题为《PISA全球第一不值得陶醉》的文章，肯定了上海学生学业水平上的优势是上海基础教育"优质均衡"整体发展的结果，但同时也指出"如果学生出色的考试成绩是靠大量时间刻苦训练出来的，以及家长、学校和教育部门用大量钱财堆积出来的，虽然成绩很骄人，但他们作为未成年人的幸福感并不强"。[4]

---

[1] 李刚，陈思颖. PISA的政策影响：类型、方式及其启示[J]. 外国教育研究，2014，41(07)：3—10.

[2] 马健生，蔡娟. 全球教育治理渗透：OECD教育政策的目的——基于PISA测试文献的批判性分析[J]. 比较教育研究，2019，41(02)：3—11.

[3] 李刚，陈思颖. PISA的政策影响：类型、方式及其启示[J]. 外国教育研究，2014，41(07)：3—10.

[4] 王佳，刘淑杰. PISA测试引发的教育政策回应及革新——以德国和加拿大为例[J]. 教育测量与评价，2019(06)：27—33.

第五章 学校分层如何产生：教育制度与家庭行动共同影响

因此，各国并非一味地追求教育公平，原因是各国的人才培养战略都充分考虑精英教育和大众教育两个方面。各国的人才培养战略都包含精英教育和大众教育。国家对二者的教育投入和教育政策很大程度上影响教育公平和教育卓越水平。一项对印度和越南的案例研究表明，虽然两国5岁儿童在计算能力指标上处在相似的水平，但是越南将国家教育资金用于改善公共教育质量，而印度走的是精英化的教育路线，这使两国儿童到了15岁，越南的学生平均表现得更出色。[①]

表 5.1.4 四类国家的高等教育毛入学率(%)

国家	高等教育毛入学率
德国	70
法国	66
芬兰	88
挪威	82
日本	64
韩国	94
美国	88
中国	51

1. 数据来源：世界银行—各国高等教育毛入学率。
2. 中国为2018年数据，日本为2014年数据。
3. 高等教育毛入学率指：高等教育(ISCED 5和6)入学总人数(不论其年龄)占中学毕业后继续接受教育的5年制人群总人数的百分比。

从教育结果来看，精英教育和大众教育的分流结果主要表现在高等教育阶段。表5.1.4给出了四类国家的高等教育毛入学率，可以看出，这些国家高等教育大众化水平都很高(中国最低，但是也超过50%)。以四类国家为例，芬兰、挪威公立高等教育普及程度高，德国和法国的高等教育主要由国家主

[①] Rolleston, C., & James, Z. (2015). After access: Divergent learning profiles in Vietnam and India. *Prospects*, 45(3), 285—303.

导，日本和韩国高等教育主要由私人资本投入，美国精英大学都为私立大学。但是即使在高等教育大众化阶段，高等教育中也有精英教育与大众教育的分流。通过对精英大学入学率和入学途径的详细分析，才可以知道四类国家高等教育阶段精英和大众教育的分流情况，以及高等教育是如何对非高等教育学校分层产生影响的。

国家对人才结构的需求影响了人才培养战略，产生相应的教育政策。每个国家的教育都必然包含了精英教育和大众教育，而精英教育和大众教育的分离程度决定了学校是否分层，进而影响到教育的公平程度。因此可以从国家对人才结构的需求和教育政策出发，得出一个宏观视野的视图。（见图5.1.2）

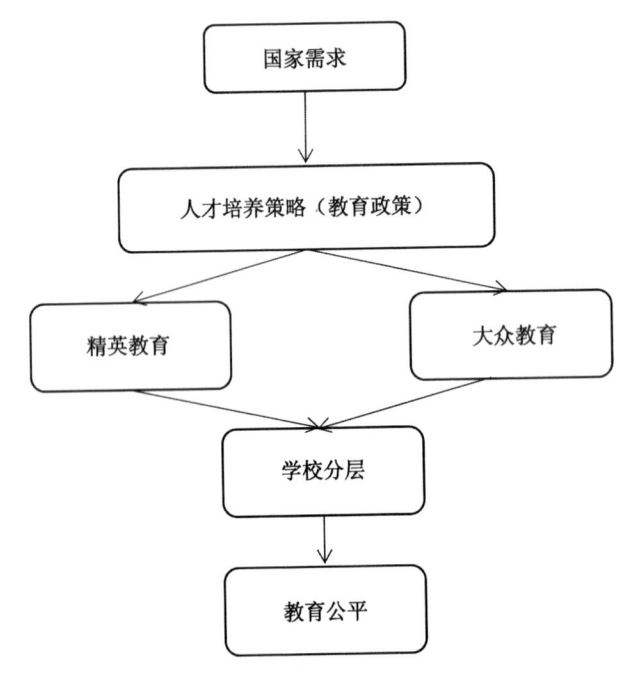

图 5.1.2　精英教育与大众教育的分轨对学校分层的影响机制图

以中美两国为例，可以进一步说明各国人才结构和人才需求影响着人才培养重点。高等教育发展情况直接体现了各国人才情况。当下，各国都十分重视拔尖人才的培养。全球共同的人才需求表现为既需要顶尖优秀的创新人

第五章　学校分层如何产生：教育制度与家庭行动共同影响

才，同时需要大量的科技劳动力。美国当下经济为消费型经济，服务业占产业的绝大部分，使得美国工业人口和农业人口占比较少。美国的人才资源特点是：社会经济以服务业为主，科技就业的本土劳动力不足。美国具有较为丰富的本土顶尖人才，并且积极从全球吸引丰富的顶尖人才资源，但缺乏本土的一般科技劳动力，认为本土的科技劳动力培养关乎国家安全问题。

因此，在过去 30 多年来，美国的教育革新核心目标是培养更多的本土科技劳动力，主要目标是解决本土大部分学生畏惧学习数理化和数理基础薄弱的现状，以及中小学理科类教师缺乏和开课相对较少等问题，实施方法是推动 STEM 教育。2006 年美国总统布什签署发布的《美国竞争力计划》(American Competitiveness Initiative)、2009 年奥巴马政府启动"创新教育运动"(Educate to Innovate)、2011 年《美国创新战略》(A Strategy for American Innovation)中不断强调加强和推进 STEM 教育作为推进国际竞争力的一个国家核心战略。美国在科学课程标准(NGSS，2012)指出，科学课标的主要目标是通过强调小组协作的主动学习，通过实施 STEM 融合课程进而提升学生兴趣，维护学习动力，并开展多元化能力培养和评估。美国还于 2018 年启动了美国 K－12 人工智能教育行动，制定了相应的教学指南并开发教学资源[①]。此外，美国国内大量的优质高中，围绕 STEM 教育对课程设计与实施进行了彻底的改革，旨在培养多元化人才，并依托大学、将基础教育与大学教育高效衔接，提升优秀人才的培养速度和效率。

对比我国的人才资源和人才培养需求可以看出，我国拥有相对丰富的本土科技劳动力，但仍然缺乏高端顶尖的创新型人才，教育改革的核心是针对顶尖创新型人才的"提质扩量"。从经济发展来看，我国也正处于向服务型和科技型经济转型，将来也会面临类似美国的科技劳动力不足的问题。从全球竞争环境来看，我国不具备从全球吸引人才为国家发展服务的优势，需要依靠本土的人才培养，为国育才。因此从教育发展来看，我国需要未雨绸缪，提升科技人才培养能力和可持续人才供给。与美国科学教育现状不同，我国

---

① 方圆媛，黄旭光. 中小学人工智能教育：学什么，怎么教——来自"美国 K－12 人工智能教育行动"的启示[J]. 中国电化教育，2020(10)：32－39.

目前有大量学生有兴趣且有能力学好数理化等理科类学科,甚至有部分学生在低学段就能掌握高学段的数理化课程内容。

以中美两国优质高等学校的相对数量也可以体现学校分层的情况。在美国,高校的选拔度最常被作为新生群体中学业质量高低或获得入学资格难易程度的代名词。选拔性越高的高校,其学术声誉往往越好。录取率是衡量选拔度的直接指标,录取率越低,则高校的选拔度越高。在2020—2021学年,美国大约有3 553个具有学位授予资格的高校招收大一新生。在这些院校中,2265所为四年制提供本科及以上学位课程的院校,其余则提供专科和技术教育。在2020—2021学年,大约25%的四年制院校设开放式招生政策(open admissions policies:即招收所有具有高中学位的申请人,录取率为100%),大约37%的四年制院校录取率为75%或以上,大约27%的四年制院校录取率为50%至75%,大约12%的四年制院校录取率不到50%,这12%的四年制院校可以视为美国的精英高校,大致是美国排名前200的大学。这12%的四年制院校在2020—2021年录取人数(Number of admissions)占所有高校的13.3%[1]。

我国从985工程、211工程到目前的"双一流"高校建设工程,可将"双一流"高校作为我国精英高校。根据《第二轮"双一流"建设高校及建设学科名单》[2],我国有147所"双一流"建设高校,占我国普通高等学校2759所(截至2022年5月31日)[3]的约5.3%。根据2022年高考报考人数与各高校发布的2022年本科招生计划、新生大数据等统计得出,2022年"双一流"高校录取人数约为68.2万人,占高考报考总人数约5.7%。由此可见,我国优质的高校资源仍非常有限。

---

[1] Digest of Education Statistics[EB/OL]https: // nces. ed. gov/programs/digest/d21/tables/dt21_305.40.asp

[2] 教育部 财政部 国家发展改革委关于公布第二轮"双一流"建设高校及建设学科名单的通知[EB/OL]http: // www. moe. gov. cn/srcsite/A22/s7065/202202/t20220211_598710.html

[3] 教育部 全国高等学校名单(截至2022年5月31日)[EB/OL]http: // www. gov. cn/xinwen/2022-07/03/content_5699066.htm

第五章 学校分层如何产生：教育制度与家庭行动共同影响

三、教育资源：教育财政投入与分配差异

教育政策还关于国家财政投入与分配。一般来说，教育公平、学生成绩与教育财政投入之间有关联关系。但是 PISA2018 报告指出，教育财政投入与成绩的相关有个阈值。（见图 5.1.3）

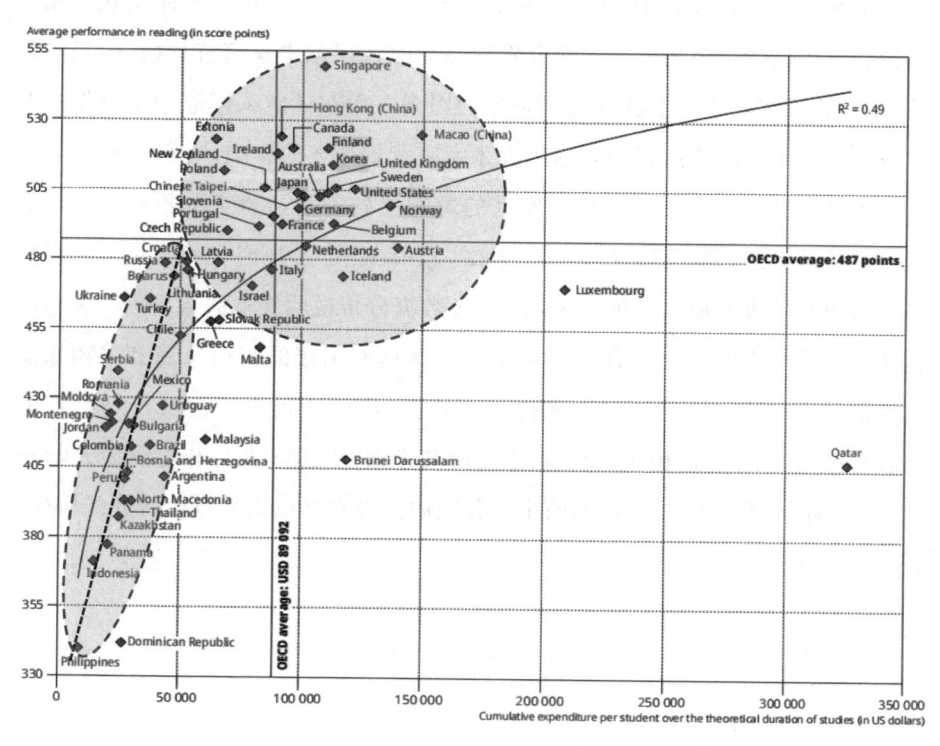

图 5.1.3 PISA2018 学生人均累计支出与阅读表现相关图

图 5.1.3 中纵轴是 PISA2018 的学生阅读分数，横轴是从 6 岁到 15 岁，每个学生的累计教育支出。结果显示，50000 美元似乎是一个阈值。在教育支出达到 50000 美元之前，教育投入与平均绩效之间存在正相关关系（见图 5.1.3 左下方的虚线和数据区）。然而，在这一阈值之后，教育投入与学生成绩之间几乎没有关系（见图 5.1.3 中部上方的圆形数据区）。例如，爱沙尼亚和拉脱维亚在小学和初中教育方面的投入相似（每个学生的累计支出约为 65000 美

· 159 ·

元),但爱沙尼亚的阅读成绩比拉脱维亚高出40多分。相反,澳大利亚、英国和美国每名学生的支出都超过10.7万美元,但得分并不比指出低很多的加拿大、爱尔兰和新西兰高。在学生人均累计支出与社会背景对阅读成绩的影响之间的关系上,结果是相似阈值后,更重要的是如何分配资源。[①]

有关教育投入与公平性关系的已有研究也存在不同的结论。有学者将国家经济水平(人均GDP)作为一个重要的影响因素,来分析在不同国家,家庭背景和学校质量影响的差异。研究发现在高收入国家中家庭背景(社会经济地位SES)是决定学生学业成绩更为重要的因素,而在低收入国家中学校质量对学业成绩不平等产生的影响要远远大于家庭背景带来的影响。[②] 但是也有学者发现无论国家经济水平的高低,家庭的影响在各国都显得更为重要,有学者发现学校质量的影响与国家经济发展水平没有关系。[③] 还有学者尝试解释产生不一致研究结果的原因,他们采用PISA数据分析说明在低收入国家,来自较富裕家庭的学生的学业成就并不突出,因此这些国家的富裕家庭和贫困家庭之间的不平等相比富裕国家要来得小一些。[④] OECD报告也指出,人均GDP与教育绩效之间呈正相关,但是这仅预测了各国之间学生平均成绩差异的6%。[⑤] 因此,我们需要更详细的了解各国的经济水平以及教育经费分配情况。

[①] Schleicher, A. (2018). *PISA 2018: Insights and Intepretations*. PISA,OECD Publishing, 2018:20.

[②] Rose, P. (2015). Introduction: Overcoming inequalities in teaching and learning. *Prospects*, 45 (3), 279–283.

[③] Nonoyama-Tarumi, Y., Hughes, K., & Willms, J. D. (2015). The role of family background and school resources on elementary school students' mathematics achievement. *Prospects*, 45(3), 305–324.

[④] Nonoyama-Tarumi, Y., & Willms, J. D. (2010). The relative and absolute risks of disadvantaged family background and low levels of school resources on student literacy. *Economics of Education Review*, 29(2), 214-224.

[⑤] Organisation for Economic Co-operation and Development, & PISA. (2010). *What Students Know and Can Do: Student Performance in Reading, Mathematics and Science*. OECD.

第五章　学校分层如何产生：教育制度与家庭行动共同影响

表 5.1.5　四类国家人口、净收入基尼系数以及教育支出情况表①

国家	人口	净收入基尼系数	人均GDP（美元）	教育支出		公共教育支出（占GDP的百分比）		非公共教育支出（占GDP的百分比）	
				小学至中学非高等教育支出	高等教育支出	小学至中学非高等教育支出	高等教育支出	小学至中学非高等教育支出	高等教育支出
德国	82,293,457	29.00	45,552	0.238	0.374	2.6	1.0	0.39	0.19
法国	65,233,271	29.90	42,013	0.236	0.384	3.4	1.1	0.34	0.30
芬兰	5,542,517	25.60	45,709	0.219	0.385	4.0	1.6	0.03	0.06
挪威	5,353,363	24.90	89,818	0.160	0.234	4.6	1.7	0.02	0.07
日本	127,185,332	29.90	47,608	0.214	0.405	2.5	0.5	0.21	0.94
韩国	51,164,435	30.70	25,459	0.459	0.397	3.5	0.7	0.51	1.16
美国	326,766,748	37.80	52,195	0.238	0.575	3.2	0.7	0.31	1.67
中国*	1,395,380,000	46.50	8,078	0.219	0.350	2.7	0.8	0.24	0.52

1. 净收入基尼系数，人均 GDP(美元)数据来源于：世界经济论坛。②

2. 小学至中学非高等教育、高等教育支出、公共教育支出、非公共教育支出数据来源于 OECD 网站。为 2015—2016 年数据。③

3. 教育支出数据：采用生均教育支出(美元)/人均 GDP(美元)

4. 小学至中学非高等教育：Primary to post-secondary non-tertiary

5. 高等教育 Tertiary：第三级教育，包括中等教育以上程度的各级各类教育。

6. 中国数据为 2016 年数据。2016 年各级各类学校生均教育支出数据：《2016 年全国教育经费执行情况统计公告》④；公共和私人教育支出占 GDP 的百分比数据来源：《2017 中国教育经费统计年鉴》第 6 页(2016 年数据)⑤；GDP 数据为 2016 年中国 GDP：740100 亿元。

---

① 因西方各国教育支出，特别是高等教育支出和高等教育入学等数据受疫情影响较大，因此主要仍采用 2020 年前数据作为说明。

② https://www.gfmag.com/global-data/economic-data/wealth-distribution-income-inequality

③ OECD (2020), Education spending (indicator). doi: 10.1787/ca274bac-en (Accessed on 09 January 2020).

④ 中华人民共和国教育部. 财政部关于 2016 年全国教育经费执行情况统计公告[EB/OL] http://www.moe.gov.cn/srcsite/A05/s3040/201710/t20171025_317429.html

⑤ 教育部财务司，国家统计局社会科技和文化产业统计司. 2017 中国教育经费统计年鉴[M]. 北京：中国统计出版社，2018：6.

表 5.1.5 列出了四类国家人口数、净收入基尼系数、人均 GDP，以及教育经费具体支出情况。从中可以看出芬兰、挪威的教育支出主要是国家投入，私人教育支出在非高等教育和高等教育都占比极小。日本和韩国的公共教育支出主要集中于非高等教育，而私人教育支出在高等教育阶段则占比很大。法国和德国的高等教育为国家公共支出主导。美国的高等教育中私人教育支出也占据重要份额。可以看出，四类国家基尼系数差别不大（除了中国），因此这些国家的不同的教育公平和教育卓越结果更多的是受国家教育政策体系和文化的影响。

第二节 学校分层的具体表现

在 2018 年最新的 PISA 成绩中，由北京、上海、江苏、浙江组成的中国部分地区（B－S－J－Z）学生在阅读、数学和科学三项测试成绩居 79 个参测国（地区）首位。但是四省市学生家庭背景对学生三科学业表现的影响均较大，属于优质但不公平的地区；四省市学生阅读素养的校际差异比为 42.0%，属于校际差异大、校际均衡发展程度较差的地区；城乡学校在学生成绩、硬件配置、师资配置、教师教学等方面存在较大的差异。上一章的结论是学校环境中的人文因素与底层子女教育获得具有高度相关。因此本节主要分析学校人文条件的差异。

一、城乡学校差异的主要表现：师资分层

1. 城乡学校的硬件条件不是学校差异的主要表现

PISA2018 的"教育资源短缺指数"是对参测地城乡学校的硬件配置、基础设施、教学材料的数量和质量、师资配置等方面进行综合评价。数据结果呈现，我国参测四省市的学校教育资源短缺指数低于 OECD 的平均值，排名 63（共 78 个参测国家或地区）。从城乡学校教育资源短缺指数结果来看，我国四省市城市学校教育资源短缺指数为－0.35，乡镇学校教育资源短缺指数为－0.19，虽然乡镇学校的硬件短缺情况比城市学校严重，但是均超过了 OECD

第五章 学校分层如何产生：教育制度与家庭行动共同影响

的平均水平（以 OECD 均值 0 为标准）。（见表 5.2.1）

表 5.2.1 我国四省市教育资源配置情况表

	总体情况	国际排名	农村情况	城市情况	t
教育资源短缺指数	−0.27	63/78	−0.19	−0.35	5.35***

*** $p<0.001$

从学校的硬件条件来看，PISA2018 年数据呈现城乡学校在基础设施方面差别不大，四省市城乡学校硬件短缺指数分别为 −0.35 与 −0.20（均好于 OECD 平均水平 0）。以 PIS2015 年农村、乡镇和城市学校生均电脑数量为例，农村、乡镇、城市学校生均电脑数量依次升高，但是方差分析结果表明三类物力资源在城乡学校的分布差异尚未达到显著性水平。[①] 从时间发展的纵向比较来看，我国长期以来的教育投入，特别是在基本办学条件上的投入成效显著。

2. 城乡师资资源差异是城乡学校差异的主要表现

PISA2018 数据显示（见表 5.2.2），我国四省市教师人员短缺指数为 0.50，高于 OECD 平均水平，在参测国家（地区）中排第七位，说明师资短缺程度较高。其中，乡镇学校师资短缺指数为 0.98（指数为 1 表示非常短缺），表明乡镇学校这一问题已十分严重。

表 5.2.2 我国四省市教师资源配置情况表

	总体情况	国际排名	农村情况	城市情况	t
教育人员短缺指数	0.50	7/79	0.98	0.44	20.02***
师生比	10.71	46/77	10.56	10.32	1.83
有无教师资格证的教师比	96.56%	9/75	96.17%	96.47%	−0.88
教师为硕士学历的比例	7.68%	62/75	4.26%	12.23%	−30.64***
教师为博士学历的比例	0.15%	70/75	0.01%	0.32%	−12.98***

*** $p<0.001$

---

① 黄亮. 学校资源的均衡配置是否能够促进城乡教育结果的均等？——来自我国四省市的证据[J]. 教育科学研究，2018(10)：30−39.

从师生比来看，我国四省市总体的师生比较低，平均10.71位学生配备1位老师，在参测国家（地区）中排名第46名。虽然从参测国家（地区）排名来看，我国四省市教师配备数量位于中上水平，但是有研究指出，师生比中教师数量数据包括了在编不在岗的教师数以及职工数，而在其他各国家（地区），此项数据仅涉及教师和协助教学的教辅两类人员。[①] 根据曾俊霞研究员对农村学校教师资源配置失衡的调研发现，虽然农村教师数量总量不少，但是数量分布不均，同时存在结构性的失衡。具有偏远的学校教师分配数量少，处于中间位置的学校教师超编，代课教师素质不高，学校大班额问题突出，教师教学任务重等问题。[②] 此外，教师年龄失衡、专业失衡、性别失衡、编制失衡和职称失衡都是具体的教师配备结构性失衡的表现。

通过我国四省的班额人数也能够从侧面反映城乡师资差异情况。我国四省平均班额为41.67，在参测国家（地区）中居于首位。农村地区大班额教学多于城市学校，教师承受的工作量更多，表现为负责的班级、学科教学更多，存在跨年级教学现象。

教师在城乡学校的差异还表现在教师资质的差异。从数据中可以看出，持有教师资格证上岗的教师在城乡没有明显区别（城市学校持证上岗的教师为96.47%，农村学校持证上岗的教师为96.17%），教师资格认证工作落实得好。但是教师学历为硕士和博士在城乡任教的数量具有显著的区别。从我国四省的PISA数据来看，教师学历为硕士和博士的比例分别为7.68%和0.15%，在参测国家和地区排名62和70，居于国际排名较后位置。对比农村和城市教师学历水平，城市教师为硕士的比例为12.23%，为博士的比例为0.32%；在农村地区，教师为硕士的比例仅为4.26%，博士的比例为0.01%，说明城乡师资的分层较为严重。

二、城市学校差异的主要表现：生源分层

城市学校中的师资差异不大，学校分层主要表现为生源的分层。不同学

[①] 赵茜，赵东方. PISA2018解读：教育治理的现状与反思——基于中国四省市PISA2018数据的分析与国际比较[J]. 中小学管理，2020(01)：10－15.
[②] 曾俊霞. 农村地区内部教师资源配置失衡表现及影响[J]. 山西农业大学学报（社会科学版），2019，18(02)：9－13＋44.

第五章　学校分层如何产生：教育制度与家庭行动共同影响

生的教育需求不同。以北京重点高中为例，"清北去人附，爬藤到实验"这句话说明，若想考上清华北大，需要进入人大附中，若要考取世界名校，需要到实验学校。学生来源和教育目标的差异，使不同学校间的生源具有分层。但是主要仍是以成绩进行分层，成绩高的学生集中进入某几所重点高中，重点高中以不同的招生方式录取成绩高的学生，高成绩的学生又使重点高中具有高的升学率，以此形成一个闭环。

表 5.2.3　2018 年北京重点高中和普通高中录取分数线比较表

区域	区域排名	学校	最低录取分数线
海淀	1	人大附中	560
朝阳	1	八十中学	555
东城	1	北京二中	554
西城	1	北京四中	554
海淀	10	中关村中学	528
朝阳	10	北京第十七中学	516
东城	10	五十五中	525
西城	10	北京十五中	528

以北京重点高中和普通高中录取分数线比较可以看出，进入重点高中的学生成绩高于普通高中学生的成绩。重点高中汇集了尖子生，与普通高中重要的区别在于生源的区别。为了了解城市学校差异是以学校设施、师资为主要表现，还是以生源为主要表现。笔者访谈了 5 位希望孩子进入重点中学的学生家长，访谈问题是关于他们为何要送孩子进入重点中学，觉得城市中普通中学和重点中学的首要区别在哪。

家长 A："城市中学校区别老师的水平很重要，但是我觉得更重要的是重点中学的学生，都是成绩好的学生。重点高中的学生学习主动性强，学习自律性强，我觉得在这样的环境中，孩子会自然感受到竞争的压力，会激发潜能，努力读书，考出好成绩。"

家长 B："重点中学的学生成绩都很好，如果你读个普通高中，学生质量参差不齐,你会受他们的影响。老师也要花费精力去管教这些孩子。班级不能形成那种很好的学习环境,就是心无旁骛的认真学习。我了解重点高中的学习氛围,所有同学都在努力学习,身边都是优秀的榜样。不是说普通中学没有优秀的学生,就是比较少,得靠很强的自制能力和定力才能保持很好的学习状态。如果进入普通高中,家长也会很累,因为要时刻督促孩子好好学习。但是如果进入重点中学就不一样了,孩子自己的学习压力会有,我们可能还得让他有个轻松的心态……"

由此看出,在城市的中学之间,学校设施和师资质量虽然也是学校差异的表现,但是更突出的表现是生源的差异。是"优秀学生"聚集起来形成的学习氛围和榜样的差异。

三、学校分层的表现形式:升学率差异

学校分层表现为升学率的差异,首先表现为某个地区内学校具有分层。以北京高中的升学率为例,2016 年北京排名 12 以后的高中,清华北大录取率都不超过 10 人。前 11 名的高中有 605 人被清华北大录取。如表 5.2.4。

表 5.2.4　20160 年北京市高中清华北大录取人数排名前 20 统计表

排名	学校	清华北大录取人数(人)	排名	学校	清华北大录取人数(人)
1	人大附中(海淀)	114	11	首都师大附中(海淀)	20
2	北京四中(西城)	87	12	北京二中	6
3	清华附中(海淀)	67	13	北京景山中学	5
4	北师大实验中学(西城)	66	14	北京一七一中学	4
5	北京市十一学校(海淀)	66	15	北京牛栏山一中	4
6	中央民族大学附属中学(海淀)	59	16	北京八十中	4
7	北大附中(海淀)	36	17	北京十二中	4
8	北师大二附中(西城)	36	18	北京市育英学校	4
9	北京市一零一中学(海淀)	28	19	北京五中	3
10	北京八中(西城)	26	20	清华附中朝阳学校	3

第五章 学校分层如何产生：教育制度与家庭行动共同影响

因为优秀的生源集中在重点高中，他们通过重点中学自主招生或中考"掐尖"而来，优秀的学生集中在少数高中，造成学校间生源的差别。优秀学生在重点高中以考上重点大学为目标，这种强中竞争的学习氛围是造成与在非重点高中学生的学业成绩差异的主要原因。研究发现以北京大学生源为例，我国北京大学学生有50%的学生来自于排名前5%的中学。80%的学生来自于排名20%的中学。①

其次，以参加PISA2015和PISA2018的我国五省升学率可以看出各省的学校分层情况。（见表5.2.5）

表5.2.5 2018年北京上海江苏浙江广东高考一本录取率(%)

		北京	上海	江苏	浙江	广东
2018	人数(万)	6.3	5	33.09	30.6	75.8
	一本录取率(%)	34.13	29	25.2	17.35	11.57
	排名	1	3	4	14	23

从各省的高考一本录取率可以看出五省的学校分层情况。北京、上海和江苏的学校考取一本学校的比例比浙江和广东高，证明北京、上海和江苏三省市的学校和浙江、广东的学校存在分层。

第三节 家庭行动对学校分层的影响

教育制度是学校产生分层的驱动因素。教育制度虽然是决定各类学校"重点学校""普通学校"的核心驱动因素，但是在学校分层过程中学生的家庭社会经济背景差异与天然要进行家庭优势传承的行动同样对学校分层产生作用。本节着重分析家庭社会经济背景差异与行动对学校分层的影响。

---

① 王香丽. 重点高中招生方式对教育公平的影响[J]. 深圳职业技术学院学报，2016，15(04)：80—84.

一、教育起点："双重影响"

在教育制度的影响下,家庭社会经济地位(socioeconomic status,SES)在学校分层中可以加剧教育的不公平,家庭社会经济地位的影响体现在学校教育过程的起点、过程和结果。如图 5.3.1 所示,在"教育起点"阶段,经济条件好的家庭能够支付较高的学费,而家庭社会经济地位处于劣势的学生会选择学费少的学校。这是家庭经济资本在优势教育资源中竞争的最明显的特征之一。

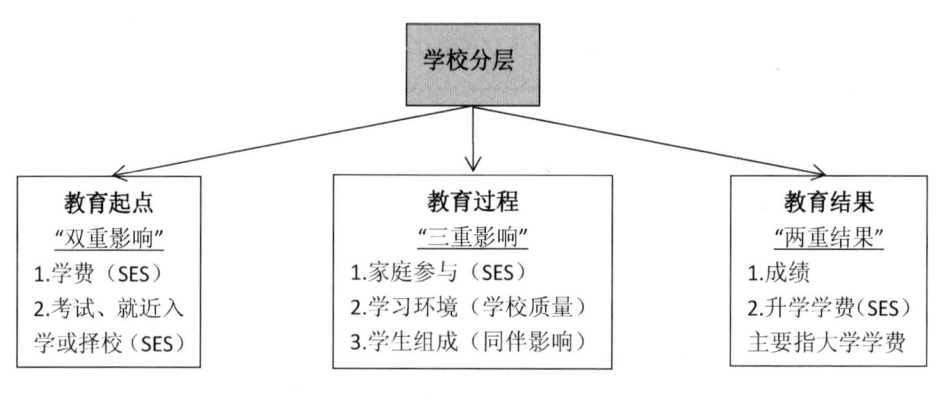

```
                    学校分层
        ↙              ↓              ↘
   教育起点          教育过程          教育结果
   "双重影响"        "三重影响"        "两重结果"
  1.学费(SES)    1.家庭参与(SES)    1.成绩
  2.考试、就近入   2.学习环境(学校质量) 2.升学学费(SES)
  学或择校(SES)   3.学生组成(同伴影响) 主要指大学学费
```

图 5.3.1 学校分层分析思路图

其次,学校招生方式加剧了家庭社会经济背景对学校分层的影响。在入学方式上,若采用考试进行筛选,家庭的教育投入,例如课外辅导会对分数产生影响。若可以进行择校,家庭社会经济背景在优质资源的竞争中占据优势。例如就近入学的政策就会形成学区房现象。PISA 报告就指出:学校质量会塑造学校的社会经济环境。如果一所学校受欢迎,它所在地区的房价就会上涨,进一步隔离人口。资产更少、收入更低、受教育程度更低的人最终会找到教育和社会机会更贫乏的住房。其结果是,在大多数国家中,阶层分化造成的教育分层顽固地持续存在,使得底层的潜在人才不能获得公平的教育机会。同时私立学校也加剧了教育系统中的社会隔离。[1]

---

[1] Schleicher, A. (2018). PISA 2018: Insights and Intepretations. PISA, OECD Publishing, 2018: 20.

第五章　学校分层如何产生：教育制度与家庭行动共同影响

以重点高中的招生方式为例可以清晰看出家庭社会经济背景对学校分层的影响。重点高中的招生方式主要有自主招生和中考统考招生。自主招生是在普通高中统考之前。省级重点高中具有自主招生的资格，享受优先录取优秀初中毕业生的资格。不管是自主招生还是统考招生，家庭社会经济背景都对其有所行动。自主招生录取的学生往往是在各个学科领域有资质的学生。优势阶层父母可以在课外补习和兴趣培养方面帮助子女在学科学习中的取得优异成绩。还可以在信息获取方面，例如可以了解更多关于自主招生的信息和渠道。若以统考形式参与竞争，优势阶层父母仍然可以依据家庭资源提高子女的成绩。

此外，高中招生方式进一步加剧了初中和小学阶段学生的竞争。为了考上重点高中，很多优势阶层父母在子女小学阶段开始就花费大量资源提高子女的成绩，或为特殊加分而培养不同方面的能力。因为很多优势阶层父母在小学阶段就开始竞争优势教育资源。在"就近入学"的政策下，学校师资、设施、周围有高档住宅的学校就成为了"好"，并在周围形成了更多"高价"的学区房，只有家庭社会经济地位较高的家庭有经济资本购买昂贵的学区房。好学校也因此聚集了优势阶层的子女就读，成为"更好"的学校，形成闭环。

有研究利用江苏省2016年基础教育学业质量检测数据，以学生家庭社会经济地位和居住地住宅均价走位自变量，以是否获得优质小学入学机会作为因变量进行数据分析，研究发现家庭社会经济地位和居住地在学生获取优质小学入学机会上具有显著的影响。[①] 说明以家庭社会经济地位为标准，购买学区房为行动，直接在教育起点上影响了子女的教育机会获得。这就是家庭社会经济地位差异和阶层传递行为对学校分层的进一步影响。

二、教育过程："三重影响"

家庭社会经济地位和家庭行动对学校教育过程同样具有影响。首先，好学校的学生家长对学校教育有更多的参与，家校联系和家校合作做得更好。

---

① 李敏，姚继军. 住房影响优质教育机会获得的实证分析——以南京市四主城区小学为例[J]. 基础教育，2020(2)：43—49.

邓林园等通过对我国东部、东北部、中部和西部四个地区的4606名高中教师进行家校合作的现状调研后发现,家校合作存在明显的学校类型差异。重点高中的家长在与学校教师沟通总次数、通过校信通、短信沟通次数、到学校单独会面、以及家访次数都显著高于普通高中的家校联系次数。在家校合作的水平方面,不同类型的学校之间也存在显著差异。重点高中的家校合作总体水平、家校合作政策制定水平、家校合作过程性评估水平、家长培训安排、家长参与学校活动方面都显著高于普通高中。[①]

其次,优势家庭父母会对学校环境建构有积极作用。他们会为了子女能够享受好学校的学习环境和好的教育资源而提供自己的资源。例如,在对一位考上211大学实现阶层跃迁的底层子女访谈过程中,她表示自己工作所在的上海一所重点中学,学生家长具有较高的社会经济地位。他们会为班级活动提供优质的场地资源、教师资源、讲座或参观活动的资源、参加比赛的信息资源等,可以让学生体验更多活动,开拓眼界,提高教育质量。

第三还表现在,好学校的学生组合产生了积极的同伴影响,纪律问题较少、学习氛围好。因为家庭社会经济背景对教育起点的影响,好的学校能够招收来自优势社会经济地位家庭的学生(即重点校),差的学校招收在优质教育资源竞争中被淘汰了的,多来自底层经济地位家庭的学生(类似一般意义上的普通校)。造成优势阶层子女聚集在好的学校,具有相近的家庭背景、文化背景和学习目标。造成学校人文环境较好。一般来说,班级里所有的学生并不是类似的,他们个性、兴趣、家庭文化背景等都存在差异。这些差异会导致在班集体之外还会形成一些同质的小群体。有的因为共同的兴趣爱好而组成小群体,有的因为较为相似的家庭文化背景而组成小群体,有的学生小群体也可能是因为座位邻近的关系而组成。据调查表明,家庭文化背景的不同是学生划分群体的重要因素。例如,同是知识分子家庭的孩子倾向于聚在一起,而父母文化程度相对较低的学生倾向于做一些需要动手能力强的活动,同时,介于对自己身份的过分自尊和敏感,这些孩子也容易排斥其他群体。[②]

---

① 邓林园,许睿,赵鑫钰,方晓义.中国高中阶段家校合作的现状以及与高中生发展的关系[J].教育学报,2016,12(06):78—87.

② 徐瑞,刘慧珍.教育社会学[M].北京:北京师范大学出版社,2010:178.

但是，若优势阶层家庭依据家庭资本和对优势教育资源的竞争，客观上使好的学生聚集在几所学校中，学习氛围和班级文化趋于一致，同伴的影响为班级主流文化，较少出现反学校文化。

三、教育结果："两重结果"

在家庭社会经济地位差异下的家庭在教育起点和教育过程中的行动，会导致"两重结果"，首先是学习成绩的差异。家庭社会经济地位较高的家庭因为经济资本和文化资本的优势更有可能进入优质的学校，通过聚集相似社会阶层背景的子女在少数学校中，客观上形成了良好的学校人文环境。相较于底层家庭，中高阶层家庭父母对子女教育的投入影响对子女学业成绩有积极影响，他们将家庭阶层本身拥有的社会、经济、文化资本通过文化商品和具体行动等对子女获得教育成功产生影响。这种影响与原本具有优质软硬件的学校形成合力，让原本就是优质生源的学生在优质学校中受到家庭、学校更好条件的影响。最终使重点学校和非重点学校的学生成绩差异加大。

其次，当升学的时候，家庭社会经济地位处于劣势的学生会选择学费少的升学学校。不同阶段的教育结果就是下一个教育阶段的教育起点。若为高中阶段的教育结果，学习成绩的差异直接影响高考的成绩和升学。在选择学校时，家庭社会经济地位处于劣势的学生若高考成绩不高，可能因为学费因素选择专科学校，而非学费较高的本三院校。

四、教育内卷："指向特定社会阶层"

近年热议的"教育内卷"问题也体现了家庭社会经济地位对教育获得的影响。但是不同社会阶层子女受到的教育内卷程度不同。教育内卷特指中产阶层家庭面临的教育获得问题。这要从教育内卷概念和教育内卷的形成机制两方面进行论述。

首先，溯源内卷概念有利于分析内卷现象产生的根本条件。1936 年美国人类学家戈登威泽（Alexander Goldernweiser）使用内卷概念描述一类特定的文化模式：当达到了某种最终的形态以后，取而代之的是不断地在内部变得更加复杂，戈登威泽称之为内卷化[①]。1963年人类学家格尔茨（Clifford Geertz）使用"农业内卷化"概念描述印度尼西亚的农业经济，即在土地面积有限的情况下，增长的劳动力不断进入农业生产但总产出并不能规模增加，产生激烈的农业劳动力内在竞争。黄宗智教授在研究中国农业的过程中，将格尔茨的内卷概念做了进一步发展，他认为"单位劳动投入报酬严重递减"是（农业）生产"内卷化"的核心实质。[②] 由此强调中国农业内卷发生在高密度人口对农户和土地的压力，即"人地压力"情况下，随着投入的增加，其结果却是单位劳动力收益递减。综上可见，从内卷产生的根本条件来看，我们可以得出内卷产生的前提是在有限且封闭的空间中发生的激烈竞争。

但是，农业内卷概念是在农业经济的情境下讨论的，虽然之后内卷概念拓展用于解释工业经济演变或政治治理体系，但多是以内卷的现象特点："投入越来越多，但成效越来越低，没有获得实际的变革或增长"来反映在其他领域中的内卷化现象。[③④] 而在近年"内卷"一词运用范围逐渐扩展后，有学者认为在互联网经济、教育、文化娱乐等社会情境下的"内卷"现象都出现了"过度竞争"现象，但用"内卷"去概括这些现象是有问题的，因为"内卷"的竞争是激烈的，但是并非所有的激烈竞争现象都是"内卷化"。[⑤] 特别是在人们谈论教育问题的语境下，厘清内卷现象中的"竞争"概念更为迫切。"内卷是教育筛选功能的成本"[⑥]、"内卷被称为凡人版军备竞赛"等观点已经在尝试对教育内卷现象中的竞争规则做出解释。如果用"过度竞争"作为内卷概念的一部分，显然目前没法规定什么"程度"的竞争才属于内卷现象中的过度竞争。因此如果不能具体清晰地定义内卷现象中"竞争"的规则，就容易使内卷定义的应用范围过于宽泛而失去实际的语用价值。

本文讨论的竞争的类型基本分为两种。第一种可以称为发展型竞争（或共

---

① 刘世定，邱泽奇."内卷化"概念辨析[J].社会学研究，2004(05)：96－110.
② 黄宗智.小农经济理论与"内卷化"及"去内卷化"[J].开放时代，2020(04)：126－139+9.
③ 黄宗智.再论内卷化，兼论去内卷化[J].开放时代，2021(01)：157－168+8.
④ 计亚萍."内卷化"理论研究综述[J].长春工业大学学报(社会科学版)，2010，22(03)：48－49.
⑤ 徐英瑾.数字拜物教："内卷化"的本质[J].探索与争鸣，2021(03)：57－65+178.
⑥ 李锋亮."内卷"是教育发挥筛选功能的成本，中国科学报[N].2021－5－25.

第五章　学校分层如何产生：教育制度与家庭行动共同影响

赢竞争），即群体中的每个人越努力，个人所获得的更多，社会总量也越大。这种竞争类似于在未知空间拓荒，人们的竞争在于谁在拓荒中获得的更多，并且所有人只要努力就有收获，是一种共赢模式，竞争的空间是开放式的。与之对应，另一种竞争方式是"零和游戏"，又被称为零和博弈。即竞争者中有输有赢，一方所赢的正是因为另一方所输的，总量永远为一常量的一种竞争模式。因为总量固定，所以是一个封闭空间。目前在普遍被人们认为内卷化的教育中，其竞争方式就是典型的零和游戏，是学生间的排位赛。例如，在升学名额有限的情况下，只有一部分学生能够获得这些名额，同时对于另一部分学生来说就失去了升学的机会。

综上所述，笔者认为内卷就是在有限空间内的激烈零和式竞争现象。内卷产生的根源是有限且封闭的空间，竞争规则是"排他性"的零和游戏。因而，由此内卷定义可以得出社会发展的各个阶段和领域中都可能产生内卷，并且发生在特定的人群和情境下。以教育情境为例，教育内卷的主体人群是中产阶层，而低收入人群和高收入阶层并未产生广泛的教育内卷。因为对于低阶层子女来说，考上名牌大学的标准和本身的教育资源之间还存在较大空间，因此他们大多往往放弃考名牌大学，甚至不读大学；对于高收入阶层子女来说，除了就读普通高中，参加高考，他们可以就读私立学校、出国读书等，升学机会并不受限制，因此不是一个封闭空间，也不产生内卷。然而对于中产阶层子女来说，通过高考进入优质大学是升学的主要通道，而优质大学的名额是非常有限的。因此，相对于中产阶级具有学习能力和教育资源的庞大群体，高考升学的名额限制就如封闭的天花板，形成一个封闭空间。当前有很大部分中产阶层子女都能达到进入优质大学所需的学习能力，但是为了竞争有限的升学名额，高考考试难度上不得不更加精细，学生大部分时间花在反复复习有限知识领域中的极致解题技巧，目的是多考几分增加竞争力，在高考这样的零和竞争中获得靠前的排名。

清晰了内卷的定义和形成机制，那么"去内卷"的方案也能很清晰的呈现。正如黄宗智教授认为中国农业现代化过程中伴随的"去内卷"动力有三：计划生育导致的每年新增加劳动力数量递减、部分农民成为"半耕半工"或"农民工"由此减轻了人地压力、伴随着中国经济发展而来的人食品结构的变化。[①] 本质来讲，随着工业革命带来的科技和市场经济发展，社会工作分化出更多的工作形式需求，包括工商服务等诸多行业，提供了大量吸收劳动力的上升通道，使得大批农民脱离土地，进入非农经济的工作领域。由此看出，打破内卷的最根本方案就是打破空间限制。例如我国改革开放政策的实施就是典型的打破完全计划经济的体制限制，开发市场并把市场做大，让原先限制在体制内的劳动力可以在全世界的大市场中"拓荒"，形成共赢。从宏观长远发展来看，人类可以获得的物质空间最终有界限，随着人类社会的发展，物质空间必然会达到内卷，但代表精神追求的信息空间可以无限分形，每个人的信息空间都可以不一样。因此未来人类发展应是物质上的简约，而在信息空间中不断"拓荒"。未来社会发展应通过改革的方式不断拓展新的空间，打破天花板限制，形成共赢的发展式竞争，而非在有限空间内瓜分一个蛋糕。

综上所述，可以系统地确定"内卷"的定义，包含三个方面：(1)内卷是在有限空间内的激烈竞争，竞争规则是零和游戏；(2)竞争投入增加、模式更加精细化，但并不能产生个人和总量上的共赢；(3)内卷存在于特定人群、情境、和社会发展阶段。通过对这三个方面的梳理，可以清晰地分析教育内卷的形成机制和影响因素。

首先，教育内卷产生的根本原因是优质教育资源短缺与中产阶层子女的教育需求不匹配。有学者指出，在20世纪90年代初的高考录取率非常之低，但是那个时候小学没有那么多补课，没有那么大压力，寒暑假、节假日，儿童是可以游戏和休息的。而现在大多数省份应届生高考录取率已经超过90%，优质教育资源在不断增加，但是入学竞争反而更激烈了，因此内卷的高考引发说和优质教育资源短缺论无法站住脚。[②] 然而，当前教育内卷的主要竞争目标是名牌优质大学资源，不到大学入学总量的5%。从社会分层结构来看，今日的中产阶层较之前人口数量有了巨大增加，能够达到较高水平的学生人数也是20世纪90年代的几十倍。同时，中产阶层父母对子女的未来普遍存

---

① 黄宗智. 小农经济理论与"内卷化"及"去内卷化"[J]. 开放时代，2020(04)：126-139+9.
② 杨东平. 何来教育内卷化？[EB/OL]. (2021-07-20)[2021-10-10]. https://www.163.com/dy/article/GEN086QA0516CMM2.html.

第五章 学校分层如何产生：教育制度与家庭行动共同影响

在高期待，愿意投入资源深度培养，这是社会持续优质发展的正驱动力，是应该鼓励和维护的。因此，社会发展了，我们也应该以发展的视角来看当下的问题。

目前基础教育领域的主要矛盾是大量中产阶层父母对孩子未来的高期待与优质教育资源短缺的现实之间的矛盾。由此导致激烈的零和竞争，促使中产阶层更加借助家庭社会经济背景和文化资本，花费更多的财力、精力在孩子的教育上。这就是人们所说的中产焦虑，而焦虑则会诱导更多的教育投入并逐渐造成教育内卷化。因此，相对于快速增长的中产群体的教育需求，我国现有的优质教育资源就显得极端缺乏。同时，普通教育与职业教育存在早期分轨。[①]双轨制教育希望解决我国劳动力人口结构性的供需矛盾，但是也将原本就稀缺的教育资源在中学阶段就设立了分割线，使得高考的竞争直接下沉到了中小学，甚至幼儿园。在零和游戏模式的升学竞争方式下，职业学校的生源多为分数排名靠后的学生，不利于职业教育获得优秀人才，也让普通教育的供需关系在初中小学阶段就变得更加紧张。

其次，以高考为例，有限的优质教育资源限定了有限的录取名额的封闭空间，导致高考成为排位赛式的零和竞争。教育内卷的核心机制是升学空间的封闭，是升学层面的内卷。同时，高考在考试内容上的限制是另一种形式的封闭空间。高考考试内容过于狭窄，虽然不是造成高考零和竞争的根本原因，但是造成了高考的竞争方式是以学生反复刷题、训练解题速度、解题技巧和考试技巧的行为来应对零和竞争。最终造成了学生在学习的过程同样产生了内卷，这种内卷是知识层面的内卷。双重的教育内卷机制使得随着投入的增加、竞争模式更加精致化，却不能达到教育"结果"在个人排名和知识获得上的共赢。一方面对于个人来说，相较于目前社会和科技发展需求，高考的考试内容相对过于狭窄，学生在学习内容上没有附加值，而是在封闭的考试内容空间内反复查缺补漏，所学的知识和解题技巧主要是为了赢得零和竞争，对学生今后学习和生涯发展并没有多少积极作用，因而造成学生和家长

---

① 易彬彬. 城市中等收入家庭精细化教育的生成逻辑与风险[J]. 南京社会科学，2020(12)：141－148.

的获得感缺失。在不断增加投入的同时并没有获得感，这是教育内卷给学生和家长带来焦虑的最大根源。另一方面，学习的过程本身的内卷会严重限制和压抑优秀人才的培养，也就是虽然社会和个人不断增加教育投入，作为教育结果的知识和能力获得总量却没能明显增加。因此，若考试内容没有拓展，学生学习到的课程没有广度和深度的拓展，教育成果的总量就不能得到有效增长。所以在教育内卷中，教育投入增加、考试模式更加精细化，但并不能产生个人和总量上的共赢。

最后，教育内卷主要存在于中产阶层这一特定人群。随着我国经济发展家庭收入普遍大幅增长，中产阶层人数明显增多，而教育则被赋予保持向上流动的功能期待。[①]中产阶层群体拥有的经济、社会、文化资本较高，大多数人体会到了教育带来的回报。而且，中产阶层父母是绝不愿意让自己的子女上不了大学。他们花费金钱在房产购置和优质教育商品，投入大量精力在与学校的协作培养上，为子女构建良好的学习环境。而其子女的学业水平也能达到一定的高度，但在高考优秀的上升空间内不得不面临激烈的零和竞争。因此，中产阶层是教育内卷最严重的群体。相较于中产阶层，底层和高阶层人群教育内卷现象相对较低。低阶层家庭子女因受家庭环境或学校环境的影响学业水平较差，与考上优质大学的标准还有一定距离。他们的教育资源少，同时家长受个人教育眼界的局限，对教育的重要性和回报预期理解有限，因此投入动力有限，常闻"读书无用论"或农村学生"躺平"现象。同时，高阶层人群因为社会和经济资本丰厚，可以不受传统教育通道和高考的限制，例如为子女选择私立学校，或国外留学。因此，高阶层人群子女的教育路径不是封闭空间，教育上升通道比中产阶层子女的更宽广，选择更多，因此教育内卷也相对较低。

---

① 易彬彬.城市中等收入家庭精细化教育的生成逻辑与风险[J].南京社会科学，2020(12)：141—148.

第五章　学校分层如何产生：教育制度与家庭行动共同影响

本章小结

　　学校分层对底层子女教育获得和阶层跃迁具有重要影响，能否获得优质的高等教育资源关键在高中阶段，甚至是基础教育阶段的教育资源竞争。通过对 PISA2018 数据分析发现，教育公平水平测量结果为家庭社会经济背景与学生成绩的相关关系。教育公平程度差异体现为各国学校的分层程度，受各国教育制度的影响。从数据中可以看出，学校分层与各国经济发展水平、教育卓越与教育全纳水平没有相关性。但与各国在精英教育和大众教育的人才战略，以及在此基础上实施的教育制度有关。精英教育与大众教育的分轨程度造成学校的分层程度，影响精英教育与大众教育分轨程度的教育制度具体表现为国家教育资金投入与分配差异。

　　高等教育在精英教育和大众教育的分轨，导致优质高等教育资源的竞争。高等学校的分层进一步导致中小学教育阶段学校的分层。特别是在中学阶段，PISA 数据呈现我国学校分层明显，优秀的学生聚集在特定的学校中，学业成绩差的学生聚集在另一些学校中。进一步分析发现，我国学校的硬件条件不是学校分层的主要表现，特别是城乡学校的硬件条件不是城乡学校差异的主要表现。学校人文条件的差异是学校分层的主要差异。在城乡学校的比较中，师资的分层是城乡差异的主要表现。在城市中重点学校和普通学校的比较中，生源的分层是城市学校差异的主要表现。学校分层的表现形式在于升学率的差异。

　　精英教育和大众教育的分轨程度，以及教育制度在此基础上造成的学校分层造成了优质教育资源和普通教育资源的差别。在此背景下，家庭社会经济地位会加强学校分层，加剧教育结果不公平。基于家庭社会经济地位差异下的优势家庭的行动给底层子女的教育获得设置了更大的障碍。在教育起点上，家庭社会经济地位高的家庭能够负担更多的学费，在考试、就近入学、择校等招生制度下更具有优势。就近入学政策会形成学区房现象。PISA 报告就指出：学校质量会塑造学校的社会经济环境。如果一所学校受欢迎，它所在地区的房价就会上涨，进一步隔离人口。资产更少、收入更低、受教育程度更低的人最终会找到教育和社会机会更贫乏的住房。① 这就客观上造成了优势家庭的子女聚集在重点学校中。在教育过程中，优势家庭子女的聚集形成良好的学校人文环境，具有好的学习氛围和同伴影响。而且优势家庭家长积极参与学校教育，与学校一起形成教育合力，使重点学校学生与普通学校学生的差距越来越大。从教育结果上看，家庭社会经济地位差异及行动造成了两种结果，第一，获得了更好的学业成就；第二，具有经济资本的家庭不用顾虑升学的学费。

---

① Schleicher, A. (2018). PISA 2018: Insights and Intepretations. PISA, OECD Publishing, 2018: 20.

第六章 类型分析：四类影响学校分层的教育制度

上一章通过宏观的数据分析看出了学校差异与教育制度环境密切相关。同时，数据也呈现了四类教育公平水平（学校差异）不同的国家在精英教育与大众教育分轨，以及国家教育经费投入与分配的情况。本章将采用案例分析的方式，详细分析四类国家的教育制度环境，以及不同教育制度环境下，家庭社会分层对学校分层的作用会被减弱，还是家庭社会分层加剧了学校的分层。由于精英教育和大众教育的分轨源头在高等教育，并由上至下影响各个阶段的学校分层。因此，本章的案例梳理从高等教育开始，分析主要从三个方面展开：（1）各国各阶段学校是否有精英教育与大众教育的分层及录取情况；（2）各阶段教育的学费和入学情况；（3）各阶段教育的选拔方式及竞争的激烈程度。

第一节 "精英、大众教育严格分轨"教育制度

法国和德国的教育制度强制区分了精英教育和大众教育，造成精英教育和大众教育的严格分轨。精英教育有独立的通道，有较为固定的学生来源和考试制度，造成了学校分层明显。家庭社会经济地位在就近入学和考试制度中具有影响，阻碍了底层子女的教育获得。

一、德国：中学阶段实施严格的层级分类

与其他国家不同，德国高等教育虽然分层，但是大学整体上差异不大，而是在学科上有所差异。这可以从德国高等教育发展中心（Center for Higher Education Development，简称CHE）发布的德国大学排名CHE排名不对大学进行整体排名，而是对单个学科进行排名可以看出。[①] 因此，若用综合得分来评判德国的大学，会把大学突出的优势平均化，隐藏德国高等教育的分层特点。在学费方面，德国的三百多所高等学校中公立大学占绝大部分比例，由国家负责，实行低学费甚至免学费。

德国私立高校不占重要地位，私立高校建立初期是作为公立高校的补充，大部分为教会成立，其目的是培养社会工作和社会教育方面的人才，很少私立学校提供工程或自然科学方面的专业。德国私立高校发展到今天，数量仍然较少，大部分开设的是与经济相关的专业，由社会市场需求推动和调整，发展企业经济学、媒体以及信息类的交叉学科，一般不再重复开设公立大学已有的专业。[②]

德国没有统一的大学入学考试，高校招生以高中毕业资格证书为基础，同时个人也不需要承担学费。按照分析思路来看，高校入学竞争应该并不激烈，但实际上并不是这样。继续分析精英人才的生源是从哪类中学而来的，就能发现，德国属于国家推动的在中学阶段有明确学校分层政策的国家，高等教育入学竞争的激烈性提前至中学阶段。

德国高校生源来自于不同类型的高中，国家在中等教育阶段就完成了对学生的分类。德国有四种以毕业后在不同领域再深造而相区别的中学：主体中学（Hauptschule）、实科中学（Realschule）和文理中学（Gymnasium），还有少量的总和中学（Gesamtschule）。[③] 文理中学是社会声望最好的中学，为期8

[①] 蔡宁波，陈来. 德国 CHE 大学排名的特点与启示[J]. 现代教育科学，2017(04)：134-138.
[②] 刘莉，魏真. 德国私立高校的发展及对我国民办高校的启示[J]. 中国成人教育，2013(14)：113-116.
[③] 注：总和中学一般是主体中学和实科中学的结合，为的是减少过早分轨带来的舆论压力。因为其数量少，所以大部分人认为德国中学实施的是三轨制。

第六章 类型分析：四类影响学校分层的教育制度

～9年，这是进入高等教育必经之路。[1] 凡是9年制文理中学的毕业生或具有同等学力者都有资格进入学术性高等院校学习。文理中学是德国的传统高级中学，后三学年以讲座制代替班级制，学生通过毕业考试（Abitur）得到高等学校普通入学资格证书，就可以直接进入学术性高等院校学习。[2] 德国联邦教育与研究部发布的《2019数字教育与研究》中统计了1952年至2017年8年级学生按学校类型划分比例，显示了从2015年到2017年文理中学就读人数维持在38%。[3]

而实科中学则以培养中等的工商业界、政府机关的实务人才为主，其就读年限为5～6年，高中毕业后有资格进入高等专科学校学习。[4] 主体中学社会声望最低，学生在校学习时间少，一般是弱势群体入学，就读五年制的职业预科和职业教育完成学徒训练，并以从事工业、制造业为主。[5] 中学毕业后，他们可以进入职业技术学院（Berufsakademien），它是从事科技性和实践性的职业教育、学制三至四年的高等教育。[6] 在毕业时，他们可以获得助理工程师、助理经济师或教养员职称，并加上"B. A."，以表明是职业技术学院的毕业生。[7]

德国小学只有一类，学生基本上都是在家庭所在的学区就近入学。在各州的《学校法》中有明确规定。地方政府（即区县/市镇政府）作为公立学校的承办者有义务在自己的区域内保证提供均衡的学校布局，让学生可以在自己的家庭所在地附近就近入学（"腿短路短"原则）。[8] 小升初没有考试，是依据小学的成绩、教师的鉴定和家长的意见，决定学生升入哪一类中学学习。就近入

---

[1] 何乃彦，于源华，熊光明. 21世纪的中德教育比较[J]. 科教文汇（中旬刊），2012(03)：1-2.
[2] 莱纳·波林，彭韬. 德国完全中学毕业考试的改革：基于考试科目及高校入学权的考察[J]. 全球教育展望，2019，48(08)：100-115.
[3] Federal Ministry of Education and Research《Education and Research in Figures 2019》Figure28. Schüler/－innen im 8. Schuljahr nach Schularten（1952－2017）[EB/OL]https：//www.datenportal.bmbf.de/portal/en/B23.html
[4] 陈新忠. 德国高等教育分流的经验及启示[J]. 国家教育行政学院学报，2013(02)：86-90.
[5] 何乃彦，于源华，熊光明. 21世纪的中德教育比较[J]. 科教文汇（中旬刊），2012(03)：1-2.
[6] 刘桂芬. 德国高等教育分流现状及对我国的启示[J]. 现代教育科学，2007，(4)：79-81.
[7] 陈新忠. 德国高等教育分流的经验及启示[J]. 国家教育行政学院学报，2013(02)：86-90.
[8] 孙进. 德国促进基础教育均衡发展的政策分析[J]. 教育发展研究，2012，32(07)：68-73.

学的直接后果就是造成学区房现象,加剧以社会经济地位为基础的分层分类现象。小升初没有考试,家庭社会经济背景就对教育分化起了绝对作用。在这种情况下,家庭教育和课外辅导对学生的成绩有重要影响。文汇报曾报道,德国家长对孩子分数同样锱铢必较,课外辅导大行其道。①

二、法国:以大学校为目标的精英培养通道

法国的高等教育系统为双轨制,分为大学校和综合大学(包括短期性高等技术学院),分别负责精英教育和大众化高等教育任务。法国大学校由 CGE 大学校精英联盟委员会认证,目前在 CGE 官网上公布的大学校中,法国国内学校为 216 所,国外学校 13 所。② 国内大学校包括 144 所工程师学院、39 所商科学校以及其他类型的大学校。③ 其中工程师学院中有 106 所公立学院、38 所私立学院;商学院中有 4 所公立学院、7 所法国工商会认定的 EESC 院校(例如巴黎高商 HEC)④、28 所私立学院;其他类大学校中有 28 所公立学院、5 所私立学院。工程师学院属于工科,基本囊括了最优秀的学生,只要有足够好的分数,能够上公立、免费,甚至有奖学金的学校。商科学校大部分属于私立,需要付费,但只要考上可以申请助学贷款。其他理科或文科,包括政治学院,例如只招收最优秀的理科尖子的巴黎高等师范学校;和培养各级公务员和外交官、政治人才的巴黎政治学院和国立政治学院。

招生人数方面,最顶尖的大学校规模都只有数百人,目标是培养领袖级人才。次一等的规模可以达到一两千人,目标是培养仅次于领袖级的最高级人才。2018—2019 年各类高等教育在读人数分布统计显示,2018 在读总人数为 2 678 700 人,其中需要严格考试竞争的包括大学校的预备班 CPGE 占 3.17%,工程师项目为占 4.97%,工商管理类占 6.98%,而文理科则是凤毛

---

① 俞可. 在孩子的教育上,德国家长也很拼[N]. 文汇报,2017-09-03(007).
② CGE 大学校精英联盟委员会 Conférence des grandes écoles members[EB/OL]https: // www. cge. asso. fr/
③ 注:其他类型大学校包括高等师范类、信息传播新闻类、公共卫生类、政治学院、建筑类、工艺、农业、兽医、军事武装类、铁路桥梁公路类、矿业、翻译,以及身为综合大学被纳入大学校的巴黎九大。
④ 许浙景,杨进. 法国工商会在促进职业教育和高等教育发展中发挥重要作用[J]. 中国职业技术教育,2018(24):56-61.

第六章 类型分析：四类影响学校分层的教育制度

麟角。其他类型大学校入学占 14.7%，高级技术员班 STS 占 9.81%。大部分学生在综合大学，人数为 1 615 000，占 60.3%。[①] 可以看出要走精英教育，还是存在较大的竞争。

竞争性考试的高淘汰率是大学校精英教育的特点。大学校主要从专门的预科学校招收学生，择优录取。申请预科学校的高中生需要提交高中阶段后两年每学期的成绩、毕业会考成绩以及老师评语，择优录取。每年不到 10% 的高中毕业生才有机会进入大学校的预科班学习。[②] 经过两年的预科学校 (CPGE) 学习后，需要参加大学校单独组织的入学考试。法国综合大学属于公立大学体系，没有入学考试，不在程序上筛选学生。选择普通高中、职业高中和技术高中课程的毕业生参加各自的高中毕业会考，考试合格者获得高中毕业文凭(业士文凭：BAC)，就可以申请综合大学。然而，想要就读职业技术学院 IUT（或称大学科技学院，颁发大学技术文凭、或称大学科技文凭 DUT：Diplome Universitaire de Technologie）、高级技术员班 STS（颁发高级技术员文凭 BTS：Brevet Technique Supérieur）都需要审核申请人材料及参加竞争激烈的 CONCOURS（竞考），合格后方可录取。

高中生在高一阶段就需要选择高中会考的考试种类，选择 Bac Général（普通高中会考）考试的学生一般最多，拥有坚实的知识基础保证他们的大学课程学习。选择 Bac Technologique（职业高中会考）的学生大部分是计划接受两年制短期高等教育(Bac+2)，获得 DUT 或 BTS 文凭的学生。就读短期高等教育阶段后的学生有着继续深造机会。Bac Professionnel 为技术高中会考，大部分学生毕业后直接从业，但同时成绩优秀者也可以继续就读短期高等教育阶段。职业技术学院 IUT 是隶属于法国公立大学的高等教育机构，属于综合大学的一部分，作为法国大学高等教育的第一阶段。而高级技术员班 STS 是设

---

① 法国高等教育研究与创新部报告《Les effectifs dans l'enseignement supérieur en 2018—2019》2018—2019 高等教育在读人数 [EB/OL] https：//www.enseignementsup-recherche.gouv.fr/cid144368/les-effectifs-dans-l-enseignement-superieur-en-2018-2019.html

② 吴慧平，陈文毅. 法国大学招生入学制度的历史演变与时代革新[J]. 高等教育研究学报，2019，42(02)：80-85.

在中学里的高等职业教育机构。① 包含 100 多个专业，与市场需求紧密联系。

法国小学为五年制，属于社区学校，实行就近入学规定。初中高中阶段仍然实行就近入学，学校经费和声誉具有差异。学校分层和就近入学制度形成学区房现象，加剧以社会经济地位为基础的分层分类现象。存在公立和私立的名校。公立学校不收学费，仅是唯分是取。私立学校一样享有国家提供的教育经费，所以学费也不高。从小学到高中，成绩排名一直伴随着学生的升学。在法国，学生不需要很多才艺或社会活动资历，成绩对于学生来说是最重要的。

第二节 "精英、大众教育未区分"教育制度

芬兰和挪威的教育制度规定学校不分层，从高等教育开始，中小学阶段教育的学校均质化程度高。且芬兰和挪威作为北欧发达国家，社会分层不明显，教育资源丰富，因此家庭社会经济背景对学校分层的作用微乎其微，各阶层子女教育获得均等。

一、芬兰：资源丰富促成学校均质

芬兰的高等教育机构分为大学和多科技术学院（polytechnics），都由政府投入经费资助，不收取学费。但是大学和多科技术学院一起承担培养人才的任务。多科技术学院虽然属于职业教育，但是质量同普通大学没有很大区别。20 世纪 90 年代创立的多科技术学院（polytechnics）属于高层次学历的职业教育，培养各类专门技术人才的更为专业的、更具实践性、适应劳动力市场变化的职业教育。多科技术学院与大学一样不收取学费、住宿费，每年学生还能收到适当的生活补助。由于芬兰公共财政投入占大学教育支出的 90% 以上，加上高等教育机构多，教育质量和科研能力较为均衡，财政拨款、大学专业

---

① 郑亚. 法国中学里的高等职业教育——高级技术员班（STS）[J]. 教育与职业，1999(04)：58—59.

第六章 类型分析：四类影响学校分层的教育制度

设置和招生数量也是基于对未来劳动力市场需求的预估，因此芬兰的高校没有排名，也缺乏市场和竞争意识。[①] 对高等学校严格的均质化制度限制了体制上的积极性发挥，没有大学中的官僚统治，也限制了企业家精神的发展。芬兰坚持个体免费接受高等教育的权利；坚信可以通过消除阻碍高等教育机会平等的障碍来促进社会平等。[②] 这也是芬兰在PISA测试中拔尖，但却没有高等院校进入世界最优大学前列的原因。[③]

除了高等教育均化，芬兰的普通高中实行的是"不分年级制（ungraded school systems）"的弹性学制，学生可以花 2－4 年时间完成高中课程，根据自身情况和兴趣自主安排学习计划，自行选择不同学段的课程和适合自己的教师，进行"无固定班级授课"。在芬兰，被称为"个性化轻松高考"的大学入学考试（The Matriculation Examination）具有一些特点。首先，学生可以在三次连续的考试内考完所有科目。考试每年有两次，分别在春季和秋季进行，因此学生可能花一年半时间完成考试，或者也可以在一次考试中完成。第二，考试科目分为必考科目和选考科目。芬兰的高考科目不能少于四科，其中母语是必考科目。选考科目为第二语言（瑞典语或芬兰语）、外语、数学和综合科目。[④] 第三，学有余力的学生可以多选考试科目和等级，增加被大学录取的概率。除了必考科目必须完成高级课程考试，其他选考科目每次可以选择高级课程考试、基础课程考试其中一种，一次不及格可以重考两次或换一个等级考试，不影响其他科目的成绩。考完四科后学有余力的学生可以附加考试没有考过的科目或等级，为进入大学争取筹码。[⑤] 第四，考试成绩为"等级评分"，且可以由其他考得好的科目对不及格科目进行分数补偿，也可达到毕业

[①] 蔡瑜琢. 从福利制度走向市场化——芬兰高等教育改革透视[J]. 比较教育研究，2012，34（01）：13－17.

[②] FäGerlind, I., & StröMqvist, G. (2004). Reforming Higher Education In The Nordic Countries: Studies Of Change In Denmark, Finland, Iceland, Norway And Sweden. UNESCO.

[③] 阿瑞尔德·杰尔德夫，冯典. 芬兰高等教育改革：对全球化的回应[J]. 现代大学教育，2008（04）：52－58＋112－113.

[④] 姬会娟. 芬兰"个性化高考"及其对我国高考改革的启示[J]. 教育测量与评价（理论版），2011（02）：57－59.

[⑤] 姬会娟. 芬兰"个性化高考"及其对我国高考改革的启示[J]. 教育测量与评价（理论版），2011（02）：57－59.

要求。正因为灵活的考试安排，通过考试的学生不一定直接申请升学。许多新通过入学考试的学生在进入大学之前会有一年或几年的间隔。芬兰统计局对 2018 年入学情况调查显示，2018 年新通过大学入学考试的学生总数为 27 270 人，但直接申请升学的人数仅有 30.5%。2.6% 的人进入后期中等职业教育（upper secondary vocational education），9.6% 的人进入多科技术学院，18.3% 的学生进入大学。但同时，有 82% 已通过大学入学考试的学生申请进入高等教育继续学业。[1]

芬兰的初中升高中没有统一的入学考试，除了部分高中内部的国际学校（可以颁发国际文凭）以及提供体育、音乐等特色教学的特色高中需要入学考试。芬兰的基础教育实行 7 到 16 岁 9 年制综合学校，在基础教育期间，学生不会以任何方式被分流。综合教育之后可以在职业培训或普通高中间进行选择，二者可以交叉，不会对学生进入下一个更高层次教育产生阻碍。[2] 根据 2018 年入学统计数据显示，完成综合教育后，53% 的学生紧接着进入普通高中学习，41% 的学生进行职业学习。[3] 实现基础教育阶段学生不产生分流的保障是丰富的教育资源和高质量的教学环境。中央政府出资平衡地方经济条件的差异，使各地的教育条件保持均衡。而且，芬兰基础教育的教师质量很高，教师均选自最优秀的学生，必须至少拥有硕士学位，以满足对学生进行个别指导和支持。芬兰有将近 20% 中小学生接受额外学习辅导，OECD 国家平均只有 6%。[4] 基础教育中的早期干预意味着教师一旦发现学生在学习和发展中的问题，就会设法解决。芬兰建立了四个层次的学生帮助系统，首先是教师本人，如果有学生学习落后，教师就要一对一或把两到四个学生组织起来进

---

[1] Official Statistics of Finland (OSF): Entrance to education [e-publication]. ISSN=1799-4527. Helsinki: Statistics Finland [referred: 31. 1. 2020]. Access method[EB/OL] http://www.stat.fi/til/khak/index_en.html

[2] Halinen, I., & Järvinen, R. (2008). Towards inclusive education: the case of Finland. *Prospects*, 38(1), 77-97.

[3] Official Statistics of Finland (OSF): Entrance to education [e-publication]. ISSN=1799-4527. Helsinki: Statistics Finland [referred: 31. 1. 2020]. Access method[EB/OL] http://www.stat.fi/til/khak/index_en.html

[4] 李水山. 芬兰优质基础教育的特色与启示[J]. 世界教育信息，2010(07): 87-90.

第六章　类型分析：四类影响学校分层的教育制度

行辅导，解决他们学习中的问题。其次是教师助手、特殊需要教师、多学科小组。[①] 这些条件保证了对个体学生的教育差异化的充分平衡从而达到了学校之间的均质化。

二、挪威：各级学校多且均质

2013 年挪威高等教育系统包括 8 所大学（Universiteter（U））、28 所州立大学（Statlige høyskoler（SH））、5 所国立科学学院，也称专门大学学院（Statlige vitenskapelige høyskoler（SVH））；以及 3 所私立大学（Private vitenskapelige høyskoler（PVH））和 10 所政府认证的私立学院（Private høyskoler（PH））。[②] 大学通常专注于理论学科，并提供学士、硕士和博士学位课程。学院提供较短的课程，突出职业导向的特点。[③] 私立学校主要涉及神学、商学、通讯、艺术、等领域。近年，挪威政府调整高等教育机构数目。自 2017 年 1 月 1 日起，挪威公立学校数目减少到 21 所，包括 10 所大学、5 所专门大学学院和 6 所州立大学。四所私立大学学院合并为 VID 专业大学。由政府资助和认证的私立学院为 15 所。[④]

挪威的高等教育不收学费。国家教育贷款成立于 1947 年，为接受高等教育的学生提供贷款和生活补贴。2013 年，大学录取率为 81%，总申请人数为 112 000 人。其中申请公立学校的人数占比和学生录取平均分如表 6.2.1。私立学校受国家补贴达到 60% 以上。[⑤] 挪威的高等学校同样存在均质化特点，可以从不同类别高校的学生录取平均分可以看出，不同水平的学生均匀的分布在各个学校。（见表 6.2.1）多数高校的招生由全国统一的中介机构 UCAS

[①] 皮拥军. OECD 国家推进教育公平的典范——韩国和芬兰[J]. 比较教育研究，2007(02)：6—10.

[②] 挪威《2014 年高等教育状况报告》[EB/OL] https://www.regjeringen.no/no/dokumenter/tilstandsrapport-uh-2014/id758598/

[③] Huang, L. H. (2007). The contribution of home background to student inequality in secondary schools in Norway. *Research on sociocultural influences on motivation and learning*，7，331—345.

[④] 挪威政府网站[EB/OL]https://www.regjeringen.no/en/aktuelt/fra-33-til-21-statlige-universiteter-og-hoyskoler/id2515995/

[⑤] 挪威《2014 年高等教育状况报告》第 211 页[EB/OL] https://www.regjeringen.no/no/dokumenter/tilstandsrapport-uh-2014/id758598/

承担接受申请,转达高校答复和录取等工作。因为高校资源多且均质,高中阶段普通教育和职业教育互通灵活,因此考试竞争并不激烈。

表 6.2.1 2013 年挪威按大学机构类别申请大学学生比例表(%)①②

学校类别	占比	平均分数
U	23.4	43.3
SVH	37.1	43.6
SH	19.5	39.4
PVH	7	39.2
PH	13.1	39.2

挪威的高中学校绝大部分都是综合高中,分为普通班和职业班。学生第一年以学习文化基础课为主,专业定向课程从第二年开设。三年制高中职业毕业生也可以报考普通高等院校,但需要在第四年另外学习一年的普通教育课程,以取得报考资格。挪威实行"2+2"制,即参加学徒制培训的职业班学生头两年在学校学习文化基础课,后两年在企业接受实训,学习年限比其他学生多一年。挪威已普及了三年高中教育,与高中衔接的高等教育是开放式、普及型的。③ 选择职业教育的学生在高中教育结束后可以获得高中毕业证书,这是一份学历证明,是进入高等院校教育的资格保障。学生在完满地完成学校学习和企业培训,并通过职工考试后,还可获得职业证书和熟练工人证书。这三种证书的获得保证学生能顺利进入劳动力市场,也能顺利进入高等院校继续深造,为学生的发展开辟了广阔的发展空间。④

挪威 10 年义务教育包括小学和初中两个部分,其中 1~4 年为初级小学(Lower Primary Stage),5~7 年为高级小学(Upper Primary Stage),8~10

---

① 挪威《2014 年高等教育状况报告》第 41 页[EB/OL] https://www.regjeringen.no/no/dokumenter/tilstandsrapport-uh-2014/id758598/

② 挪威《2014 年高等教育状况报告》第 40 页[EB/OL] https://www.regjeringen.no/no/dokumenter/tilstandsrapport-uh-2014/id758598/

③ 马丽. 国外综合高中特点与我国举办综合高中的前景[J]. 职业技术教育,2002,23(28):65-67.

④ 刘婕. 挪威特色双元制职业教育体系概述[J]. 中等职业教育(理论),2010(04):38-40.

年为初级中学(Lower Secondary Stage)。挪威的小学和初中并没有明显的界限，也没有分轨，整个10年义务教育在同一个基础学校中完成。在挪威基础教育阶段的所有学校中，除少数私立学校外，所有公立学校均实行免费制度，目前挪威义务教育及高中教育的普及率已达到100%。[①]

第三节 "基础教育阶段学校均质化"教育制度

日本和韩国的教育制度是在基础教育阶段的学校均质化程度高。它们将有限的教育经费投入到基础教育阶段，对高等教育则是采用灵活的教育财政政策，主要依靠私人资本达到普及高等教育与精英教育的任务。基础教育阶段学校均质化一定程度上缓解了家庭社会经济背景对学校差异的影响，增加了底层子女的教育获得。

一、日本：私立大学参与培养精英，基础教育重点投入

日本大学由国立大学、公立大学和私立大学组成，精英高校既包括国立和公立名校，也有私立名校。国公立大学分别由国家全额出资建立和地方政府出资建立。日本的国公立大学学费较私立大学低。日本排名前8所大学都为国公立大学，被称为七大帝国大学的东京大学、京都大学、大阪大学、东北大学、名古屋大学、北海道大学，以及九州大学占据七席。[②] 但私立大学在日本高等教育中也具有重要的地位。2016年，日本大学总数为777所，其中私立大学600所，占比77.2%。[③] 私立大学的在校生人数占比稳定在73%左右。[④] 同时，私立大学不仅在数量上占据绝对优势，质量上也有能称为精英大学的私立大学。其中一些私立大学借助家庭教育投资，助益学费收入最大化，

[①] 陈蓉辉. 挪威基础教育的特色及其启示[J]. 外国教育研究，2005(12)：20—23.
[②] 根据2020年QS排行榜日本高校排名。https://www.topuniversities.com/university-rankings/world-university-rankings/2020
[③] 注：日本2016年短期大学为341所，短期私立大学为324所，占比高达95%。私立短期大学学生在校人数占比在2016年达到94.7%。
[④] 张国娟. "2018年问题"与日本私立大学发展困境[J]. 日本研究，2017(04)：80—88.

依靠历史积淀与锐意创新的精神实现了在日本高等教育金字塔中的升移,并逐渐练就了与国立、公立大学同台竞争的实力。[1] 在日本大学排行榜中,早稻田大学、庆应义塾大学、上智大学、国际基督教大学在很多学科领域都与国立名牌大学齐头并进。此外,在日本关东和关西地区还有9所有名的私立学校,在就职上具有很大的优势,主要涉及政界、法律界、金融财经界、媒体领域。日本是典型的学历社会,以"学阀"的形式垄断一些特定的领域,一个人大学就读的院校往往直接影响到他未来职业选择和阶层流动。

日本大学招生方式由统一"中心考试"与各大学自主考试并用的招生考试制度组成。[2] 主要包含一般入学考试、AO入学考试[3]、推荐入学,以及其他形式的入学考试。(见表 6.3.1)排名越靠前的国公立大学统考的考试科目越多,难度越高,确保选拔出"高分学生";推荐入学则确保在各中学"掐尖"。私立大学的入学考试则更为灵活,考试科目要求少,也可以根据自主考试成绩、AO入学考试成绩和推荐入学。但是对于报考竞争激烈的私立大学的考生而言,必须深入学习每个科目,备考压力不会因科目少而有所减小。[4] 同时,医学大学则可能通过不止一次自主考试来考核学生。对报考竞争激烈的私立大学来说,学力、非学力能力和财力都很重要。对一般的普通私立大学来说,由于生源较少,这些学校往往采用灵活的招生制度扩大招生,使得学生素质参差不齐。

---

[1] 胡永红. 私立高等教育对日本高校招生考试制度改革的影响分析[J]. 贵州师范大学学报(社会科学版),2018(02):64—71.

[2] 李文英,李冠男. 日本大学招生考试中的公平保障策略及启示[J]. 全球教育展望,2019,48(08):72—88.

[3] 注:AO入学考试:为 Admissions Office 缩写,招生办公室入学考试的简称。是20世纪90年代日本大学引入的类似于美国的考试制度,不注重考察学力,更多是评价学生的能力和资质是否与大学的教育方针和希望招收的生源一致。

[4] 李文英,李冠男. 日本大学招生考试中的公平保障策略及启示[J]. 全球教育展望,2019,48(08):72—88.

第六章 类型分析：四类影响学校分层的教育制度

表 6.3.1 日本 2018 国公私立大学录取考核方式状况统计表[①]

	国立大学		公立大学		私立大学	
	人数	比例	人数	比例	人数	比例
入学人数	98,120	100%	32,501	100%	483,622	100%
一般入试（普通入学考试）	82,086	83.66%	23,425	72.07%	228,967	47.34%
推荐入试	11,949	12.18%	8,008	24.64%	198,057	40.95%
AO 入试	3,603	3.67%	899	2.77%	55,329	11.44%
其他	482	0.49%	169	0.52%	1269	0.26%

但是，因为大学的分层，相应的高中就会产生分层。日本中学教育的主要目标就是帮助学生追求更高的标准分。[②] 这种中学教育模式也叫作"偏差值教育"，偏差值即标准分，无论是高中入学考试还是高校入学考试，学生会参考学校的偏差值来挑选合适自己的学校。偏差值越高的学校越难考。在这种情况下，偏差值排名相当于学校排名。21 世纪前，日本高中教育改革采纳推荐入学制以改变过去过分依赖分数的"偏差值教育"。但是推荐入学制却逐渐演变成学校确保生源、争夺生源的手段。[③] 21 世纪初，日本的高中也依照市场化规律和学力差异，推进高中合并与多样化、差异化改革。高中分类的措施虽然满足了不同需求，但同时也加剧了高中学校分为"精英学校"与"非精英学校"的两极分化，出现前一类学校人满为患、后一类学校招不满学生的状况。[④] 综合学科高中改革初衷是将普通教育和职业教育综合起来，拓宽普职学生的教育选择。但是过去升学率较高的高中就会有一部分低水平的学生进入降低升学率，这样的话，希望继续升学的学生就会流向私立学校。[⑤] 因此，大学精英教育生源多来源于数量不多的国立高中以及收费高昂的私立名校。前

[①] 文部科学省平成 30 年度大学入学者选拔实施要项について[EB/OL]. https://www.mext.go.jp/content/20200115-mxt_kouhou02-000004077_1.pdf

[②] 刘清华. 日本的偏差值教育与高校招生考试制度改革[J]. 外国教育研究，2006(10)：35—41.

[③] 李响. 日本高中教育改革面临挑战[J]. 世界教育信息，1998(07)：29—30.

[④] 杨红军. 东京都基础教育质量保障改革：应对"宽松教育"与面向未来[J]. 比较教育研究，2020，42(01)：46—52.

[⑤] 李响. 日本高中教育改革面临挑战[J]. 世界教育信息，1998(07)：29—30.

者竞争激烈，学生需要依靠大量的私塾补习（影子教育）提升成绩和竞争力，后者需要依靠家庭社会经济地位条件竞争，造成精英教育机会不均等。日本的小学也分国立、公立和私立，但好的小学私立偏多。大部分小学都是面试入学，面试问题还会涉及家长背景和家庭教育理念与规划等。从 PISA 数据也可以看出，日本的学校差异仍然较大。2009 年阅读成绩校际差距为 59 分，超过 OECD 平均分 42 分。2015 年科学成绩校际差距为 42 分，超过 OECD 平均分 30 分。2018 年阅读成绩校际差距为 36.7 分，超过 OECD 平均分 29 分。

但是，为何在 PISA 测试中日本的基础教育公平程度较好。原因在于，首先，日本在基础教育投入多，公立基础教育均衡发展。为促进偏远地区教育的发展，二战后日本推行教师流动制，对偏远地区教师提供优厚待遇，提高流动教师各项补助，完善教师赴任津贴，经过三、四十年的发展完善，对提高教师素质、维持教师工作热情、缩小校际之间的差距等方面起到了积极作用。[①] 其次，日本有重视学力和重视学力测试的传统。不仅高阶层子女重视学习，中低阶层家庭也重视学习。教育是一种投资，日本人具有在困苦中也要让孩子受到尽可能好的教育的文化传统。[②] 大学升学考试主要是以分数为导向的，这使学生重视基础知识的掌握。相应的课外补习教育市场好。同时，日本文部科学省定期实施全国学力测试，各地区也会举行学力测试，例如东京都。[③] 学力测试不仅会引起学校间的竞争，也有利于保障基础教育质量。第三，日本各地区经济发展较均衡，就业机会较多。自 20 世纪六七十年代的经济高速增长以来，日本普通民众经济收入水平显著提高，足以支付教育费用。[④] 企业用人需求旺盛，普通大学出身的日本人也能过上中产阶级的舒适生活，年轻人不一定都要全力争夺跻身学阀的机会。且日本近代渐进改革留下的政治传统中长幼有序、出身为重的等级观念。致使精英教育资源虽竞争激烈，但不至于使各阶层家庭产生焦虑。

[①] 耿红卫，赵婉琪. 美、英、日基础教育资源优化配置情况分析及启示[J]. 湖北科技学院学报，2019，39(04)：136－139.

[②] 李响. 日本高中教育改革面临挑战[J]. 世界教育信息，1998(07)：29－30.

[③] 杨红军. 东京都基础教育质量保障改革：应对"宽松教育"与面向未来[J]. 比较教育研究，2020，42(01)：46－52.

[④] 金红莲. 日本综合学科高中的改革动因及实施过程研究[J]. 海南师范大学学报（社会科学版），2019，32(06)：89－94.

二、韩国：私立大学质量高，基础教育平准化

韩国高等教育大众化依靠的是私立高等教育的发展。1980 年"7.30 教育改革方针"政策允许大学可以多招比毕业人数名额多 30％的学生，促进了高等教育大众化水平。大韩民国教育部发布的 2019 学年四年制大学就读学生人数统计报告显示，就读私立大学的人数占全部人数的 77.37％。① （见表 6.3.2）韩国私立四年制大学和研究院的比重和水平可以与国公立大学相媲美，甚至有一些规模大、历史悠久的私立大学质量超过国公立大学。大部分私立大学对学生学费依存度高，学生需要承担比国公立大学学生高的教育经费。但同时，根据《私立学校法》和《产学合作法》，韩国不少大型私营企业集团或自办大学，或积极向大学提供资助并参与大学的管理。② 例如，著名的理工科大学浦项工业大学是由浦项集团创始人朴泰俊创建的、三星集团与成均馆大学有过合作、斗山财团资助中央大学、现代财团资助汉阳大学等。比较有名的私立高校背后都有一个强大的财团（基金会）提供财政支持。企业和社会对教育的重视自然给了私立高等教育以丰厚的财政支援和良好的教学条件，使私立高校吸引了众多就读者，从而形成了私立高等教育的良性循环。③

表 6.3.2　韩国 2019 学年四年制大学就读学生人数统计表④

类别	2019 学年			
	大学数量	占比	入学人数	占比
国公立大学	30	15.2％	68,216	21.5％
师范学院（国立）	10	5.1％	3,581	1.1％
私立大学（包括 2 所工业学校）	158	79.8％	245,459	77.37％
合计	198		317,256	

---

① 2019 학년도 4년제 대학 모집단위별 입학정원[EB/OL]. https：// moe. go. kr/boardCnts/fileDown. do? m＝0303&s＝moe&fileSeq＝8baa7a549b27d1928ad86fc81b61720a
② 王留栓. 韩国高等教育的主要特征——兼谈韩国发展私立高等教育的经验[J]. 当代韩国，1997(01)：83－87.
③ 尹洪斌. 韩国的私立高等教育[J]. 河南教育（高校版），2005(07)：47－48.
④ 2019 학년도 4년제 대학 모집단위별 입학정원[EB/OL]. https：// moe. go. kr/boardCnts/fileDown. do? m＝0303&s＝moe&fileSeq＝8baa7a549b27d1928ad86fc81b61720a

韩国的大学招生考试分为"定时招生"和"随时招生"。前者指以韩国修学能力考试成绩为主要参考依据，并参照学生生活记录簿等级、论述考试成绩等方式的大学考试招生制度。后者是根据学校办学特点和人才培养特色，主要考查学生生活记录簿和申请材料，各大学根据实际情况单独组织面试、论述考试、职业技能测试等的综合评定方式。韩国目前"随时招生"计划人数已占到总招生计划人数的70%以上。[1] "随时招生"最初是为了遏制针对统一考试的课外辅导，减轻学生的学业负担。但是只要大学存在分层，为追逐一流大学、接受优质高等教育竞争就不会减弱。市场上增加了许多针对"随时招生"为考生量身定做申请材料的机构，课外辅导热并没有得到有效控制。

高等学校的分层为中等学校分层产生外力。韩国的中等学校的发展是由均质转变为多样化的过程。为普及和均衡高中教育，韩国于1974年推行高中平准化政策。教育平准化是指将国内的所有教育纳入到制度性制约的框架内，进行均衡化、均质化，为学生提供更多的受教育机会。[2] 高中平准化政策的主要做法是以推荐的方式代替考试入学方式、在学区内进行教师轮换、严格管理私立学校并向其提供财政支持以弥补财政短缺带来的危机。[3] 平准化政策对减小校际差距，抑制课外补习以及提高高中普及率有很大积极作用。但随着高中教育的发展，为满足学生和家长个性化教育需求和高校招生的需求，韩国开始实施高中多样化办学政策。以1995年政府推出的"5.31教育改革"为契机，经过发展，逐渐形成了以普通高中、特色高中、特殊目的高中、自律型高中（包括自律型公立高中和自律型私立高中）、寄宿型公立高中组成的多样化高中办学模式。特色高中包括职业特色化高中、替代教育特色化高中等专门系列高中，培养社会要求的特定领域人才。特殊目的高中是以实施特殊领域专业教育为目的的学校，科学系列特殊目的高中是最早设置特殊目的高中，后追加了外语系列、艺体能系列和技师高中。其中，科学系列高中和外语高中衍生出了招收成绩优秀学生的名牌高中特征，学业成绩显著高于普通

---

[1] 凌磊. 韩国2022年大学考试招生制度改革评析[J]. 比较教育研究，2019，41(05)：36—41.
[2] 徐光宇，潘丽. 韩国自立型私立高中发展现状及启示[J]. 教育发展研究，2005(22)：37—42.
[3] Lee, C. J., Kim, Y., & Byun, S. Y. (2012). The Rise Of Korean Education From The Ashes Of The Korean War. *Prospects*, 42(3), 303—318.

高中学生。外语高中学费较高，就读科学高中有政府的补助，但是若读医科要偿还补助。而自律性私立高中增加了选拔学生和课程教学自主权，学费高涨，逐渐成了仅有富裕家庭子女可以承担的"贵族学校"和成绩优秀者升学的"名牌高中"。[①] 名牌大学升学率高的高中就是"名牌高中"。但同时，自律性公立高中有效地增加弱势群体学生的教育机会，寄宿型公立高中则提升了落后欠发达地区的高中教育水平。

在PISA测试中韩国教育公平性水平较高是因为，韩国先将有限的公共资金用于不利地区，在落后欠发达地区实行免费教育，在经济状况较好的地区则由受教育者家庭承担教育经费，实施中小学平准化政策。在中学平准化政策实施期间，取消初中入学考试，提高了初中的普及率。韩国通过先以低成本的平等主义方式扩张小学和初中教育以实现基础普及，再在均衡学校办学的基础上提升高中阶段的教育质量。[②] 因此，韩国的义务教育阶段因为学校的均质化，有助于底层子女的教育获得。

第四节 "教育经费分散投入型"教育制度

美国和中国因教育经费较少，教育制度的特点是教育经费分散投入在基础教育到高等教育阶段，各级各类学校的差异性较大。在这类教育制度下，家庭社会经济背景和地区经济发展差异对学校差异具有较大影响，进而影响底层子女的教育获得。

一、美国：私立大学培养精英，房产税加剧学校差异

美国的高等教育包括公立大学和私立大学两大系统，其中私立大学分为非营利性私立大学和营利性私立大学。虽然美国的大学有五分之三以上是私立学校，但是私立学校入学人数占总入学人数仅约为26.5%。特别是非营利

[①] 张雷生. 关于韩国高中多样化办学政策的研究[J]. 外国教育研究，2016，43(07)：15-31.

[②] Lee, C. J., Kim, Y., & Byun, S. Y. (2012). The rise of Korean education from the ashes of the Korean War. *Prospects*, 42(3), 303-318.

性私立大学中的许多世界知名的精英大学和学院,入学人数绝对值很小且几乎不变。① 根据美国教育部国家教育统计中心综合高等教育数据系统(IPEDS) 2017－2018全日制在读学生人数数据显示,四年制各类大学在读学生人数见表6.4.1。②

表6.4.1 按机构划分美国全日制大学2017－2018学年在读学生人数表(单位:人)

	本科	研究生
四年制公立大学	6 527 266	999 343
四年制非营利私立大学	2 616 367	882 632
四年制营利私立大学	547 974	195 338

由表6.4.1可以看出,四年制的私立大学本科生培养人数较少,但在研究生阶段培养人数与公立的相当,甚至超过公立大学。私立大学,特别是非营利私立大学对美国精英培养具有重要地位。有名的私立名校有常春藤学校、麻省理工和斯坦福大学,招生名额少,录取率低。以2017年为例,美国四年制大学入学总人数为1 268 540人。③ 常春藤高校、麻省理工、斯坦福大学等名校的录取学生总数为26 768人,占2.11%。④ 私立名校的录取率也非常低,例如哈佛大学2020学年为5.22%的录取率,斯坦福大学仅有4.69%的录取率。⑤

---

① Zumeta, W. (2011). State policies and private higher education in the USA: Understanding the variation in comparative perspective. *Journal of Comparative Policy Analysis: Research and Practice*, 13(4), 425－442.

② Twelve－month full－time－equivalent enrollment at Title IV institutions, by student level and institution sector: United States, 2017－18[EB/OL]. https://nces.ed.gov/ipeds/Search?query=&query2=&resultType=all&page=1&sortBy=date_desc&overlayTableId=25212

③ Recent high school completers and their enrollment in college, by sex and level of institution: 1960 through 2017[EB/OL]. https://nces.ed.gov/programs/digest/d18/tables/dt18_302.10.asp

④ Top Tier Admissions. Ivy League－Classes of 2015－2017 [EB/OL]. Top Tier Admissions. AdmissionStatistics for the Class of 2017. (s.d.)[2017－09－21]. http://www.toptieradmissions.com/resources/college－admissions－statistics/ivy－league－admission－statistics－for－class－of－2017/

⑤ Top Tier Admissions. Admission Statistics for the Class of 2020[EB/OL]. https://www.toptieradmissions.com/resources/college－admissions－statistics/ivy－league－admission－statistics－for－class－of－2020/

第六章　类型分析：四类影响学校分层的教育制度

私立名校录取时主要考察学生高中平均学分绩点（Grade Point Average，GPA）、所在高中的背景（高中有排名）和成绩排名、大学预备课程成绩（包括大学预备课程成绩 Advanced Placement，AP 和国际预科证书课程成绩即 International Baccalaureate Diploma Program，DP）、预备课程的难度、大学入学考试成绩（American College Test，ACT 和 Scholastic Assessment Test，SAT）、教师推荐信，以及学生在课外活动和社区参与中体现的综合素质。具有名校的"夏校"经历也可以增加录取机会，但是参加"夏校"的花费不菲。虽然贫困家庭或少数族裔子女也有机会进入私立名校，但是与富裕家庭的子女相比，人数则非常少。[①]美国的公立大学质量也有普遍分层。排名靠前的州立大学录取学生同样来自中学成绩排名靠前的学生。学生若在所在州的州立大学就读，他们将获得可观的学费补贴。[②]仅需要大约50％的学费，所属州政府支付其余学费。可以看出，在美国，私立名校为国家培养科学领域、商界、政界的领导型精英人才。家庭社会经济地位高的子女更有机会就读私立名校。公立学校为国家培养大众化的技术人才，以中产阶层子女为主。

美国的基础教育和高中教育实行就近入学政策，质量好的学校周围形成价格高的学区房，在教育起点上学生的入学机会受到家庭社会经济条件的影响。与他国不同的是，在教育资源缺乏和不均的情况下，美国基础教育财政体制是一种同财政体制相一致的分权型体制，地方政府的房地产税收成为其基础教育经费的主要依靠。学区的房产税大部分（约80％）直接用于学区学校，其余的用于城镇公共设施或机构建设，这就导致了学校质量的差异与社区的经济背景直接挂钩。富裕的社区可以提供充足的教育经费使得学校教学环境和师资条件都较好，对教育公平性产生双重影响。此外，优秀的私立中学采用择校录取方式，通过考试招生，且需要家庭负担昂贵的费用，因此生源大多是成绩好的富人子女，保证精英大学的升学率。住宿制优秀私立高中费用往往达到每年5万美金以上。

---

① 王佳，林荣日，吕旭峰. 激烈竞争下的博弈：对美国名校招生制度异化的分析与思考[J]. 现代大学教育，2018(04)：69—76+113.

② Koedel, C. (2014). Higher education structure and education outcomes: evidence from the USA. *Education Economics*, 22(3), 237—256.

二、中国：公立教育为主体，教育资源缺乏且不均衡

我国主要依靠政府办教育，而民办教育发展缓慢。我国教育资源的特点是主要依靠财政性教育经费支出，虽投入总量大，但因为国家体量巨大，教育资源仍然缺乏。我国的各级教育经费基本依靠财政性教育经费，财政性教育经费主要包括公共财政教育经费，属于政府对教育的公共投入；非财政性教育经费包括事业收入、捐赠收入、民办学校举办者投入以及其他教育经费，属于社会和个人对教育的投入。① 我国财政性教育经费支出和非财政性教育经费支出比例约为4∶1。② 自2012年以来，我国财政性教育经费支出占国内生产总值比例稳定在4%以上。这个比例已接近中等偏上收入国家平均水平。③ 我国人口众多，人均GDP较低，因此生均教育花费在人均GDP中占比属于偏上水平。但是因为对比发达国家，我国的净收入基尼系数大，贫富存在差距，加之地缘辽阔，地区、城乡经济发展存在差异。因此，即使我国的教育经费投入总量大，但教育发展水平仍然存在明显的地区差异和城乡差异。

在教育资源缺乏的情况下，教育经费分配往往是造成学校的分层主要因素。在高等教育投入经费的分配上，被纳入"211工程"大学和"985工程"大学，以及"一流学科建设"的大学和单位可以获得更多的经费支持，这些大学在高考中的招生分数也更高。在学费方面，除了艺术学院或专业、大学附属的独立学院要花费比普通大学更高的学费外，公立高校都有较为统一的学费标准。此外，国家励志奖学金、国家助学金、国家助学贷款、六所教育部直属师范大学实行的师范生免费教育、针对中西部地区启动高校家庭经济困难新生入学资助项目，以及校内资助、绿色通道等政策在一定程度上缓解了家庭贫困学生的学费压力。

---

① 杨蓉，刘婷婷.中国教育经费配置结构分析——基于历史趋势和国际视野的双重探讨[J].全球教育展望，2019，48(06)：46-61.

② 2018年，全国教育经费总投入为46 143.00亿元，其中国家财政性教育经费为36 995.77亿元。数据来源：教育部.财政部关于2018年全国教育经费执行情况统计公告[EB/OL]http://www.moe.gov.cn/srcsite/A05/s3040/201910/t20191016_403859.html

③ 陈纯槿，郅庭瑾.世界主要国家教育经费投入规模与配置结构[J].中国高教研究，2017(11)：77-85+105.

第六章　类型分析：四类影响学校分层的教育制度

高校的分层会导致高中的学校分层。学生高考成绩高、考入"211""985"和"一流学科"大学概率高，所在的高中就为重点高中。吴晓刚教授基于"首都大学生成长跟踪调查"数据对进入三种不同层次高校（清华大学、北京大学和中国人民大学等精英高校，"211 大学"和其他非"211 大学"）的决定因素进行分析。研究发现，家庭社会经济地位和居住地对于进入不同层次的高校仍然有直接的影响，但是否重点高中，以及是否获得高考特殊政策的照顾，对进入什么层次的大学作用更加明显。[①] 而存在重点高中，相应的就有重点初中和重点小学。

在义务教育阶段，自 20 世纪 80 年代以来，我国义务教育阶段逐步取消了小学升初中的选拔性考试，不再依据学生的考试成绩进行招生，小学生和初中生都在其户籍所在地就近的学校就读。虽然限制了义务教育阶段的择校行为，但是实际上，就近入学的核心因素在住宅，而住宅作为人们经济实力、文化内涵和社会地位的象征，城镇居民享有优质教育资源的强度往往是与其住房的城市空间坐标紧密相关的。[②] 与美国相比，我国也因为教育资源不足造成依据家庭资源、城乡差异形成学校的自然分层。与美国不同的是，学校质量不受学区房产税影响，因此我国的学校差异除了受国家经费拨款和地区的影响，更重要的还受家庭社会经济背景条件的影响，以及由此产生的师资和学校环境的差异。

本章小结

由以上分析可知各国的学校分层特点是受教育资源投入（公私立学校政策）、选拔政策、学费政策实施的影响。除了芬兰和挪威，我国和其他 5 国都存在精英教育与大众教育的学校分层。（见表 6.4.2）高等教育的学校分层和选拔的激烈竞争，导致了中小学阶段的学校分层。同时，有关教育资源分配制

[①] 吴晓刚. 中国当代的高等教育、精英形成与社会分层 来自"首都大学生成长追踪调查"的初步发现[J]. 社会，2016，36(03)：1—31.

[②] 孟庆艳. 就近入学政策的内容、评价及反思[J]. 教学与管理，2016(36)：35—37.

度、选拔制度和学费制度的不同,会在一定程度上加剧、维持或缓解家庭社会经济背景(SES)对教育获得的影响。

表 6.4.2 四类国家学校分层情况总结表

<table>
<tr><th colspan="2"></th><th>德国/法国</th><th>芬兰/挪威</th><th>日本/韩国</th><th>美国/中国</th></tr>
<tr><td rowspan="3">高等教育</td><td>高校是否分层</td><td>是</td><td>否</td><td>是</td><td>是</td></tr>
<tr><td>学费
(个人承担)</td><td>低</td><td>免</td><td>私立学校较国公立学校学费高</td><td>美国私立名校费用高;我国公立学校学费一般</td></tr>
<tr><td>选拔</td><td>竞争激烈①</td><td>竞争低</td><td>竞争激烈</td><td>竞争激烈</td></tr>
<tr><td rowspan="3">中小学</td><td>学校分层</td><td>制度分层</td><td>不分层:
综合学校</td><td>成绩分层</td><td>区域性分层</td></tr>
<tr><td>学费</td><td>免</td><td>免</td><td>国立学费低,私立学费高</td><td>美国私立名校费用高;
我国费用统一</td></tr>
<tr><td>选拔</td><td>就近入学</td><td>就近入学</td><td>就近入学②</td><td>就近入学</td></tr>
</table>

通过梳理可以发现,四类主要发达国家的教育制度核心就是围绕着精英教育和大众教育(教育公平)之间的平衡展开的。在资源相对有限的情况下,各国仍然最重视精英教育,甚至精英教育的重要性更甚。但是在培养精英之外,各国也尽力兼顾教育公平,将教育经费投入于大众教育,减少社会分层对教育公平的影响。在教育资源丰富的北欧国家,它们实现了教育资源的充分投入,社会分层对精英教育和大众教育的影响很小,主要是以个人能力为标准进行教育分轨,各阶层子女的教育获得差异较小。除了资源丰富的北欧国家,在其他案例国家中,社会分层导致教育分层的现象普遍存在。在如何平衡大众教育与精英教育,减少社会分层对教育分层的影响等方面,各国因为教育制度不同呈现出不同的特点。(见表6.4.3)

---

① 注:德国没有全国统一的大学入学考试,高校招生录取制度以高中毕业资格证书为基础,学生凭高中毕业证书或资格证书申请进入大学学习。但进入文科中学竞争激烈。

② 注:日本国立、私立考试入学;公立就近入学

第六章 类型分析：四类影响学校分层的教育制度

表 6.4.3 四类国家对比分析表

	德国/法国	芬兰/挪威	日本/韩国	美国/中国
谁在培养精英	国家	国家	国家/私立大学（统治阶层）	美国：私立大学（统治阶层）；中国：国家，但家庭投入大
教育经费多寡	适中	丰富	适中	不均衡，缺乏
国家教育经费重点配置在哪里	精英教育通道	所有	基础教育阶段	分散，需要平衡较大的地区差异
学校分层特点	政策决定各教育阶段分层	大学不分层，所有学校不分层	基础教育阶段学校均衡，高中学校开始分层	由于经费不足和地区以及学区房导致自然分层
底层子女教育获得	在学校严格分层的情况下，家庭SES对教育获得影响大，底层子女处于劣势	学校不分层，各阶层子女教育获得均等	基础教育阶段公平性较高，一定程度上缓解了家庭SES对教育获得的影响，增加底层子女的教育获得	因缺少教育经费由家庭SES和地区经济发展差异自然分层造成教育分层，不利于底层子女的教育获得

芬兰和挪威教育资源充足，社会分层不明显，且在具体的教育制度上没有实施精英教育和大众教育的区分。除了芬兰和挪威，其他案例国家在教育经费有限的情况下，如何分配教育资源则影响了各国的精英教育和教育公平性。德国和法国在教育体系上将精英教育和大众教育进行严格的区分。德国在中学阶段就将学生进行分流、法国对精英进行严格的选拔都在一定程度上加剧了家庭社会经济背景对教育获得的影响。日本和韩国的私立高校参与国家精英培养，维持着优势阶层的复制。但是因为日韩将教育经费重点投入基础教育，基础教育学校均质化程度高，一定程度上缓解了家庭社会经济背景对基础教育阶段教育获得的影响，提高了教育的公平性。我国与美国的教育资源和教育资源分配情况相似，由于资源有限、分配分散，家庭社会经济背

景对教育获得仍具有重要影响。形成了由经费不足和地区经济发展差异导致了学校的自然分层，造成学校差异较大，家庭社会经济背景对教育获得具有较大影响，阻碍底层子女的教育获得。

由PISA项目测评的教育公平和教育卓越程度的案例分析结果来看，各个国家都可以培养出成绩高的学生，但教育公平并非每个国家教育政策追求的首要目标。在教育资源有限的情况下，各国的教育首要目标仍主要是如何培养国家需要的精英人才。各国都有相应的教育政策明确精英培养的通道。我国目前精英培养的模式和德国、法国相似，是由国家负责培养国家精英。但是因为国家优质精英教育资源分布不均匀、以考试筛选为主、竞争激烈，精英培养过程又与美国相似，即个人获取精英教育资源过程中，家庭投入占据重要作用。在高考制度下，优势阶层在教育资源的竞争中占据优势，存在优势阶层复制的现象。而且从精英培养的结果上看，具有和其他资本主义国家相似的利己的价值观。

这可以从各阶层的"育儿焦虑"中看出。例如海淀区父母为了子女读清华北大名校而化身为"经纪人"，需要有效地把学校资源、校外资源、家庭资源整合和规划，成为子女学习和成长的经纪人，帮助子女在激烈的"教育博弈"中获得优势。为了进入一流大学，许多孩子从小需要大量教育投入，通过上补习班提升成绩。为了能上好学区的学校，家长要投入大量财力购买"天价"学区房。同时，国家对精英教育的投入主要体现在高等教育阶段，维持和提升一流大学。在非高等教育阶段则注重大众教育，主要追求教育公平。这就造成了若要获得高等教育阶段的精英教育资源，在非高等教育阶段时精英的培养主要依靠家庭的投入。这不仅加重了教育分层，更会导致精英人才的成长过程主要依靠私人资源的支撑。长此以往，就会造成精英人才的价值观以私有个体为主导而偏离国家意志的方向和需要。而如此培养的精英人才往往有很大概率成为精致的利己主义者。因为中国目前的精英教育模式与大部分资本主义国家相近，其培养的精英人才也具有精致利己主义的特点。很多教

第六章 类型分析：四类影响学校分层的教育制度

育研究者也看到了这个问题：教育成了家庭资源无限投放的无底洞；[①] 而教育正把最优秀的孩子变成"精英癌"。

从国家构建来看，利己主义是资本主义的一个基本要素。因此培养精致的利己主义者是符合资本主义国家的精英人才需求的。无论是德国、法国由国家教育体制选拔和培养的精英人才，还是日本和韩国由统治阶层（优势阶层）为主导的精英人才培养策略，资本主义国家的精英培养都是由个体私有投入为主体，其培养的人才也是为统治阶层服务，具有资本主义的理念和意志。这种教育策略培养的精英人才往往具有精致的利己主义特点，但对于资本主义国家是契合的，可以很好地为这些国家服务。然而这样的人才往往不适合我国的国家体制。因此，从国家需求来看，目前我国仍需要建立以国家意志为主导的精英培养通道，以国家的资源代替个人的私有资源在整个教育链上支撑这样的精英培养，从而让国家和社会整体的价值观能够根植于精英培养的整个过程中。通过这样的通道，国家既可以获得合适的精英人才，同时也可以有效地改善教育公平。

从全球化视野的人才流动来看，在资本主义制度的国家中，培养功利、利己的、为自己服务的人才以及这些人才在资本主义国家间都没有问题，因为它们有相同的价值观。例如，法国教育培养出来的精英虽向国外流失很多，但并不影响法国引进其他国家的人才。[②] 然而，我国人才流出容易，但引进合适的人才却较为困难，我国需要有国家意志的精英人才。在全国教育大会和北京大学师生座谈会上，习近平总书记指出："古今中外，每个国家都是按照自己的政治要求来培养人的，世界一流大学都是在服务自己国家发展中成长起来的。我国社会主义教育就是要培养社会主义建设者和接班人。"我国是社会主义国家，这就决定了我们的教育必须把国家利益和社会主义的价值观作为人才培养的根本出发点，培养一代又一代拥护社会主义制度、立志为中国特色社会主义奋斗的有用人才。

[①] 渠敬东，北京大学人文社会科学研究院常务副院长、北京大学社会学系教授，在第二届"大学·中学"圆桌论坛上的讲话。

[②] 观察者网，刘学伟：《法国教育制度中最值得我们学习的是……》[EB/OL] https：//www.guancha.cn/LiuXueWei/2015_09_18_334707_s.shtml

结　语

通过对影响底层子女教育获得的家庭、学校和教育制度作用机制进行分析，本研究探讨了影响教育获得成功的底层子女的家庭环境与学校环境作用特点；影响底层子女教育获得的因素类型；分析了教育制度如何影响学校分层，以及在制度环境下的家庭行动；进而分析有利于底层子女教育获得的教育制度特点。本研究从复杂系统视角出发，尝试解读"成功者"经历的同时也注意"失败的大多数"的经历，努力探寻教育机制及其运转如何有助于社会等级秩序在其中隐匿和合法化过程。虽然影响底层子女教育获得的因素和路径分析属于复杂系统分析，必定会存在许多隐含变量和复杂关系。但笔者相信，复杂系统的不确定性并非完全的无序，是相对稳定和打破平衡的不可逆螺旋式循环过程。因此，重要的是在方法运用和求证的过程中尽量合理，希望为理解我国底层子女的教育获得问题提供具有解释力的结论。

一、研究结论

首先，学校环境对底层子女的阶层跃迁起主要作用。通过对《首都大学生成长追踪调查》数据进行分析发现，考上 211 大学的底层子女几乎都来自重点高中，不同阶层子女的专业选择和职业意向并无显著差别。从以职业为标志的代际传递来看，中、高阶层子女具有家庭传承的特点，底层子女则通过学校教育产生了阶层变化。通过对考上 211 大学的三个阶层子女个案进行访谈分析发现，学校环境对三个阶层子女都有影响，自高阶层子女、中产阶层子女到底层子女，学校环境的影响逐渐增强，学校环境对底层子女影响尤其大。中、高阶层子女受学校环境影响差异不大，家庭环境影响是实现代际传递的关键。底层子女因家庭经济、文化和社会资本匮乏，主要依靠学校环境获得资本。底层子女若和中产阶层子女一样进入重点中学，考上重点大学，受相似的学校环境影响，则更有机会向中产阶层跃迁，实现阶层突破。

第二，学校人文环境对底层子女的教育获得具有决定性作用。比较分析考上211以上大学和未考上211以上大学的底层子女发现，影响底层子女教育获得的环境因素可以类型划分为物质因素和人文因素。家庭物质因素指教育投入；学校物质因素指经济资助和设施设备。家庭人文因素指以家庭成员人文素质为基础，以及在此基础上父母对子女教育和择业的态度、观念和行为；学校人文因素指以师生人文素质为基础的教师行为、学生互动及榜样影响。对比成功和失败的底层子女案例发现，家庭物质和人文条件匮乏、未能就读好学校、学校人文环境不佳是底层子女教育获得的障碍。若家庭教育投入满足子女完成义务教育，父母重视子女的教育，或脱离劣势的家庭环境影响，受学校良好的人文环境影响则有机会获得教育成功。通过量化分析后发现，满足人文条件与底层子女教育获得具有高度相关。学校环境建构的特点是：物质条件易于快速达到，人文条件则需长时间积淀。

第三，教育制度和家庭行动共同影响学校分层的产生。由前两个问题的结论发现，学校环境对底层子女教育获得和阶层跃迁起主要作用，且学校环境中的人文环境与底层子女教育获得具有高度相关。因为底层子女家庭资本不足，教育几乎成为其实现阶层跃迁的唯一途径，所以学校分层，特别是学校人文环境差异对底层子女有重要影响。能否获得优质高等教育资源的关键在高中阶段教育，甚至是基础教育阶段的资源竞争。通过PISA2018结果呈现的各国中学学校分层特点发现，教育公平程度体现为学校分层，与各国经济发展水平、教育卓越和全纳水平没有相关性，但与各国精英、大众教育分轨和教育资源投入与分配的教育制度相关。精英教育和大众教育的分轨源头在高等教育，并由上至下影响各个阶段的学校分层。我国城乡学校分层主要表现为师资差异，城市学校分层主要表现为生源差异。学校分层的结果是校际升学率差异。受教育制度影响下的学校分层过程中，优势阶层家庭行动加剧了学校分层，影响底层子女教育机会获得。表现为：在学校教育入学起点，优势家庭在支付学费，应对选拔方式（考试、就近入学、择校）两方面都具有优势，能够进入更优质的学校。在学校教育的过程，优势家庭通过家长参与学校教育、优化学习环境，因生源来自相似阶层而影响同伴互动，加剧了学校分层。在教育结果上优势家庭子女能够取得学业成就，并支付优质的教育资源，形成闭环。由此看出，教育制度环境是影响学校分层的驱动性因素，家庭行动有可能进一步加剧学校差异。

第四，均质化教育制度有利于底层子女的教育获得。以 PISA 教育公平测量结果呈现的四类发达国家为例分析四类教育制度与底层子女教育获得的关系发现，精英－大众严格分轨的教育制度：学校严格分层，家庭社会经济地位对教育获得的影响大，底层子女处于劣势；精英－大众未区分的教育制度：在教育资源充足、社会分层不明显（净收入基尼系数低）的情况下，各教育阶段学校不分层，各阶层子女教育获得均等；基础教育阶段学校均质化教育制度：国家教育资源重点投入在基础教育阶段，高中阶段学校开始分层，一定程度上缓解了家庭社会经济地位对教育获得的影响；教育经费分散投入型教育制度：因缺少教育资源，教育发展不均衡，学校分层受地区经济发展差异和家庭行动影响，不利于底层子女的教育获得。我国的教育制度特点属于第四种。

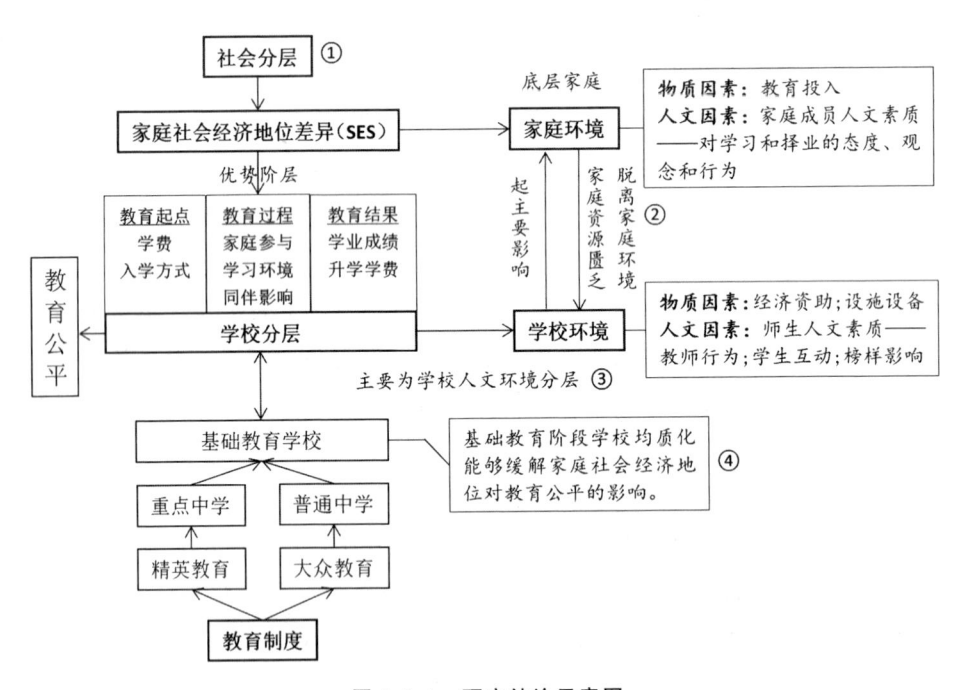

图 7.1.1 研究结论示意图

综上所述，本研究的结论是：学校环境尤其是人文环境对底层子女的教育获得及其阶层跃迁具有最重要的作用。

结合研究结论示意图可知,解答"寒门何以出贵子"问题可以有四个方面的行动。首先是积极推进扶贫,缩小社会分层(见①);其次是完善学校住宿条件,让家庭物质、人文条件不足的底层子女脱离家庭环境影响(见②);第三是在满足基本物质条件基础上,重视学校人文环境的建设(见③);第四是重视基础教育投入,促进基础教育学校均质化(见④)。

据此提出的建议是,除了应重视基础教育阶段学校物质环境的均质化之外,解答"寒门何以出贵子"的最重要对策是加大学校人文环境建设的投入,包括提高教师人文素质、专业能力;融洽师生关系、同学关系;突出榜样影响,营造良好学习氛围,而后者是需要时间积累的。

二、理论贡献

本研究从复杂系统的分析视角出发,研究所得的结论可以尝试回应"寒门何以出贵子"相关研究长期存在的理论和实践的争论。这样的争论主要表现为三个方面:(1)家庭环境和学校环境哪个环境起主要作用,作用机制是什么?(2)能否存在某些关键因素帮助底层子女通过教育实现阶层突破?(3)在实践中,成功考上好大学,实现阶层跃迁的底层子女是否存在"成功经验"得以复制?本研究认为从复杂系统的分析视角能够合理地解释这些争论。

1. 家庭环境与学校环境都具有功能性影响,只是影响的程度有差异。

社会环境是一个复杂系统,具有复杂性和不确定性的特征。影响底层子女教育获得和阶层流动的环境同样具有复杂性和不确定性,需要将多个环境综合起来分析。在研究学校环境和家庭环境如何影响底层子女的问题,功能主义认为学校环境能够取代家庭环境的影响,促使底层子女通过教育实现阶层向上流动。冲突论则认为家庭环境的影响会延续到学校环境中,学校教育并不能减弱家庭背景差异,甚至还会延续和加剧家庭社会背景的不平等。虽然两种观点看起来是截然相反,但是二者都是强调:不同环境具有的功能性是让个体得到"传承"和"变化"的基础。在某个环境中,环境发挥的功能是让个体受到这个环境的影响。个体处于某个环境越久,受到的传承作用就越大。当个体脱离了某个环境,受到其他环境的影响就产生了环境影响的变化。一般来说，个体会受到多个环境影响。在不同的环境中，个体受到不同环境的功能性影响的程度和权重不同。因此，更突出了环境对人的发展具有重要意义。

功能主义强调环境的功能性，阐明了人处在学校环境中就会受学校所建构的秩序、知识、意识等影响，实现个体内化。冲突论强调了学校环境的非功能性，尝试解释学校环境功能性缺失的状况和原因，认为学校环境功能对底层子女发挥不出应有的功能，或者发挥了与应有目的相反的功能。实际上，两种理论都强调了环境对人的传承功能，功能主义看到了学校环境这个单一因素的"作用"，冲突论者看到了学校环境这个单一因素的"非作用"。若从复杂系统的视角出发，把多种环境综合起来分析，就不会将一个环境的"非作用"看作是"作用"的缺失，而应该看作是受其他环境系统的影响。例如，科尔曼报告提出的结论："学校在造成学业成就差异方面几乎没有作用。"在此基础上的后续研究一致地表明家庭环境因素较学校环境因素更强有力地预测了教育获得与学业成就。这是因为在同一类学校环境中观察不同家庭背景学生的学业差异时，家庭环境的差异和作用就显得至关重要。

因此，结合本研究的发现可以看出，家庭环境和学校环境对不同阶层的子女都具有作用，只是作用大小具有差异。对于成功的底层子女来说，与中高阶层子女一起就读重点高中和211大学，学校环境是影响其教育成功的关键因素。但对于中高阶层子女来说，学校环境影响作用差不多，家庭环境是其阶层传递的重要因素。这与科尔曼报告的另一个发现类似："家庭社会经济地位之间的差异能够在不影响高地位学生学业成就的条件下对处于劣势的学生产生重要影响。"也就是说，"黑人和少数族裔群体学生的学业成绩与其所在学校的学生主体构成密切相关。"例如，一个家庭教育背景较好的白人学生，其周围同学的家庭教育背景好坏对其成绩高低影响微弱；而一个家庭教育背景较差的少数族裔群体学生，若其周围同学家庭教育背景较好，则其学业成绩有可能会提高，若其周围同学家庭教育背景与其相似，则其学业成绩无明显变化。[①] 这说明例子中的白人学生更多受家庭教育的影响，而家庭教育背

---

① 王玉环.1966年《科尔曼报告》研究[D].河北大学，2015：30.

结　语

较差的少数民族学生,受同学的影响较大。同时,很多研究指出,虽然底层子女就读了大学或重点大学,但是在就业时仍然处于劣势。认为在大众教育阶段的"后精英"时代,社会分层已经"结构化",实现"向上流动"的渠道已经变得狭窄,家庭背景及资源在代际"再生产"的过程中发挥了重要的作用。[①] 这是因为,当底层子女和中高阶层子女受到的学校环境影响相似时,家庭环境的作用差异又成为获取职业地位的关键因素。

2. 局部研究的结论具有不确定性,将影响因素划分为两类,能够更清晰地呈现规律。

社会环境是一个复杂系统,因此局部研究发现的规律往往不具备普遍性。随着局部环境和时间的变化,其结论受制于各个具体条件限制,难以形成一般性的理论。

为探究什么因素影响底层子女的教育获得和阶层流动,已有研究分析了家庭资本、父母期望、教育观念、教师期望等众多因素。近年来教育社会学界特别关注对成功逆袭的底层子女背后的原因探究,其中以布尔迪厄文化资本理论为基础,从"底层文化资本"角度解读底层子女的社会流动因提供"成功路径"的实践意义而受到关注。以"底层文化资本"结论为例,它以成功底层子女作为研究对象,对布尔迪厄的文化资本理论做了扩展,对底层子女如何获得成功具有一定的解释力。但是"底层文化资本"仅包含众多影响因素中的一部分因素,在解释底层子女阶层流动的社会现象时受制于具体条件的限制。

"底层文化资本"观点是对文化资本理论框架的拓展。不同于布尔迪厄提出的"文化资本"是指对社会中高阶层的"高雅文化"的掌握程度,"底层文化资本"观点将文化资本的多样性视为文化资本的一种重要表现形式。拉鲁等人对布尔迪厄文化资本概念运用的文献梳理后认为,文化资本概念并非一定与中高阶层的高雅文化固定地联系在一起。高雅文化品位和态度并不一定是文化资本的唯一表现形式。只要在特定环境和条件下,不是所有社会成员都能享有的,能够给部分社会成员带来独特优势的,可以在特定制度环境中占据主

[①] 黄耿华,莫家豪."后精英"的社会印象:当代大学生对阶层分化及社会机会的主观认知[J]. 浙江大学学报(人文社会科学版),2013,43(04):182-195.

导地位的文化资源的能力都可以被视为文化资本。[①] 因此,从这个理论拓展角度看,解释底层子女获得教育成功原因的主张是认为底层家庭也具有特殊形式的文化资本。来自底层家庭的强调努力学习、强调教育改变命运、强调报答父母的内驱力、强调坚守本分的品质等是底层家庭独有的文化品质。与将底层家庭的文化资本视为缺陷和不足,需要靠外界弥补不同,这种文化资本概念将"底层文化资本"视为促进底层子女实现教育成功并向上社会流动的重要文化资源。例如,曾东霞分析农村贫困家庭第一代大学生获得成就的经验后认为,农村贫困家庭贫困背后的希望感、对知识改变命运的信仰、充满爱的家庭氛围、民主温柔的母亲与务实严厉的父亲的身教方式潜移默化地影响了农村贫困家庭青年对学业的追求。[②] 胡雪龙、康永久对成功的农村学生质性分析后明确指出家庭文化资本在农村子弟考上重点大学过程中发挥着独特的积极作用,他们的成功不完全是个人奋斗的结果。[③]

但是"底层文化资本"的结论具有不确定性,其发挥作用需要条件限制。首先,"底层文化资本"能否进行文化的再生产受教育结果的制约。从本研究对成功的底层子女访谈结果来看,我国从科举制度以来"万般皆下品惟有读书高"和"读书改变命运"的社会制度与文化传统对当下社会文化和教育都产生了深远的影响。在访谈中,不止一位受访者反复强调,自己考上大学,让父母在村子里"长了脸"。考上大学的农村孩子,会长期被作为村中其他孩子的榜样。但同时,笔者也在访谈中看到了可能产生变化的信息。有访谈者表示:"考上好大学的那时候真的是村里和亲戚中的骄傲,但是随着能考上大学的孩子越来越多,还有就是你毕业了以后并没有像他们之前期望的那样取得很大的成功,挣很多钱。反而是有些读书没有很好的人做生意挣了钱,回到农村盖了房子。就会对父母曾经自豪和期望有所落差。"由此可以看出"底层文化资本"从社会文化传统和社会主导的文化有关,但是社会文化传统和社会主导

[①] Lareau Annette, Elliot Weininger. Cultural Capital in Educational Research: A Critical Assessment[J]. *Theory and Society*, 2003, 32(5—6): 575—598.

[②] 曾东霞. "斗室星空":农村贫困家庭第一代大学生家庭经验研究[J]. 中国青年研究, 2019(07): 38—43.

[③] 胡雪龙, 康永久. 主动在场的本分人:农村学生家庭文化资本的实证研究[J]. 全球教育展望, 2017, 46(11): 104—116.

结　语

文化在多大程度上对底层家庭产生影响是随着底层家庭对这种文化所提倡路径最终结果的认识变化而不断变化的。

其次，"底层文化资本"需与学校机构环境中文化评价标准相关才能发挥作用。通过比较分析了底层、中产阶层和高阶层子女的家庭环境和学校环境的影响后发现，"底层文化资本"之所以能够称为一种优势的文化资本，是因为它与学校特定的评价标准体系相关联。例如胡雪龙指出，农村家庭强调的"本分"与学校教育的主流意识形态相一致，促使农村学生在教育中表现出"主动在场"的状态，最终获得学业成功。[①] 目前我国的基础教育和高中教育阶段仍然是突出和强调"成绩"，因此诸如重视学习、强调勤奋、努力、本分等品质成为在学校成绩竞争中能够发挥重要作用的文化资本。从对比不同阶层子女的案例分析也能够佐证，成功的底层子女的家庭重视学习的结果，与中产阶层家庭强调子女的学业的结果趋同。所以他们都受到重视成绩的学校环境影响很大。但是对于高阶层家庭的子女来说，大部分学校以"成绩"至上的文化并未与他们的家庭文化很好的契合，因此，学校环境对于高阶层子女来说影响较小。

这也就能够解释，为何类似毛坦厂中学和衡水中学对"成绩"的极致追求既能够符合当前大部分学校仍以"成绩"为标准的文化表达，又能够与底层家庭强调"吃得苦中苦方为人上人"的文化相契合。但两所中学被冠上"奇葩"或"毒瘤"的不顾人性的污名却又是与当前强调素质教育和个性教育的学校标准文化相悖。中产阶层家庭强调培养子女的兴趣、素质和个性，此文化资本虽与"底层文化资本"不同，但在同样重视"成绩"标准的学校机构中，所产生的结果是趋同的。因此也可以清晰，一旦"底层文化资本"脱离了学校环境相似的文化标准与文化表达，就难以形成文化资本。同样，这也能解释我们能够看到的是小部分成功的底层子女和中产阶层子女在同类学校内的趋同现象。而能让他们成功考上 211 以上大学的中学几乎都是各级重点中学，被称为"优质"的学校。但是，对于以更高阶层家庭的子女来说，"更优质"的学校的文化

[①] 胡雪龙，康永久. 主动在场的本分人：农村学生家庭文化资本的实证研究[J]. 全球教育展望，2017，46(11)：104－116.

标准或许与更高的家庭文化资本相契合，例如以国外名校为升学目标的外国语学校、私立高中，若将此类学校放在研究范围内，不说底层家庭的文化，就是中产阶层家庭的文化也难以符合此类学校的文化标准，不能形成有利于竞争的"文化资本"。这也是本研究未将更高阶层的子女纳入研究对象的范围的原因。同样，也能够解释如果高考改革影响了学校文化评价的标准，改只重视学习为重视综合素养的考核，那么底层子女现有的文化资本不一定能够成为文化资本，或将成为文化缺陷。

如"底层文化资本"结论一样，已有研究以环境中的具体影响因素做了很多研究，对影响路径，即发挥作用的情境和条件做了梳理。但因为影响底层子女教育获得和阶层流动的环境是个复杂系统，针对局部的几类变量做研究得出的结论难以扩展到其他的情境下，难以形成一般性的、普遍性的理论。因此，本研究将影响底层子女教育获得和阶层流动的因素分为物质因素和人文因素两大类型，从更为宏观的层面上划分影响因素的类型，能够呈现更为清晰的规律：物质条件基本满足的基础上，人文环境因素是影响底层子女教育获得和阶层向上流动的关键因素。

3. 局部研究得出的"成功经验"不能直接指导实践，回答"寒门何以出贵子"的问题需全面考虑家庭环境的影响程度、学校环境差异、制度环境和社会不平等的影响。

已有研究中，功能主义缺乏路径解释，冲突论关注的是学校环境延续和加剧社会不平等的情况，二者都对如何帮助底层子女通过教育向上阶层流动缺乏实践指导。本部分仍以"底层文化资本"结论为例进行分析，"底层文化资本"结论呈现了底层子女成功实现阶层突破的"成功经验"，但是从复杂系统的分析视角来看，局部研究得出的结论并不能扩展到所有情况，仅用"底层文化资本"来解释底层子女的教育成功经验，或迁移到对大多数"失败"的底层子女教育经验的解释显然是不全面的。需要考虑学校环境差异、制度环境和社会不平等的影响。

首先，"底层文化资本"结论隐含着向失败底层子女的家庭社会阶层秩序的归因逻辑。用文化资本理论解释底层子女教育失败的经典研究之一有威利斯的《学做工：工人阶级子弟为何继承父业》，在他笔下的"家伙们"受家庭背

结 语

景的作用,因延续家庭阶层的反抗意识而对学校教育中的文化采取主动的抵制,而最终以学业失败为代价。这些研究可能将结论和建议引向一种方向,即如果多数底层子女可以更好利用底层阶层特有的文化资本,就有希望获得教育成功。或者如果家庭不具有底层文化资本,则他们的子女就很难获得教育成功。但是,通过本研究对环境和底层子女群体的控制变量后研究发现环境对人具有决定性的影响。底层子女不管是受家庭文化资本影响多,还是受家庭劣势的人文环境影响多,都是因为浸染在家庭环境的时间久。就如,家庭环境同样劣势的底层子女,为何有人可以获得教育成功,而有些人却失败了。通过本研究分析发现,未脱离家庭环境影响的底层子女受家庭环境影响作用大。脱离家庭环境影响的底层子女更容易受家庭以外的环境的影响。例如网络上受广泛转发的纪录片《出·路》,导演郑琼跟踪拍摄了我国三个阶层三个孩子10年的人生轨迹。其中农村女孩马百娟的父亲对待她读书的观念是:"上学要打工,不上学也要打工,为什么要上学?"虽然在校长的游说下,10岁的马百娟才得以上学,但是无法脱离家庭劣势人文环境影响的她,最终还是失学了,没逃过打工和早早结婚生子的阶层复制。[①]

第二,底层文化资本的"弥补形式"指出底层子女可以在家庭环境以外寻找家庭缺乏的文化资本,但这样的结论同样隐含着指向失败的底层子女自身的归因逻辑。它可能指向这样的结论:若底层子女能够在学校里努力学习,争取老师的欣赏、鼓励、偏爱和帮助等,就有可能成功,若不成功则是自身不够努力的结果。但是通过控制家庭环境,本研究发现,学校环境的差异同样影响底层子女的教育获得。例如,家长重视子女学习的底层子女或是成功脱离劣势家庭人文环境的底层子女为何有的人可以获得成功,而有些人却失败了。这是因为学校环境对不同学生的作用差异。若个体在学校内接触的同学具有不重视学习或读书无用的"反学校文化",或是未脱离家庭劣势环境影响的学生,个体在学校环境中就容易受到消极人文环境的影响,可能导致学业失败。若个体在学校因为师生互动受到的不是鼓励或帮助,也有可能导致

---

① 真实跟踪记录:中国3个阶层孩子的10年人生轨迹[EB/OL]https: // www. sohu. com/a/240154783_159911

学业失败。

第三，追求解读底层子女获得教育进而成功实现阶层跃迁的经验，或归因底层子女失败的家庭背景或自身的归因，并不能拓展底层子女社会阶层跃迁通道的问题。因为在某种程度上，这是对现有教育制度中的社会秩序合法化认可为前提的。因此，不仅应该关注少数底层子女的成功经验，更应该关注为何多数人面临不断深化的不平等的受教育机会。不仅应该看到底层子女的教育境遇不仅仅和自身、家庭环境、学校环境相关，而是在一定的反映社会等级秩序的教育制度环境相关。从社会学意义上来看，应该对多数底层子女面临的教育机会不平等的教育制度障碍进行深入的反思。同样，对于高等教育扩招后底层子女仍然面临教育机会不平等的问题的解读，有学者概括为"有效维持的不平等"(EMI)现象，即当高校扩招后，从精英大学（或优质高校资源）来看，底层子女的比例却降低了。这使不同阶层背景的学生被划分到不同类型的高等学校和专业中。

所以，本研究通过数据分析和案例分析发现，人才培养战略影响从高等学校自上而下教育阶段的学校分层。当存在优质学校和普通学校的差别时，基于家庭社会经济背景差异的家庭行动也可能促进学校分层的进一步加深。从这个意义上看，本研究并未脱离对现有教育制度环境和社会不平等关系的反思。

三、反思与展望

1. 反思：对方法和数据的把握

在方法层面上，底层子女在教育过程和阶层流动过程中会受到各种环境因素和自身因素的影响，产生多种可能的结果。以定量数据为研究材料，能够揭示底层子女教育获得过程中特定时间段的起始状态和结果状态。以质性分析为方法，采用教育学、社会学、经济学等多学科视角和理论来解释案例，能够阐述底层子女教育获得的路径和机制。众多已有研究就像一块块拼图，不断完善对底层子女教育获得研究问题的图景。每一块拼图的结论都有相应的作用条件和边界。限于客观和主观条件，本研究不能将底层子女教育获得和阶层流动问题的复杂系统详尽呈现，只能追求在宏观、中观层面获得一个相对更稳定一般性的结论(规律)。从复杂系统视角出发,采用不同方法进行研究的已有结论都能找到自己的定位。

从数据资料的角度看,尽可能全面且深入地描述影响底层子女教育获得的复杂系统需要丰富的数据资料和详实的案例资料,以尽可能深入地挖掘数据信息和案例信息。但是一方面,对比几个大型研究数据,虽然包含的样本数量多,但是包含特定年龄段公民、可追踪的、可挖掘的教育信息仍然较少。基于主客观条件,收集大量数据并进行追踪十分困难。另一方面,增加未成功的底层子女案例收集也存在一定的困难。因此,希望基于能够使用的多样资料,提高对资料的解读能力,回归到展示解答研究问题的目标上。

2. 展望:帮助底层子女阶层突破的行动与重点

基于本研究的主要结论,解答"寒门何以出贵子"问题可以有四个方面的行动。

第一,积极推进扶贫脱贫,缩小社会分层,提高底层人口的人文素质。国家在脱贫攻坚以来的7年间,我国的贫困人口减少了9000多万,有助于缩小社会分层。缩小社会阶层差距是减少底层人口代际复制的社会基础。同时,通过研究发现家庭成员的人文素质是家庭人文环境的基础。因此,在攻坚脱贫、经济脱贫的基础上,还应该通过宣传或继续教育等方式提高贫困人口的人文素质。

第二,完善学校住宿条件,让家庭物质、人文条件不足的底层子女减少家庭劣势环境影响。我国已有《国家贫困地区儿童发展规划(2014—2020年)》以及《国务院办公厅关于印发国家贫困地区儿童发展规划(2014—2020年)的通知》等政策重视和保障了寄宿制学校的建设。继续完善学校住宿条件,让家庭物质、人文条件不足的底层子女脱离家庭环境的影响,受学校环境的影响能够让更多的底层子女实现教育获得。

第三,在满足基本物质条件基础上,重视学校人文环境的建设。从2014年起,通过几年的努力,贫困地区的学校物质条件得到了很好的改善和提高。在物质条件满足的基础上,下一阶段的工作应该注重学校人文环境的提升。城乡学校差异主要体现在师资的差异,因此,应重视教师流动制度的完善。对偏远地区教师提供优厚待遇,提高流动教师各项补助,完善教师赴任津贴。

在提高教师人文素质的同时，培养学生的人文素质，引导师生间、学生间的良好互动。现有高校定点帮助贫困县的教育脱贫攻坚工作，在师资和教学上定点帮扶，能够有力改善落后地区学校的人文环境。

第四，重视基础教育投入，促进基础教育学校均质化。根据比较四类教育制度对教育公平的影响发现，社会分层不明显（即净收入基尼系数低）、教育资源丰富背景下的均质化教育制度有利于底层子女教育获得。同时，以日本和韩国为案例，加大基础教育投入，基础教育阶段学校均质化，能够缓解家庭社会经济背景对学校分层的影响。

因此，日本和韩国基础教育阶段学校均质化政策对我国教育公平的具体政策具有启示作用。从日本和韩国的教育公平情况来看，保障基础教育阶段的教育资源投入和分配，重视提高经济发展弱势地区的基础教育水平，往往能有效减少社会分层对教育获得的影响。为促进偏远地区教育的发展，二战后日本推行教师流动制，对偏远地区教师提供优厚待遇，提高流动教师各项补助，完善教师赴任津贴，经过三、四十年的发展完善，对提高教师素质、维持教师工作热情、缩小校际之间的差距等方面起到了积极作用。[①] 此外，日本和中国一样，也有重视学力和学力测试的传统。不仅高阶层子女重视学习，中低阶层家庭也重视学习。教育是一种投资，跟中国文化一样，日本人同样具有在困苦中也要让孩子受到尽可能好的教育的文化传统。[②] 同时，日本文部科学省定期实施全国学力测试，各地区也会举行学力测试，例如东京都。[③] 对基础教育阶段学生学力的重视，能够让更多弱势阶层子女提高测试能力，增加获得更高更好教育的机会。

同样，韩国是从小学开始，逐步扩大到初中和高中进行学校均质化措施。除了前文提到的通过先以低成本的平等主义方式扩张小学、初中教育实现学校均质化和教育普及外，韩国还进一步尝试均衡高中教育。为普及和均衡高中教育，韩国于1974年推行高中平准化政策。教育平准化是指将国内的所有

---

① 耿红卫,赵婉琪. 美、英、日基础教育资源优化配置情况分析及启示[J]. 湖北科技学院学报,2019,39(04):136-139.
② 李响. 日本高中教育改革面临挑战[J]. 世界教育信息,1998(07):29-30.
③ 杨红军. 东京都基础教育质量保障改革：应对"宽松教育"与面向未来[J]. 比较教育研究,2020,42(01):46-52.

结　语

教育纳入制度性制约的框架内，进行均衡化、均质化，为学生提供更多的受教育机会。[①] 高中平准化政策的主要做法是以推荐的方式代替考试入学方式、在学区内进行教师轮换、严格管理私立学校并向其提供财政支持以弥补财政短缺带来的危机。[②] 平准化政策对减小校际差距，抑制课外补习以及提高高中普及率有很大积极作用。

综上所述，我国应完善师资在城乡、地区间的流动和奖励政策；加大基础教育阶段的教育经费投入，促进基础教育学校均质化，以缓解学区房现象；合理配置高等教育阶段精英教育和大众教育的经费来源和教育投入。

最后，从影响底层子女教育获得的三类教育环境来看，社会经济地位的分层是客观存在的；每个国家都重视精英教育，并努力改善教育公平程度。因此，解答"寒门何以出贵子"除了应特别重视基础教育阶段学校物质环境的均质化之外，最重要对策是加大学校人文环境建设的投入，提高教师人文素质、专业能力；融洽师生关系、同学关系；突出榜样影响，营造良好学习氛围。提高学校人文环境建设需要长期努力。

[①] 徐光宇，潘丽. 韩国自立型私立高中发展现状及启示[J]. 教育发展研究，2005(22)：37—42.
[②] Lee, C. J., Kim, Y., & Byun, S. Y. (2012). The rise of Korean education from the ashes of the Korean War. *Prospects*, 42(3), 303—318.

参考文献

书籍类

[1]中国大百科全书总编辑委员会《教育》编辑委员会. 中国大百科全书·教育[M]. 北京：中国大百科全书出版社，1985：187.

[2]边燕杰主编. 市场转型与社会分层——美国社会学者分析中国，[美]魏昂德(Walder). 经济转型中的市场与不平等：走向可检验的理论[M]北京：三联书店，2002：535-552.

[3]全国十二所重点师范大学联合编写. 教育学基础[M]. 北京：教育科学出版社，2013：85.

[4]顾明远. 教育大辞典第1卷[M]. 上海：上海教育出版社，1990：68.

[5]李强. 社会分层十讲(第二版)[M]. 北京：社会科学文献出版社，2011：249.

[6]清华大学志编辑委员会. 清华大学志[M]. 北京：清华大学出版社，2001：227.

[7]帕森斯. 作为一种社会体系的班级：它在美国社会中的某些功能，张人杰. 国外教育社会学基本文选[M]. 上海：华东师范大学出版社，1989：506-530.

[8]柯林斯. 教育成层的功能理论和冲突理论；张人杰. 国外教育社会学基本文选(修订版)[M]. 上海：华东师范大学出版社，2008：46.

[9][英]威利斯著，秘舒等译. 学做工：工人阶级子弟为何继承父业[M]. 南京：译林出版社，2013.

[10][美]安妮特·拉鲁著，宋爽等译. 不平等的童年[M]. 北京：北京大学出版社，2018.

[11][美]安妮特·拉鲁著，吴重涵等译. 家庭优势：社会阶层与家长参与[M]. 南昌：江西教育出版社，2014.

[12]雷蒙德·艾伦·蒙罗著，宇文利译. 社会理论与教育：社会与文化再生产理论批判[M]. 上海：上海人民出版社出版，2012.

[13]特纳.赞助性流动、竞争性流动与教育制度,张人杰.国外教育社会学基本文选[M].上海:华东师范大学出版社,2008:76-93.

[14][英]卡尔·波普尔著,舒炜光译.客观知识——一个进化论的研究[M].上海:上海译文出版社,1987:194.

[15]世界银行.2006年世界发展报告:公平与发展[M].北京:清华大学出版社,2006:19.

[16]张人杰.国外教育社会学基本文选(修订版)[M].上海:华东师范大学出版社2008:205.

[17][法]布尔迪厄著,杨亚平译.国家精英:名牌大学与群体精神[M].北京:商务印书馆.2004.

[18][英]亚当·斯威夫特著,萧韶译.政治哲学导论[M].南京:江苏人民出版社,2006:11.

[19]罗尔斯著,何怀宏,何包钢,廖申白译.正义论(修订版)[M].北京:中国社会科学出版社,2009:3.

[20]万俊人,梁晓杰编.正义十二讲[M].天津:天津人民出版社,2007:10.

[21][美]罗纳德·德沃金著,冯克利译.至上的美德:平等的理论与实践[M].南京:江苏人民出版社,2003:2.

[22][美]迈克尔·沃尔著,褚松燕译.正义诸领域:为多元主义与平等一辨[M].南京:译林出版社,2002:3.

[23]宋林飞.西方社会学理论[M].南京:南京大学出版社,1997:542.

[24]陈向明.质的研究方法与社会科学研究[M].北京:教育科学出版社,2000:457.

[25]李路路.中国大学生成长报告2012[M].北京:中国人民大学出版社,2013:18.

[26]余文森.核心素养导向的课堂教学[M].上海:上海教育出版社,2017:3.

[27]胡森.教育大百科全书2[M].重庆:西南师范大学出版社,海口:海南出版社,2006:294.

[28]马和民.新编教育社会学[M].上海:华东师范大学出版社,2002:145.

[29]教育部财务司,国家统计局社会科技和文化产业统计司.2017中国教育经费统计年鉴[M].北京:中国统计出版社,2018:6.

[30][美]阿列克斯·因克尔斯,戴维·H·斯密斯.从传统人到现代人[M].北京:中国人民大学出版社,1992:279.

[31]刘精明.教育公平与社会分层[M].北京:中国人民大学出版社,2015:78.

[32] P. 布尔迪厄. 继承人：大学生与文化[M]. 北京：商务印书馆，2002：7.

[33] 罗伯特·帕特南著，宋昕译. 我们的孩子[M]. 北京：中国政法大学出版社，2017：25.

[34] 徐瑞，刘慧珍. 教育社会学[M]. 北京：北京师范大学出版社，2010：178.

学术期刊

[1] 叶澜. 论影响人发展的诸因素及其与发展主体的动态关系[J]. 中国社会科学，1986（03）：83-98.

[2] 张翼. 中国人社会地位的获得——阶级继承和代内流动[J]. 社会学研究，2004（04）：76-90.

[3] 李煜. 家庭背景在初职地位获得中的作用及变迁[J]. 江苏社会科学，2007（05）：103-110.

[4] 李春玲. 文化水平如何影响人们的经济收入——对目前教育的经济收益率的考查[J]. 社会学研究，2003（03）：64-76.

[5] 杨可. 母职的经纪人化——教育市场化背景下的母职变迁[J]. 妇女研究论丛，2018（02）：79-90.

[6] 林晓珊. 境遇与体验：一个阶层旅行者的自我民族志[J]. 中国青年研究，2019（07）：15-23+37.

[7] 谢作栩，王伟宜. 高等教育大众化视野下我国社会各阶层子女高等教育入学机会差异的研究[J]. 教育学报，2006（02）：65-74+96.

[8] 杜瑞军. 从高等教育入学机会的分配标准透视教育公平问题——对新中国50年普通高校招生政策的历史回顾[J]. 高等教育研究，2007（04）：29-35.

[9] 刘云杉，王志明，杨晓芳. 精英的选拔：身份、地域与资本的视角——跨入北京大学的农家子弟(1978-2005)[J]. 清华大学教育研究，2009，30（05）：42-59.

[10] 陈晓宇. 谁更有机会进入好大学——我国不同质量高等教育机会分配的实证研究[J]. 高等教育研究，2012，33（02）：20-29

[11] 梁晨，李中清，张浩，李兰，阮丹青，康文林，杨善华. 无声的革命：北京大学与苏州大学学生社会来源研究(1952—2002)[J]. 中国社会科学，2012（01）：98-118+208.

[12] 应星，刘云杉. "无声的革命"：被夸大的修辞——与梁晨、李中清等的商榷[J]. 社会，2015，35（02）：81-93.

[13] 刘录护，扈中平. 个人教育获得：学校取代抑或延续了家庭的影响——两种理论视野

的比较[J]. 华南师范大学学报（社会科学版），2012(01)：21-28＋159.

[14]约翰·E·法利，王万俊. 教育的潜在功能——功能主义者的观点[J]. 外国中小学教育，1992(01)：29＋46.

[15]余秀兰. 文化再生产：我国教育的城乡差距探析[J]. 华东师范大学学报（教育科学版），2006(02)：18-26＋33.

[16]刘录护，扈中平. 个人教育获得：学校取代抑或延续了家庭的影响——两种理论视野的比较[J]. 华南师范大学学报（社会科学版），2012(01)：21-28＋159.

[17]李春玲. 社会政治变迁与教育机会不平等——家庭背景及制度因素对教育获得的影响(1940—2001)[J]. 中国社会科学，2003(03)：86-98＋207.

[18]戴思源. 大学扩招、重点学校与城乡高等教育不平等(1978-2014)[J]. 教育与经济，2018(02)：18-26＋61.

[19]方长春，风笑天. 社会出身与教育获得——基于CGSS70个年龄组数据的历史考察[J]. 社会学研究，2018，33(02)：140-163＋245.

[20]托尔斯顿·胡森，张人杰. 平等——学校和社会政策的目标（上）[J]. 外国教育资料，1987(02)：11-16＋50.

[21]杨东平. 高中阶段的社会分层和教育机会获得[J]. 清华大学教育研究，2005(03)：52-59.

[22]李丽，赵文龙. 高校扩招背景下高中分流与教育机会公平研究[J]. 西安交通大学学报（社会科学版），2014，34(05)：100-106.

[23]吴愈晓. 教育分流体制与中国的教育分层(1978-2008)[J]. 社会学研究，2013，28(04)：179-202＋245-246.

[24]李春玲. 高等教育扩张与教育机会不平等——高校扩招的平等化效应考查[J]. 社会学研究，2010，25(03)：82-113＋244.

[25]魏晓艳. 大学扩招是否真正推动了高等教育公平——高等教育大众化、扩招与高等教育代际传递[J]. 教育发展研究，2017，37(11)：26-35.

[26]刘精明. 能力与出身：高等教育入学机会分配的机制分析[J]. 中国社会科学，2014(08)：109-128＋206.

[27]辛涛，贾瑜，李刚，赵茜，常颖昊，张佳慧. PISA2018解读：全球视野与中国表现——基于中国四省市PISA2018数据的分析与国际比较[J]. 中小学管理，2020(01)：5-9.

[28]刘录护. 教育中的文化资本：理论、经验与反思[J]. 现代教育论丛，2014(04)：

13-20.

[29]李强."丁字型"社会结构与"结构紧张"[J].社会学研究,2005(02):55-73+243-244.

[30]童馨乐,潘妍,杨向阳.寒门为何难出贵子?基于教育观视角的解释[J].中国经济问题,2019(04):51-67.

[31]王富伟.个案研究的意义和限度——基于知识的增长[J].社会学研究,2012,27(05):161-183+244-245.

[32]费孝通.重读《江村经济·序言》[J].北京大学学报(哲学社会科学版),1996(04):4-18+126.

[33]王富伟.个案研究的意义和限度——基于知识的增长[J].社会学研究,2012,27(05):161-183+244-245.

[34]冯向东.不确定性视野下的教育与教育研究[J].北京大学教育评论,2008(03):36-45+188.

[35]陈禹.复杂性研究——转变思维模式的一个重要方向[J].复杂系统与复杂性科学,2016,13(04):1-7+17.

[36]向成军.浅论复杂性与思维方式革命[J].中国校外教育,2019(09):64-65.

[37]苗东升.论系统思维(三):整体思维与分析思维相结合[J].系统辩证学学报,2005(01):1-5+11.

[38]黄欣荣.复杂性科学的融贯方法论[J].科学技术哲学研究,2010,27(01):27-32.

[39]黄欣荣.复杂性范式:一种新的科学世界观[J].系统科学学报,2013,21(02):17-20.

[40]渠敬东.迈向社会全体的个案研究[J].社会,2019,39(01):1-36.

[41]张静.案例分析的目标:从故事到知识[J].中国社会科学,2018(08):126-142+207.

[42]刘精明.教育与社会分层结构的变迁——关于中高级白领职业阶层的分析[J].中国人民大学学报,2001(02):21-25.

[43]吴晓刚.中国当代的高等教育、精英形成与社会分层 来自"首都大学生成长追踪调查"的初步发现[J].社会,2016,36(03):1-31.

[44]余卉,胡子祥.寒门再难出贵子?社会资本双重属性下青年就业的质性研究[J].中国青年研究,2019(12):57-63.

[45]刘玲.布尔迪厄资本"符号"运作研究——兼谈"寒门难出贵子"[J].南宁师范大学学报(哲学社会科学版),2020,41(01):74-80.

[46]史宁中,柳海民.素质教育的根本目的与实施路径[J].教育研究,2007(08):10-14

+57.

[47]张桂芳.30年来中国人文精神研究的回顾与展望[J].北京师范大学学报(社会科学版),2009(03):78-85.

[48]梁启华,刘克苏.关于世界4的悖论——一个本体论的视角[J].自然辩证法通讯,2006(06):93-98+110.

[49]何怀宏.何谓"人文"[J].金融博览,2013(09):22-23.

[50]袁桂林,洪俊,李伯玲,秦玉友.农村初中辍学现状调查及控制辍学对策思考[J].中国教育学刊,2004(02):4-8.

[51]甘永涛,苏德.1998—2018年国内辍学研究前沿热点及其动态演化[J].教育与教学研究,2020,34(01):75-86.

[52]李莉莉,关宏宇,罗斯高.学校层面的支出和学生学业表现的相关关系——基于西部贫困农村地区的实证研究[J].华东师范大学学报(教育科学版),2018,36(06):100-106+158.

[53]高函青,付梅.初二学生早恋行为的调查与分析——基于CEPS数据分析[J].现代中小学教育,2019,35(12):75-80.

[54]董奇.农村留守学生不能被"污名化"[J].中国教育学刊,2016(04):11-15+20.

[55]郑明达,艾福梅,袁汝婷.校园欺凌已成社会问题[J].小康,2015(16):88-89.

[56]刘宝存,屈廖健.PISA 2012教育成功国家和地区的基本经验[J].比较教育研究,2015,37(06):14-20+29.

[57]李伟涛.基于PISA测试结果的教育政策调整分析[J].教育发展研究,2012,32(04):44-47.

[58]邵钰.经合组织报告:教育公平的进展[J].世界教育信息,2017,30(07):72-73.

[59]陈佳文.全球范围的教育公平是否真的取得进展?[J].人民教育,2017(10):9.

[60]李伟涛.基于PISA测试结果的教育政策调整分析[J].教育发展研究,2012,32(04):44-47.

[61]陆璟.PISA研究的政策导向探析[J].教育发展研究,2010,30(08):20-24.

[62]田凌晖.超越分数:从PISA数据看上海基础教育公平[J].教育发展研究,2014,33(12):11-16.

[63]李刚,陈思颖.PISA的政策影响:类型、方式及其启示[J].外国教育研究,2014,41(07):3-10.

[64]马健生,蔡娟.全球教育治理渗透:OECD教育政策的目的——基于PISA测试文献

的批判性分析[J]. 比较教育研究, 2019, 41(02): 3-11.

[65] 李刚, 陈思颖. PISA 的政策影响: 类型、方式及其启示[J]. 外国教育研究, 2014, 41(07): 3-10.

[66] 王佳, 刘淑杰. PISA 测试引发的教育政策回应及革新——以德国和加拿大为例[J]. 教育测量与评价, 2019(06): 27-33.

[67] 黄亮. 学校资源的均衡配置是否能够促进城乡教育结果的均等?——来自我国四省市的证据[J]. 教育科学研究, 2018(10): 30-39.

[68] 赵茜, 赵东方. PISA2018 解读: 教育治理的现状与反思——基于中国四省市 PISA2018 数据的分析与国际比较[J]. 中小学管理, 2020(01): 10-15.

[69] 曾俊霞. 农村地区内部教师资源配置失衡表现及影响[J]. 山西农业大学学报(社会科学版), 2019, 18(02): 9-13+44.

[70] 王香丽. 重点高中招生方式对教育公平的影响[J]. 深圳职业技术学院学报, 2016, 15(04): 80-84.

[71] 李敏, 姚继军. 住房影响优质教育机会获得的实证分析——以南京市四主城区小学为例[J]. 基础教育, 2020(2): 43-49.

[72] 邓林园, 许睿, 赵鑫钰, 方晓义. 中国高中阶段家校合作的现状以及与高中生发展的关系[J]. 教育学报, 2016, 12(06): 78-87.

[73] 蔡宁波, 陈来. 德国 CHE 大学排名的特点与启示[J]. 现代教育科学, 2017(04): 134-138.

[74] 刘莉, 魏真. 德国私立高校的发展及对我国民办高校的启示[J]. 中国成人教育, 2013(14): 113-116.

[75] 何乃彦, 于源华, 熊光明. 21 世纪的中德教育比较[J]. 科教文汇(中旬刊), 2012(03): 1-2.

[76] 莱纳·波林, 彭韬. 德国完全中学毕业考试的改革: 基于考试科目及高校入学权的考察[J]. 全球教育展望, 2019, 48(08): 100-115.

[77] 陈新忠. 德国高等教育分流的经验及启示[J]. 国家教育行政学院学报, 2013(02): 86-90.

[78] 何乃彦, 于源华, 熊光明. 21 世纪的中德教育比较[J]. 科教文汇(中旬刊), 2012(03): 1-2.

[79] 刘桂芬. 德国高等教育分流现状及对我国的启示[J]. 现代教育科学, 2007, (4): 79-81.

[80]陈新忠.德国高等教育分流的经验及启示[J].国家教育行政学院学报,2013(02):86-90.

[81]孙进.德国促进基础教育均衡发展的政策分析[J].教育发展研究,2012,32(07):68-73.

[82]许浙景,杨进.法国工商会在促进职业教育和高等教育发展中发挥重要作用[J].中国职业技术教育,2018(24):56-61.

[83]吴慧平,陈文毅.法国大学招生入学制度的历史演变与时代革新[J].高等教育研究学报,2019,42(02):80-85.

[84]郑亚.法国中学里的高等职业教育——高级技术员班(STS)[J].教育与职业,1999(04):58-59.

[85]蔡瑜琢.从福利制度走向市场化——芬兰高等教育改革透视[J].比较教育研究,2012,34(01):13-17.

[86]阿瑞尔德·杰尔德夫,冯典.芬兰高等教育改革:对全球化的回应[J].现代大学教育,2008(04):52-58+112-113.

[87]姬会娟.芬兰"个性化高考"及其对我国高考改革的启示[J].教育测量与评价(理论版),2011(02):57-59.

[88]马丽.国外综合高中特点与我国举办综合高中的前景[J].职业技术教育,2002,23(28):65-67.

[89]刘婕.挪威特色双元制职业教育体系概述[J].中等职业教育(理论),2010(04):38-40.

[90]陈蓉辉.挪威基础教育的特色及其启示[J].外国教育研究,2005(12):20-23.

[91]张国娟."2018年问题"与日本私立大学发展困境[J].日本研究,2017(04):80-88.

[92]胡永红.私立高等教育对日本高校招生考试制度改革的影响分析[J].贵州师范大学学报(社会科学版),2018(02):64-71.

[93]李文英,李冠男.日本大学招生考试中的公平保障策略及启示[J].全球教育展望,2019,48(08):72-88.

[94]李水山.芬兰优质基础教育的特色与启示[J].世界教育信息,2010(07):87-90.

[95]刘清华.日本的偏差值教育与高校招生考试制度改革[J].外国教育研究,2006(10):35-41.

[96]李响.日本高中教育改革面临挑战[J].世界教育信息,1998(07):29-30.

[97]杨红军.东京都基础教育质量保障改革:应对"宽松教育"与面向未来[J].比较教育研

究，2020，42(01)：46-52.

[98]耿红卫，赵婉琪. 美、英、日基础教育资源优化配置情况分析及启示[J]. 湖北科技学院学报，2019，39(04)：136-139.

[99]金红莲. 日本综合学科高中的改革动因及实施过程研究[J]. 海南师范大学学报(社会科学版)，2019，32(06)：89-94.

[100]皮拥军. OECD国家推进教育公平的典范——韩国和芬兰[J]. 比较教育研究，2007(02)：6-10.

[101]胡雪龙，康永久. 主动在场的本分人：农村学生家庭文化资本的实证研究[J]. 全球教育展望，2017，46(11)：104-116.

[102]耿红卫，赵婉琪. 美、英、日基础教育资源优化配置情况分析及启示[J]. 湖北科技学院学报，2019，39(04)：136-139.

[103]杨红军. 东京都基础教育质量保障改革：应对"宽松教育"与面向未来[J]. 比较教育研究，2020，42(01)：46-52.

[104]徐光宇，潘丽. 韩国自立型私立高中发展现状及启示[J]. 教育发展研究，2005(22)：37-42.

[105]王留栓. 韩国高等教育的主要特征——兼谈韩国发展私立高等教育的经验[J]. 当代韩国，1997(01)：83-87.

[106]尹洪斌. 韩国的私立高等教育[J]. 河南教育(高校版)，2005(07)：47-48.

[107]凌磊. 韩国2022年大学考试招生制度改革评析[J]. 比较教育研究，2019，41(05)：36-41.

[108]张雷生. 关于韩国高中多样化办学政策的研究[J]. 外国教育研究，2016，43(07)：15-31.

[109]王佳，林荣日，吕旭峰. 激烈竞争下的博弈：对美国名校招生制度异化的分析与思考[J]. 现代大学教育，2018(04)：69-76+113.

[110]杨蓉，刘婷婷. 中国教育经费配置结构分析——基于历史趋势和国际视野的双重探讨[J]. 全球教育展望，2019，48(06)：46-61.

[111]陈纯槿，郅庭瑾. 世界主要国家教育经费投入规模与配置结构[J]. 中国高教研究，2017(11)：77-85+105.

[112]吴晓刚. 中国当代的高等教育、精英形成与社会分层 来自"首都大学生成长追踪调查"的初步发现[J]. 社会，2016，36(03)：1-31.

[113]黄耿华，莫家豪. "后精英"的社会印象：当代大学生对阶层分化及社会机会的主观认

知[J].浙江大学学报(人文社会科学版),2013,43(04):182-195.

[114]孟庆艳.就近入学政策的内容、评价及反思[J].教学与管理,2016(36):35-37.

[115]曾东霞."斗室星空":农村贫困家庭第一代大学生家庭经验研究[J].中国青年研究,2019(07):38-43.

[116]程猛,康永久."物或损之而益"——关于底层文化资本的另一种言说[J].清华大学教育研究,2016,37(04):83-91.

[117]朱镕君.城乡之间:底层文化资本生成的空间机制[J].中国青年研究,2021(04):98-105.

[118]韩怀珠,韩志伟.从"底层文化资本"到"底层的文化资本"——基于布尔迪厄场域理论的分析[J].中国青年研究,2021(03):90-95+102.

[119]朱丽.是"补偿性策略"而非"资本":再议"底层文化资本"概念的局限性[J].清华大学教育研究,2022,43(04):71-81.

[120]高水红,马姝凡."底层文化资本"何以可能[J].教育研究与实验,2022(06):10-14.

[121]李晓萱,程天君.从分层到分类:我国教育研究中文化资本理论应用的本土转向[J].高等教育研究,2022,43(09):20-29.

[122]董永贵,王静宜."信"与"从":底层文化资本发挥作用的密钥[J].中国青年研究,2022(01):104-110+119.

[123]李佳丽,郑磊,聂倩.冲破樊篱:弥补性资源、底层文化资本与寒门子弟教育获得——基于中国家庭追踪调查(CFPS)的实证研究[J].中国青年研究,2023(03):100-107+118.

[124]刘铖,陈鹏."底层文化资本"的象征资本问题——阶层突破的评价社会学视角[J].中国青年研究,2023(05):59-67.

[125]杨瑛,费梅苹.追寻自我认同:底层文化资本的建构逻辑研究[J].华东理工大学学报(社会科学版),2023,38(03):85-96.

外文文献

[1]Downey, D. B., & Condron, D. J. (2016). Fifty years since the Coleman Report: Rethinking the relationship between schools and inequality. Sociology of Education, 89(3), 207-220.

[2]Coleman, J. S. (2019). Equality and achievement in education. Routledge.

[3]Boudon, R. (1974). Education, opportunity, and social inequality: Changing prospects

in western society.

[4] Hannum, E. (1999). Political change and the urban-rural gap in basic education in China, 1949-1990. Comparative education review, 43(2), 193-211.

[5] Downey, D. B., & Condron, D. J. (2016). Fifty years since the Coleman Report: Rethinking the relationship between schools and inequality. Sociology of Education, 89(3), 207-220.

[6] Adams, D. (2012). Introduction—World-class basic education. Prospects, 42(3), 247-267.

[7] Müller, W., & Karle, W. (1993). Social selection in educational systems in Europe. European sociological review, 9(1), 1-23.

[8] Bryman, A.. Quantitative vs. Qualitative Methods?. Sociology: introductory readings, 2010: 47-48.

[9] Sutton, R. I., & Staw, B. M. (1995). What theory is not. Administrative science quarterly, 371-384.

[10] DiMaggio, P. J. (1995). Comments on "What theory is not". Administrative science quarterly, 40(3), 391-397.

[11] Abend, G. (2008). The meaning of 'theory'. Sociological theory, 26(2), 173-199.

[12] Treiman, D. J., & Walder, A. G. (2019). The impact of class labels on life chances in China. American Journal of Sociology, 124(4), 1125-1163.

[13] Walder, A. G. (1995). Career mobility and the communist political order. American sociological review, 309-328.

[14] Angrist, J. D., & Lavy, V. (1999). Using Maimonides' rule to estimate the effect of class size on scholastic achievement. The Quarterly journal of economics, 114(2), 533-575.

[15] Dewey, J., Husted, T. A., & Kenny, L. W. (2000). The ineffectiveness of school inputs: a product of misspecification?. Economics of Education Review, 19(1), 27-45.

[16] Schleicher, A. (2018). PISA 2018: Insights and Intepretations. PISA, OECD Publishing, 2018: 17.

[17] OECD. PISA 2009 Results: Overcoming Social Background [R]. Paris: OECD, 2010. 26.

[18] Rolleston, C., & James, Z. (2015). After access: Divergent learning profiles in

Vietnam and India. Prospects, 45(3), 285-303.

[19] Rose, P. (2015). Introduction: Overcoming inequalities in teaching and learning. Prospects, 45(3), 279-283.

[20] Nonoyama-Tarumi, Y., Hughes, K., & Willms, J. D. (2015). The role of family background and school resources on elementary school students' mathematics achievement. Prospects, 45(3), 305-324.

[21] Nonoyama-Tarumi, Y., & Willms, J. D. (2010). The relative and absolute risks of disadvantaged family background and low levels of school resources on student literacy. Economics of Education Review, 29(2), 214-224.

[22] Organisation for Economic Co-operation and Development, & PISA. (2010). What Students Know and Can Do: Student Performance in Reading, Mathematics and Science. OECD.

[23] Fägerlind, I., & Strömqvist, G. (2004). Reforming higher education in the Nordic countries: studies of change in Denmark, Finland, Iceland, Norway and Sweden. UNESCO.

[24] Halinen, I., & Järvinen, R. (2008). Towards inclusive education: the case of Finland. Prospects, 38(1), 77-97.

[25] Huang, L. H. (2007). The contribution of home background to student inequality in secondary schools in Norway. Research on sociocultural influences on motivation and learning, 7, 331-345.

[26] Lee, C. J., Kim, Y., & Byun, S. Y. (2012). The rise of Korean education from the ashes of the Korean War. Prospects, 42(3), 303-318.

[27] Zumeta, W. (2011). State policies and private higher education in the USA: Understanding the variation in comparative perspective. Journal of Comparative Policy Analysis: Research and Practice, 13(4), 425-442.

[28] LareauAnnette, Elliot Weininger. Cultural Capital in Educational Research: A Critical Assessment. Theory and Society, 2003, 32(5-6): 575-598.

[29] Lee, C. J., Kim, Y., & Byun, S. Y. (2012). The rise of Korean education from the ashes of the Korean War. Prospects, 42(3), 303-318.

[30] Koedel, C. (2014). Higher education structure and education outcomes: evidence from the USA. Education Economics, 22(3), 237-256.

[31]Xie，Ailei. (2022). Desirability, technical skills, and misrecognition: Cultural capital and rural students' social integration in elite Chinese universities. Poetics, 101645.

其他材料：报刊、学位论文及网页

[1]陈禹. 人类为什么需要复杂性思维[N]. 新京报书评周刊，2019-11-16.

[2]俞可. 在孩子的教育上，德国家长也很拼[N]. 文汇报，2017-09-03(007).

[3]罗晓静. OECD教育公平政策探析[D]. 华东师范大学，2010：15.

[4]王玉环. 1966年《科尔曼报告》研究[D]. 河北大学，2015：30.

[5]段丽华. 教育公平：制度视域研究[D]. 东北师范大学，2015.

[6]教育部. 2018年小学学龄儿童净入学率[EB/OL]http：// www. moe. gov. cn/s78/A03/moe_560/jytjsj_2018/qg/201908/t20190812_394222. html

[7]教育部. 2018年各级普通学校毕业生升学率[EB/OL]http：// www. moe. gov. cn/s78/A03/moe_560/jytjsj_2018/qg/201908/t20190812_394218. html

[8]教育部. 2018年高中阶段学生数的构成[EB/OL]http：// www. moe. gov. cn/s78/A03/moe_560/jytjsj_2018/qg/201908/t20190812_394224. html

[9]告白：求你们不要来农村支教，我们不需要！[EB/OL]https：// baijiahao. baidu. com/s? id=1656660729704671986&wfr=spider&for=pc

[10]教育部. 2017年全面改善贫困地区义务教育薄弱学校基本办学条件工作专项督导报告[EB/OL] http：// www. moe. gov. cn/jyb_xwfb/gzdt_gzdt/s5987/201805/t20180510_335564. html

[11]去中国农村支教一年，颠覆了我对乡村教育的全部认知[EB/OL]https：// www. sohu. com/a/257986925_755068

[12]中华人民共和国教育部. 财政部关于2016年全国教育经费执行情况统计公告[EB/OL] http：// www. moe. gov. cn/srcsite/A05/s3040/201710/t20171025_317429. html

[13]OECD (2016)，PISA 2015 Results (Volume I): Excellence and Equity in Education，PISA，OECD Publishing，Paris，[EB/OL] https：// doi. org/10. 1787/9789264266490-en.

[14]Federal Ministry of Education and Research《Education and Research in Figures 2019》Figure28. Schüler/-innen im 8. Schuljahr nach Schularten (1952-2017)[EB/OL]https：// www. datenportal. bmbf. de/portal/en/B23. html

参考文献

[15]CGE 大学校精英联盟委员会 Conférence des grandes écoles members[EB/OL]https：//www. cge. asso. fr/

[16]法国高等教育研究与创新部报告《Les effectifs dans l'enseignement supérieur en 2018-2019》2018-2019 高等教育在读人数［EB/OL］https：// www. enseignementsup-recherche. gouv. fr/cid144368/les-effectifs-dans-l-enseignement-superieur-en-2018-2019. html

[17]Official Statistics of Finland（OSF）：Entrance to education[e-publication]. ISSN＝1799-4527. Helsinki：Statistics Finland ［referred：31. 1. 2020］. Access method[EB/OL] http：// www. stat. fi/til/khak/index＿en. html

[18]Official Statistics of Finland（OSF）：Entrance to education[e-publication]. ISSN＝1799-4527. Helsinki：Statistics Finland ［referred：31. 1. 2020］. Access method[EB/OL] http：// www. stat. fi/til/khak/index＿en. html

[19]挪威 2014 年高等教育状况报告［EB/OL］https：// www. regjeringen. no/no/dokumenter/tilstandsrapport-uh-2014/id758598/

[20]挪威 2014 年高等教育状况报告［EB/OL］https：// www. regjeringen. no/no/dokumenter/tilstandsrapport-uh-2014/id758598/

[21]2020 年 QS 排行榜日本高校排名［EB/OL］https：// www. topuniversities. com/university-rankings/world-university-rankings/2020

[22]文部科学省平成 30 年度大学入学者選抜実施要項について[EB/OL]. https：// www. mext. go. jp/content/20200115-mxt＿kouhou02-000004077＿1. pdf

[23] 2019 학년도 4년제 대학 모집단위별 입학정원［EB/OL］. https：// moe. go. kr/boardCnts/fileDown. do? m＝0303&s＝moe&fileSeq＝8baa7a549b27d1928ad86fc81b61720a

[24] 2019 학년도 4년제 대학 모집단위별 입학정원［EB /OL］. https：// moe. go. kr/boardCnts/fileDown. do? m＝0303&s＝moe&fileSeq＝8baa7a549b27d1928ad86fc81b61720a

[25]Twelve-month full-time-equivalent enrollment at Title IV institutions，by student level and institution sector：United States，2017-18[EB/OL]. https：//nces. ed. gov/ipeds/Search? query＝&query2＝&resultType＝all&page＝1&sortBy＝date＿desc&overlayTableId＝25212

[26] Recent high school completers and their enrollment in college，by sex and level of

institution: 1960 through 2017[EB/OL]. https://nces.ed.gov/programs/digest/d18/tables/dt18_302.10.asp

[27]Top Tier Admissions. Ivy League-Classes of 2015-2017[EB/OL]. Top Tier Admissions. AdmissionStatistics for the Class of 2017. (s.d.)[2017-09-21]. http://www.toptieradmissions.com/resources/college-admissions-statistics/ivy-league-admission-statistics-for-class-of-2017/

[28]Top Tier Admissions. Admission Statistics for the Class of 2020[EB/OL]. https://www.toptieradmissions.com/resources/college-admissions-statistics/ivy-league-admission-statistics-for-class-of-2020/

[29]教育部. 财政部关于2018年全国教育经费执行情况统计公告[EB/OL]http://www.moe.gov.cn/srcsite/A05/s3040/201910/t20191016_403859.html

[30]真实跟踪记录：中国3个阶层孩子的10年人生轨迹[EB/OL]https://www.sohu.com/a/240154783_1599